UNGARN

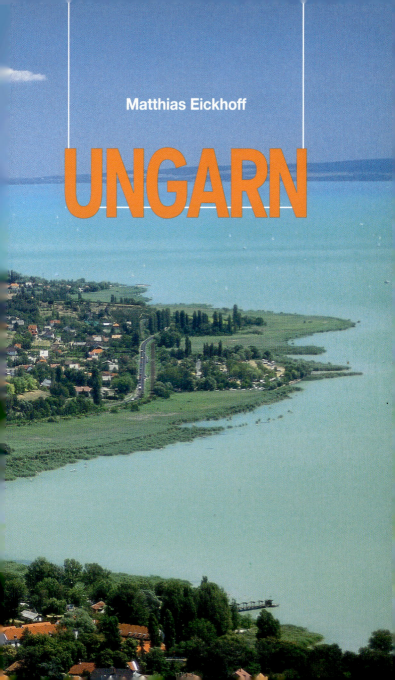

Matthias Eickhoff

UNGARN

Inhalt

LAND & LEUTE

Im Land der Magyaren

Das Karpatenbecken – Brücke zwischen Ost und West	12
Steckbrief Ungarn	13
Landschaften und Naturraum	15
Zwischen Tiefebene und Mittelgebirge	15
Pflanzen und Tiere	16
Thema: Donau und Theiß – blau und blond?	17
Wirtschaft und Umwelt	18
Industrie und Bodenschätze	18
Landwirtschaft	18
Tourismus und Umweltschutz	18
Geschichte im Überblick	19
Thema: Die verhandelte Revolution von 1989	23

Kultur und Leben

Ungarische Lebensart	26
Bevölkerung	26
Feste und Volkstraditionen	26
Thema: Fremde im eigenen Land – die Roma	27
Musik und Tanz	28
Thema: Zum Beispiel ›gyógyszertár‹ – Sprachinsel Ungarn	29
Kunst und Kultur	30
Architektur	30
Bildende Kunst der Neuzeit	34
Film	34
Thema: Literatur nach dem Holocaust: Imre Kertész und György Konrád	35

Inhalt

Essen & Trinken	36
Küche zwischen Ost und West	36
Mehr als Paprika und Salami	36
Ungarische Mahlzeiten	37
Essen gehen in Ungarn	38
Edle Tropfen – Wein	39

Tipps für Ihren Urlaub

Reiseziel Ungarn	42
Besondere Highlights	42
Pauschal oder individuell?	42
Urlaub mit Kindern	43
Dorftourismus	43
Urlaubsaktivitäten	43
Angeln – Golf – Kurlaub – Radfahren – Reiten – Wandern– Wassersport	44
Reisezeit und Kleidung	46
Thema: Wellness und Thermalbäder	47

UNTERWEGS IN UNGARN

Transdanubien (Dunántúl)

Die Kleine Tiefebene (Kisalföld)	52
Sopron (Ödenburg)	52
Fertőrákos	56
Nach Fertőd	58
Nagycenk – Fertőd	58
Thema: Barocke Pracht in Eszterháza	59
Kőszeg (Güns)	60
Kőszegi-hegyek (Günser Berge) – Bükfürdő	61
Szombathely (Steinamanger)	63
Abteikirche Ják	64
Sárvár	66
Pápa	67

Inhalt

Nordtransdanubien	68
Mosonmagyaróvár und Szigetköz (Schüttinsel)	68
Győr (Raab)	69
Pannonhalma	73
Richtung Tata	74
Rund um den Balaton	76
Veszprém und Hoch-Bakony	76
Thema: Porzellan für Kaiser und Könige	80
Balatonfüred und Tihany	81
Badacsony und das Nordufer	83
Tapolca – Sümeg	84
Keszthely und Hévíz	86
Ausflug in die Őrség	87
Kis-Balaton (Kleiner Plattensee)	88
Das Südufer und Siófok	89
Székesfehérvár (Stuhlweißenburg)	92
Südtransdanubien	94
Kaposvár	94
Mecsek-Gebirge	95
Pécs (Fünfkirchen)	96
Thema: Ins gelobte Land – deutsche Einwanderer	97
Rund um Villány	103
Von Mohács nach Szekszárd	105

Budapest und Umgebung

Budapest – die Metropole	110
Stadtgeschichte	110
Stadtrundgang	111
Thema: Jugendstilstadt Budapest	120
Thema: Friedhöfe – Spiegel der Geschichte	128
Ausflüge von Budapest	134
Budaer Berge (Budai-hegység)	134
Nach Süden	134

Inhalt

Nagytétény	134
Százhalombatta – Martonvár	135
Ráckeve	136
Nach Osten	137
Schloss Gödöllő	137
Jászberény	138
Das Donauknie	**139**
Szentendre	139
Vác (Waitzen)	140
Börzsöny-Gebirge	141
Visegrád	143
Esztergom (Gran)	144

Ostungarische Tiefebene (Alföld)

Kleinkumanien (Kiskunság)	**148**
Kalocsa	148
Baja	150
Kiskunhalas und Kiskőrös	150
Thema: Im Reich der roten Schoten	151
Nationalpark Kleinkumanien (Kiskunsági Nemzeti Park)	152
Thema: Sándor Petőfi – der kämpferische Nationaldichter	153
Kecskemét	154
Kiskunfélegyháza	157
Entlang der Theiß	158
Südöstliche Tiefebene	**160**
Szeged	160
Hódmezővásárhely	165
Gyula	166
Szarvas und der Körös-Maros-Nationalpark	168
Nordöstliche Tiefebene	**170**
Tiszafüred und Theiß-See	170
Hortobágy Nationalpark	171
Thema: Unendliche Weiten – die Puszta	172

Inhalt

Die Hajdúság	174
Debrecen	175
Kirchentour durch die Nyírség	179
Thema: Volkstümliche Kirchenbaukunst	181
Szatmár und Bereg	182

Nordungarisches Mittelgebirge

Zemplén-Gebirge und Aggtelek Nationalpark — 188
Tokaj — 188
Thema: Der Sonnenkönig adelt einen Wein — 190
Sárospatak — 191
Zemplén-Gebirge — 192
Aggtelek Nationalpark — 194

Bükk- und Mátra-Gebirge — 196
Miskolc — 196
Bükk Nationalpark — 198
Eger (Erlau) — 200
Mátra-Gebirge — 205
Hollókő — 206

REISEINFOS VON A BIS Z

Übersicht — 210
Sprachführer — 222
Register — 225

UNGARN-ATLAS — 229

Fotonachweis — 240
Impressum — 240

LAND & LEUTE

»Eine erhebende und doch beruhigende Landschaft, luftig, frei, menschlich. […] Von einer solchen Landschaft wird man wahrlich auf Händen getragen.
Sie beschenkt Gaumen und Auge auf Schritt und Tritt.«

Gyula Illyés

Im Land der Magyaren

In der Altstadt von Pécs

Einleitung

DAS KARPATENBECKEN – BRÜCKE ZWISCHEN OST UND WEST

Gewellte Hügellandschaften und eine endlose Tiefebene, die quirlige Metropole Budapest und dörfliche Idyllen, das Ferienparadies Balaton und nahezu unentdeckte Regionen im Osten des Landes, die gemächlich dahin strömende Donau und trockene Steppen – Ungarn ist ein Land der reizvollen Kontraste. Die Heimat der Magyaren entzieht sich auf angenehme Weise einer Festlegung auf stereotype Bilder. Puszta, Piroschka und Paprika prägen zwar (noch) das Image des Landes im Ausland, doch auf einer Rundreise wird man schnell feststellen, wie viel mehr das Karpatenbecken zu bieten hat.

Ungarn geizt nicht mit Besonderheiten. Vielerorts schießt heißes Thermalwasser aus dem Boden. Seit einigen Jahren wird deshalb der Kur- und Wellness-Tourismus entschieden gefördert, um auf diesem Gebiet europaweit eine führende Rolle einzunehmen. Schon heute ist der Wellness-Sektor zu einem bedeutenden Wirtschaftszweig geworden. Außergewöhnliche Highlights sind die 400 Jahre alten türkischen Bäder in Budapest, deren orientalische Pracht an die Zeit der Paschas erinnert.

Freunde guten Essens kommen in Ungarn ebenfalls auf ihre Kosten. Berühmt sind Weinsorten wie der weiße Tokajer oder der tiefrote *Egri bikavér* (Erlauer Stierblut), doch das Weinsortiment der 22 Weinregionen ist viel umfangreicher. Die ungarische Küche bietet deftige Hausmannskost, die vor allem in Budapest durch kreative internationale Küche ergänzt wird.

Genuss verspricht auch die Natur. Bietet der Plattensee hervorragende Wassersportmöglichkeiten, so sind die relativ flachen Regionen Ungarns ideale Radfahrgebiete, und die Mittelgebirge eignen sich hervorragend zum Wandern. Im Frühjahr nisten in vielen Orten Störche über den Dächern. Graurinder, Wollschweine und Zackelschafe prägen hingegen das Bild der Puszta, die in zwei Nationalparks bewahrt wird.

Die Hortobágy-Puszta gehört sogar zum Weltkulturerbe. Und auch in dieser Hinsicht ist Ungarn reichlich gesegnet. Allein die UNESCO-Liste der besonders geschützten Kulturgüter (s. S. 43) macht schon Reiselust: Vom idyllischen Budapester Burgberg und dem Prachtboulevard Andrássy út, über die Karsthöhlen von Aggtelek und das Weingebiet bei Tokaj bis zur Erzabtei von Pannonhalma und den frühchristlichen Grabmausoleen in Pécs reicht die Bandbreite der kulturellen Höhepunkte im Karpatenbecken. Ungarn ist ein Land der Vielseitigkeit!

Im Mittelpunkt steht unwidersprochen die glänzende Hauptstadt Budapest. Vor allem hier spürt man deutlich die allgemeine Aufbruchstimmung zu Beginn des 21. Jh. Längst versucht die Donaumetropole, die gerne als ›Paris des Ostens‹ bezeichnet wird, sich als Zentrum für Ostmitteleuropa zu etablieren.

Steckbrief

STECKBRIEF UNGARN

Lage und Größe: Ungarn liegt im Karpatenbecken. Die Fläche des Landes beträgt 93 030 km^2. Die Nachbarstaaten im Westen sind Österreich und Slowenien, im Süden Kroatien und Serbien, im Osten Rumänien und die Ukraine und im Norden die Slowakei.

Geografische Struktur: Das Land teilt sich in mehrere deutlich voneinander unterscheidbare Regionen auf. Im Westen erstreckt sich die Kleine Tiefebene (Kisalföld). Zur Donau hin ziehen sich die transdanubischen Mittelgebirge von Norden nach Süden. Eingebettet in die sanfte Hügellandschaft liegt Ungarns größter See, der Balaton (Plattensee). Jenseits der Donau beginnt die Große Tiefebene (Alföld) mit der Puszta, die vielen als Inbegriff Ungarns gilt. Abwechslungsreich ist das Nordungarische Mittelgebirge. Die niedrigste Punkt des Landes liegt bei 76 m an der Theiß, der höchste Punkt ist der Kékes im Mátra-Gebirge mit 1014 m.

Staatsform und Verwaltung: Seit 1989 ist Ungarn Republik (*Magyar Köztársaság*). An der Spitze des Staates steht der Staatspräsident (seit 2000 Ferenc Mádl). Die Regierungsgeschäfte werden vom Ministerpräsidenten geleitet. Seit 2004 ist dies Ferenc Gyurcsány, der einer sozialliberalen Koalition vorsteht. Das Land ist derzeit in 19 Komitate und die Hauptstadt Budapest aufgeteilt. Landessprache ist Ungarisch.

Bevölkerung: In Ungarn leben ca. 10,2 Mio. Menschen, rund 1,8 Mio davon in Budapest. Weitere große Städte sind Debrecen (210 000 Einw.), Miskolc (190 000 Einw.), Szeged (175 000 Einw.), Pécs (160 000 Einw.) und Győr (130 000 Einw.). Größte ethnische Minderheit sind die Sinti und Roma (ca. 500 000–600 000), gefolgt von Deutschen (ca. 200 000) und Slowaken (ca. 100 000).

Religion: Die Religionszugehörigkeit ist laut Volkszählung 2001: römisch-katholisch (ca. 5,3 Mio.), kalvinistisch (ca. 1,6 Mio.), evangelisch-lutherisch (ca. 300 000) und sonstige (ca. 400 000). Ca. 1,5 Mio. Ungarn bekennen sich zu keiner Religion, rund 1,1 Mio. machten keine Angaben.

Wirtschaft: Die Wirtschaft befindet sich noch immer in einem Transformationsprozess hin zu einer nach Westeuropa ausgerichteten Dienstleistungsgesellschaft. Die Liberalisierung der Wirtschaft ging mit dem Verkauf vieler Betriebe an westeuropäische Konzerne einher. Die Landwirtschaft spielt wie der Tourismus eine große Rolle. Das stürmische Wirtschaftswachstum Ende der 1990er-Jahre verlangsamte sich 2004 auf rund 4 %. Die Arbeitslosigkeit liegt bei ca. 6 %, die Inflation bei 6 % (Frühjahr 2005). 2010 soll der Forint durch den Euro abgelöst werden.

Einleitung

Ein wichtiger Meilenstein für diese Entwicklung war der EU-Beitritt Ungarns im Jahr 2004. Das Land sieht seinen neuen Platz als Brücke zwischen West und Ost. Diese Rolle auszufüllen ist jedoch nicht leicht. Zum einen gibt es selbst innerhalb Ungarns scharfe Kontraste: Boomt die Wirtschaft in Budapest und westlich der Donau, so herrschen in den östlichen Landesteilen Arbeitslosigkeit und z. T. große Armut. Das Wohlstandsgefälle ist nicht zu übersehen und eines der größten innenpolitischen Probleme.

Zum anderen sorgen viele EU-Bestimmungen in Ungarn für Missmut. So wird die Grenze zu den Nachbarn Kroatien, Serbien, Rumänien und der Ukraine zur scharf bewachten EU-Außengrenze. Das ist keine gute Grundlage für ein offenes dynamisches Mitteleuropa.

Viele Ungarn fühlen sich zudem im wahrsten Sinne des Wortes unverstanden. Die ungarische Sprachinsel im Herzen des Kontinents lässt die Besonderheit der Magyaren deutlich zu Tage treten. Doch gerade in der jungen Generation sind Englisch und Deutsch inzwischen stärker verbreitet. Das trägt genauso zur Integration Ungarns bei wie die sprichwörtliche Freundlichkeit und Warmherzigkeit der Menschen.

Reisende erleben ein Land im Wandel und Aufbruch. Die Kontraste und die zahlreichen Attraktionen lassen viel Raum für individuelle Entdeckungen. Das macht Ungarn am Beginn des 21. Jh. zu einem der spannendsten und einladendsten Länder Mitteleuropas.

LANDSCHAFTEN UND NATURRAUM

Zwischen Tiefebene und Mittelgebirge

Ungarn ist landschaftlich ein sehr vielseitiges Land. Geografisch lässt es sich in vier Großregionen aufteilen. Im Westen erstreckt sich die Kleine Tiefebene (Kisalföld) bis an den Neusiedler See. Im Osten wird diese flache Region von den Transdanubischen Mittelgebirgen begrenzt, die bis an die Donau reichen. Der mächtige Strom teilt zwischen Donauknie und Mohács das Land in zwei Hälften. Östlich der Donau erstreckt sich die Große Tiefebene (Alföld). Im Norden erhebt sich das Nordungarische Mittelgebirge.

Flüsse, Seen und Thermalquellen

Die beiden größten Flüsse des Landes sind die Donau (Duna) und die Theiß (Tisza). Die **Donau** durchquert Ungarn auf rund 400 km Länge. Zunächst fließt sie an der Grenze zur Slowakei von West nach Ost, durchbricht dann den Mittelgebirgsgürtel am Donauknie und biegt scharf nach Süden Richtung Kroatien/Serbien ab. Damit teilt sie praktisch das Land. Die **Theiß** fließt auf rund 600 km Länge durch Ungarn. Szamos, Bodrog, Körös und Maros sind die wichtigsten Nebenflüsse. Die südliche Grenze zu Kroatien wird von der **Drau** (Dráva) gebildet, einem Nebenfluss der Donau.

Mit rund 600 km^2 Wasseroberfläche ist der **Balaton** (Plattensee) der größte Binnensee Mitteleuropas. Doch mit durchschnittlich nur rund 3 m Wassertiefe ist er recht flach. Der zweitgrößte See ist der **Theiß-See** (Tisza-tó) am **Hortobágy Nationalpark.** Dieser in den 1970er-Jahren entstandene Stausee hat sich zu einem wichtigen Wassersport- und Naturschutzgebiet entwickelt. An der österreichischen Grenze gehört auch der **Neusiedler See** (Fertő-tó) teilweise zu Ungarn. Dieser ebenfalls sehr flache See ist der westlichste Steppensee Europas.

Weil die Erdkruste in Ungarn besonders dünn ist, sprudelt an vielen Stellen im Land reichlich heißes Thermalwasser aus dem Boden. Diese geolo-

Prägend für die Landschaft: Weinbau

Landschaften und Naturraum

gische Besonderheit verschafft dem Land einen natürlichen Reichtum, der umfangreiche Kurbehandlungen ermöglicht und den Wellness-Tourismus anheizt (s. S. 47).

Pflanzen und Tiere

Die landschaftlichen Kontraste sorgen für höchst unterschiedliche Vegetationszonen. Die klassische **Puszta** mit ihrer schier endlosen Steppe findet sich nur noch in den Nationalparks von Hortobágy und Kiskunság. Einige Gebiete sind als **Salzsteppen** sogar fast vegetationslos. Ansonsten dominiert in der Tiefebene die Landwirtschaft. Charakteristisch sind die weiten offenen Flächen, die nur selten von Wäldern durchbrochen werden. Auf den Sandböden der Kiskunság zwischen Donau und Theiß wird Weinbau betrieben.

Höhlen

In der karstigen Mittelgebirgslandschaft haben sich einzigartige Höhlen herausgebildet. Das größte Höhlensystem liegt bei Aggtelek an der slowakischen Grenze (s. S. 195). Die rund 25 km lange Tropfsteinhöhle gehört zum UNESCO-Weltnaturerbe und zu den schönsten Sehenswürdigkeiten des Landes. Weitere bedeutende Höhlen finden sich in Budapest (Pálvölgyi, s. S. 132) und in Abaliget nördlich von Pécs (s. S. 95).

In Flüssen und Seen leben Fische wie Zander, Wels und Hecht. Charakteristisch sind die **Weißen Seen.** Die z. T. sehr flachen Gewässer sind Reste der einst weiten Überschwemmungsflächen in der Tiefebene. In den letzten Jahrzehnten sind viele davon ausgetrocknet.

Die **Mittelgebirge** sind vor allem von Mischwäldern geprägt. An den sonnigen Südseiten vieler Hügelketten gedeihen hervorragende Weine.

Die wichtigsten Naturzonen sind in insgesamt zehn **Nationalparks** geschützt, von denen Teile zum UNESCO-Weltnaturerbe gehören.

In den Nationalparks von Hortobágy und Kiskunság leben auch die einst für die Tiefebene typischen Haustierarten: **Graurind** (*szürke marha*), **Zackelschaf** (*racka juh*) und **Wollschwein** (*mangalica*). In vielen Dörfern brüten zwischen März und August **Weißstörche,** die in Ungarn noch sehr zahlreich vertreten sind. Die **Pferdezucht** spielt eine wichtige Rolle. Unter anderem Lippizaner, Araber und Noniuspferde werden in berühmten Gestüten gezüchtet.

Einzigartig sind die unter strengem Schutz stehenden **Großtrappen,** die auch als ›europäische Strauße‹ bekannt sind. Von den sehr scheuen und seltenen Vögeln gibt es in Ungarn noch ca. 1300 Exemplare. Der größte Bestand findet sich im Körös-Maros-Nationalpark bei Dévaványa (s. S. 168).

In geschützten Feuchtgebieten sind die Lebensbedingungen für **Wasservögel** wie Kormorane, Reiher, Stelzenläufer, Säbelschnäbler und Seeadler ideal, auch für viele Zugvögel. In abgelegeneren Regionen der Mittelgebirge kann man gelegentlich Adler beobachten.

DONAU UND THEISS – BLAU UND BLOND?

Die beiden großen Flüsse Ungarns sind die Lebensadern des Landes. Zahlreiche Dichter haben sie liebevoll besungen. Stolz ist man auf die ›blaue‹ Donau und die ›blonde‹ Theiß, deren Beiname sich von den vielen gelblichen Lehm-Sedimenten ableitet. Doch über die Jahrhunderte hat der Mensch stark in ihre Ökosysteme eingegriffen, sodass von der natürlichen Schönheit nicht viel geblieben ist.

Ursprünglich schlengelten sich beide Flüsse in weiten Schleifen durch das Land. Große Teile Ungarns galten als Überschwemmungsgebiet. Um dem ein Ende zu setzen und um die Flüsse schiffbar zu machen, begradigte man die Donau und die Theiß im 19. Jh. radikal. Der Lauf der Donau wurde um gut 100 km, der der Theiß gar um 400 km verkürzt. Starke Proteste löste in den 1980er-Jahren der Plan aus, bei Gabčíkovo (Slowakei) und Visegrád/Nagymaros Staustufen in der Donau zu errichten. Während in Ungarn eine starke Umweltbewegung entstand, die das Nagymaros-Projekt verhinderte, schafft das slowakische Kraftwerk große Probleme für den Wasserhaushalt. Zahlreiche Feuchtgebiete entlang dieses Donauabschnittes sind bedroht.

Blau ist die Donau schon lange nicht mehr. Gerade in Budapest ist die fehlende Klärung der Abwässer ein großes Problem, das in den nächsten Jahren im Rahmen des EU-Beitritts endlich angepackt werden soll. Nicht minder brisant war 2000 der Cyanid-Unfall im rumänischen Baia Mare. Dadurch wurde die Theiß stark verseucht und es gab ein massenhaftes Fischsterben. Nur langsam konnte sich der Fluss von dieser Katastrophe erholen.

WIRTSCHAFT UND UMWELT

Industrie und Bodenschätze

Zu kommunistischen Zeiten wurde der Ausbau der Schwerindustrie forciert. Viele der Kombinate gingen nach 1990 pleite oder wurden stark verkleinert an ausländische Investoren verkauft. Die rapide Industrialisierung nach 1945 ging auch einher mit der Ausbeutung aller verfügbaren Bodenschätze, besonders Kohle, Bauxit und Erze. Bei Pécs wurde sogar Uran abgebaut, was zu schweren Gesundheitsschäden bei vielen Arbeitern führte. Die Suche nach Erdöl und Erdgas war nur eingeschränkt erfolgreich, dafür fand man fast überall im Land Thermalwasser, das heute die Badeindustrie ankurbelt.

40 % des ungarischen Stroms produziert das einzige Atomkraftwerk des Landes, in Paks. Jahrelang wurde der Reaktor russischer Bauart kritiklos unterstützt, doch ein größerer Störfall führte 2003 zu einer intensiveren Diskussion über die Risiken der Atomenergie.

Landwirtschaft

Wichtigste Anbaupflanzen sind Mais, Sonnenblumen, Getreide und Raps. Von Bedeutung sind auch Wein- und Obstbau. Seit den 1950er-Jahren hat die industrialisierte Landwirtschaft mancherorts durch Monokulturen große Schäden hinterlassen und die natürliche Vegetation stark zurückgedrängt. Heute steht die immer noch sehr wichtige Landwirtschaft vor der schweren Anpassung an den EU-Markt.

Tourismus und Umweltschutz

Seit den 1960er-Jahren haben sich vor allem der Balaton und Budapest zu beliebten Urlaubsregionen entwickelt. Der Wellness-Boom macht das Land noch populärer. Der Tourismus ist für die ungarische Wirtschaft ein wichtiger Faktor. In Budapest hängt z. B. jeder zehnte Arbeitsplatz am Tourismus, die Balaton-Region lebt sogar zum überwiegenden Teil vom Reisegeschäft.

Das bringt natürlich auch Umweltprobleme mit sich. Am Plattensee ist die Frage der Wasserqualität von zentraler Bedeutung. Der Tourismus kann jedoch auch zu verbesserten Umweltstandards führen, da man bestrebt ist, beliebte Reiseziele in ihrer natürlichen Attraktivität zu erhalten.

Wegweisend ist seit 1973 die Einrichtung von Nationalparks. Damit sollen auch die schädlichen Einflüsse der intensiven landwirtschaftlichen Nutzung begrenzt werden. Rund ein Zehntel Ungarns steht heute unter Naturschutz.

Umweltprobleme ergeben sich in großen Städten wie Budapest, wo es für die Abwasserbehandlung noch keine zufrieden stellende Lösung gibt. Auch verfügen nicht alle Industrieanlagen und Kraftwerke über moderne Filteranlagen, die die Schadstoffbelastung minimieren.

GESCHICHTE IM ÜBERBLICK

Frühgeschichte und Römerzeit

Um 500 000 v. Chr.	Die ältesten menschlichen Spuren in Ungarn finden sich in Vértesszőlős bei Tata.
Ab 4000 v. Chr.	Ab der Jungsteinzeit betreiben Einwanderer auch Ackerbau in Ungarn. Mehrere Einwanderungswellen bis zur Bronzezeit.
800–10 v. Chr.	In der Eisenzeit wandern u. a. Thraker und Skythen ein. Später besiedeln Kelten weite Teile des Karpatenbeckens.
10 v. Chr.– 433 n. Chr.	Die Römer erobern Westungarn bis zur Donau. Das Gebiet wird zur Provinz Pannonien. Savaria (Szombathely) wird Provinzhauptstadt. 106 n. Chr. teilt Kaiser Trajan die Provinz. Aquincum (heute Budapest-Óbuda) wird Hauptstadt der Provinz Unterpannonien.
433–53	Großreich der Hunnen unter König Attila. Zeit der Völkerwanderung.

Landnahme der Magyaren und Árpáden-Dynastie

Um 896	Die sieben finno-ugrischen Magyaren-Stämme erobern unter Fürst Árpád mit der legendären ›Landnahme‹ das Karpatenbecken.
1000	Stephan I. (997–1038) wird in Esztergom (Gran) zum ersten ungarischen König gekrönt. Mit seiner bayerischen Frau Gisela und dem venezianischen Bischof Gellért christianisiert er die Magyaren. Esztergom und Székesfehérvár (Stuhlweißenburg) werden Königsstädte. Veszprém wird zur ›Stadt der Königinnen‹.

Aquincum im heutigen Óbuda war einst römische Provinzhauptstadt

Geschichte im Überblick

13. Jh.	›Tatarensturm‹ – die Mongolen verwüsten 1241/42 Ungarn. König Béla IV. (1235–70) baut das Land wieder auf und errichtet zahlreiche Burgen, darunter Buda und Visegrád. Deutsche, italienische, französische, serbische und jüdische Einwanderer werden ins Land geholt.
14. Jh.	Ludwig der Große (1342–82) macht Buda zur Hauptstadt, dehnt Ungarn bis ans Mittelmeer aus und wird sogar König von Polen.

Spätmittelalter und Türkenzeit

1387–1437	Sigismund von Luxemburg, Regent in Ungarn ab 1387 (ab 1433 auch deutscher Kaiser) muss gegen die vordringenden Türken kämpfen.
1445–90	Hunyaden-Epoche. 1456 schlägt Reichsverweser János Hunyadi die Türken bei Belgrad. Sein Sohn kann als König Matthias I. Corvinus (1458–90) Ungarn zu einer neuen Blüte führen. Buda wird ein bedeutendes europäisches Kulturzentrum. Italienische Künstler bringen die Renaissance ins Land. 1485 erobert König Matthias Wien.
1526–1683	Die ungarische Armee wird 1526 bei Mohács von den Türken vernichtend geschlagen, der König stirbt. 1541 nehmen die Türken Buda ein. Ungarn wird zwischen Türken, Habsburgern und einem recht selbstständigen Reich in Siebenbürgen dreigeteilt. Beginn der Reformation. Zahlreiche Grenzfestungen entstehen. Weite Landstriche werden durch die Kriegshandlungen verwüstet und entvölkert. 1670/71 kommt es zur Wesselényi-Verschwörung gegen die Habsburger.

Habsburgerzeit

1686–87	Nach ihrem Sieg über die Türken bei Wien 1683 erobern die Habsburger 1686 auch Buda und kurz danach den Rest des Landes.
18. Jh.	Die Habsburger beherrschen nach dem gescheiterten Kuruzzen-Aufstand unter Fürst Rákóczi endgültig das Land. Sie holen vor allem Einwanderer aus Süddeutschland nach Ungarn, um das Land wieder zu besiedeln. Zahlreiche Barockbauten entstehen.
1802	Graf Ferenc Széchényi gründet das Nationalmuseum und die Nationalbibliothek.
1825	Graf István Széchenyi, der ›größte Ungar‹, gründet die Ungarische Akademie der Wissenschaft und läutet eine Reformbewegung ein. U. a. initiiert er die Begradigung von Donau und Theiß, die Dampfschifffahrt sowie den Bau der Kettenbrücke.
1848/49	Am 15. März 1848 kommt es in Pest und Buda zur Revolution. Unter Graf Batthyány entsteht eine neue Regierung, die ab September gegen ihre Absetzung durch die Habsburger kämpfen muss. Lajos Kossuth wird Ministerpräsident, 1849 auch Reichsverweser. Der Freiheitskampf geht verloren, weil der russische Zar Österreich militärische Hilfe leistet. Batthyány wird hingerichtet, Kossuth geht ins Exil.

Geschichte im Überblick

1867	Ferenc Deák vermittelt den ›Ausgleich‹ zwischen Ungarn und Österreich. Ungarn erhält wieder eine eigene Regierung mit Pest und Buda als Regierungssitz. Am 8. Juni werden der österreichische Kaiser Franz Joseph I. und seine Frau Elisabeth (›Sissi‹) zum König und zur Königin von Ungarn gekrönt.
1873	Pest, Buda und Óbuda werden zu einer einzigen Stadt vereinigt. Das ›Goldene Zeitalter‹ beginnt, und Budapest wächst rasant zur glänzenden Metropole des Vielvölkerstaates Ungarn.
1874–1914	Zum ›Millennium‹ der Landnahme 1896 werden im ganzen Land zahlreiche Bauten errichtet, allein in Budapest u. a. der Große Ring, die Andrássy út und die erste U-Bahn auf dem europäischen Kontinent. Jugendstilbauten von Ödön Lechner entstehen.
1914–18	Erster Weltkrieg. Bei Kriegsende zerfallen die Doppelmonarchie und Ungarn. Slowaken, Rumänen und Serben sagen sich los. Am 16. November wird das Land Republik.

Räterepublik und Horthy-Regime

1919	Kurzlebige Räterepublik. Im August besetzen rumänische Truppen Budapest. Im November reißt der rechtsgerichtete Admiral Miklós Horthy die Macht an sich. Dem ›roten Terror‹ folgt der ›weiße Terror‹.
1920–21	Erneutes Königreich – Horthy wird zum Reichsverweser. Im Friedensvertrag von Trianon muss das ›Königreich ohne König‹ zwei Drittel seines Staatsgebietes abtreten. 1921 scheitern zwei Putschversuche des abgesetzten Habsburger-Königs Karl IV.
1933–43	Horthy und seine Regierung lehnen sich immer stärker an das faschistische Deutschland an, um die nach dem Ersten Weltkrieg verlorenen Gebiete zurückzuerhalten. Als Preis dafür muss Ungarn an der Seite Hitlers in den Zweiten Weltkrieg eintreten.
1944–45	Am 19. März 1944 besetzen deutsche Truppen das Land. Sofort kommt es unter tatkräftiger Mithilfe der ungarischen Behörden zur massenhaften Ermordung der jüdischen Ungarn. Am 15. Oktober scheitert der Versuch Horthys, in letzter Sekunde die Seite zu wechseln. Die ungarischen Faschisten, die ›Pfeilkreuzler‹, übernehmen die Macht und führen ein Terrorregime. Nach schweren Kämpfen erobert die Rote Armee bis April 1945 das ganze Land. Beginn der sowjetischen Besatzung.

Kommunistische Herrschaft

1945–47	Zunächst entstehen demokratische Strukturen mit einer Mehrparteien-Regierung. Der Feudalismus wird beseitigt, umfassende Verstaatlichungen werden durchgeführt. Ungarn wird erneut zur Republik.

Geschichte im Überblick

1948/49	Die kommunistische Partei übernimmt mit der ›Salamitaktik‹ die alleinige Macht. 1949 wird Ungarn zur ›Volksrepublik‹ und Parteichef Mátyás Rákosi zum stalinistischen Diktator.
1953–55	Nach Stalins Tod übernimmt der Reform-Ministerpräsident Imre Nagy für kurze Zeit die Regierung.
1956	Am 23. Oktober kommt es zum offenen Aufstand gegen die Regierung und die sowjetische Besatzung. Imre Nagy wird erneut Ministerpräsident. Er bildet eine Mehrparteienregierung und erklärt den Austritt aus dem Warschauer Pakt sowie Ungarns Neutralität. Im ganzen Land entstehen Arbeiterräte und revolutionäre Selbstverwaltungen. Im November schlagen sowjetische Truppen die Revolution nieder. János Kádár übernimmt die Macht. Danach scharfe Unterdrückung mit rund 400 Hinrichtungen und vielen Haftstrafen. 1958 werden Nagy und seine Mitstreiter hingerichtet.
Ab 1960	Kádár führt durch Wirtschaftsreformen den ›Gulasch-Kommunismus‹ ein und macht Ungarn zur ›lustigsten Baracke des Ostblocks‹.
1989	Friedlicher Übergang zur Demokratie, Ungarn wird Republik (s. S. 23).

Demokratischer Neuanfang

1990	Die Parlamentswahlen führen zu einer konservativ-liberalen Koalition unter Ministerpräsident József Antall vom Ungarischen Demokratischen Forum (MDF). Staatspräsident wird Árpád Göncz vom Bund Freier Demokraten (SZDSZ). Der kapitalistische Umbau der Wirtschaft führt zu sozialen Konflikten.
1993–94	József Antall stirbt 1993 und Péter Boross übernimmt die Regierung. Das MDF verliert 1994 durch den harten Übergang in die Marktwirtschaft die Wahlen an eine sozialliberale Koalition unter Gyula Horn. Langsame Konsolidierung der Wirtschaft.
1998–99	Die Fidesz (seit 2003: Fidesz-Ungarischer Bürgerbund, Fidesz-MPSZ) gewinnt die Wahlen mit Parteichef Viktor Orbán. Er koaliert mit dem MDF und der Kleinlandwirtepartei (FKGP). Ungarn tritt 1999 der NATO bei und ist auf der Frankfurter Buchmesse Schwerpunktthema.
2000	Ungarn feiert das 1000-jährige Jubiläum der Krönung Stephans I. Der konservative Politiker Ferenc Mádl wird neuer Staatspräsident.
2002	Nach einem scharfen Wahlkampf mit nationalistischen Tönen seitens der Regierung gewinnt eine sozialliberale Koalition unter Péter Medgyessy. Der ungarische Schriftsteller Imre Kertész erhält den Literatur-Nobelpreis.
2004	Ungarn tritt der EU bei. Der Sozialist Ferenc Gyurcsány wird neuer Ministerpräsident der sozialliberalen Koalition.
2005	Ungarn wählt einen neuen Staatspräsidenten.

DIE VERHANDELTE REVOLUTION VON 1989

Mehr als 200 000 Menschen versammelten sich am 16. Juni 1989 auf dem Budapester Heldenplatz. Sie ehrten in einem symbolischen Akt Imre Nagy und zwei Weggefährten, die 30 Jahre zuvor von der ungarischen Regierung hingerichtet worden waren. Nagy war während des Volksaufstandes 1956 Ministerpräsident gewesen und später als Anführer einer ›Konterrevolution‹ gebrandmarkt worden. Die öffentliche Rehabilitierung signalisierte den Untergang des alten kommunistischen Systems.

Mitte der 1980er-Jahre ermöglichte die Perestroika des sowjetischen Staatschefs Gorbatschow auch den Ungarn neue Spielräume. Schon seit langem genossen die Menschen in der ›lustigsten Baracke des Ostblocks‹ größere wirtschaftliche Freiheiten als ihre Nachbarn. Parteichef János Kádár regierte nach dem Motto »Wer nicht gegen uns ist, ist für uns.« Doch gegenüber dem dynamischen Gorbatschow wirkte Kádár wie ein Bremser. Die Kommunisten schickten ihn 1988 nach 32 Jahren an der Macht auf sein Altenteil. Schon im März 1989 einigten sich Regierung und neu entstandene Oppositionsgruppen nach polnischem Vorbild auf die Einrichtung eines Runden Tisches. Die Revolution fand nicht auf der Straße statt, sondern am Verhandlungstisch.

Eine besondere Rolle spielte der Abbau des Eisernen Vorhangs. Bereits am 2. Mai 1989 begann die Demontage des Grenzzauns, obwohl es aus anderen ›Bruderländern‹ Proteste gab. Diese wurden jedoch mit einer gewissen Portion ungarischen Augenzwinkerns ignoriert. Jahre später erklärte der Honecker-Nachfolger Egon Krenz in einem Interview, die ungarischen Genossen hätten ihnen erklärt, der Zaun sei verrostet und müsse deshalb entfernt werden.

Nicht ungelegen kam den Reformern die wachsende Zahl von Flüchtlingen aus der DDR, die das Loch im Eisernen Vorhang zum ›Rübermachen‹ nutzen wollten. Am 19. August wurde ein ›Pan-europäisches Picknick‹ am Neusiedler See durchgeführt. Dabei erlaubte man mehreren Hundert DDR-Bürgern, nach Österreich zu flüchten. Danach gab es kein Zurück mehr. Mit der allgemeinen Grenzöffnung für die DDR-Bürger am 11. September hatte Ungarn auch für sich selbst die Grenze nach Westen geöffnet und sich außenpolitisch von der Sowjetunion emanzipiert.

Der Übergang in die Demokratie wurde am 23. Oktober 1989 symbolisch besiegelt, als Ungarn wieder zur Republik wurde. Nicht zufällig hatte man dabei den Jahrestag der Revolution von 1956 gewählt. Die neue Republik stellte sich bewusst in die Nachfolge dieses Volksaufstandes.

Allerdings scheinen nicht alle gesellschaftlichen Kräfte mit den Ergebnissen des friedlichen Übergangs einverstanden. 2002 führte der damalige Ministerpräsident Orbán einen scharfen Wahlkampf gegen die aus der kommunistischen Partei hervorgegangenen Sozialisten. Manchmal erweckte Orbán den Eindruck, als wolle er die nicht stattgefundene Revolution von 1989 nachholen. Die meisten Ungarn sind dieser Grabenkämpfe von einst überdrüssig. Sie wählten Orbán ab.

Kunst und Leben

An der Fischerbastei, Budapest

UNGARISCHE LEBENSART

Bevölkerung

Ungarn war eigentlich immer ein Vielvölkerstaat. Schon Staatsgründer König Stephan mahnte vor 1000 Jahren seinen Sohn Imre: »Schwach und gebrechlich ist das Land mit nur einer Sprache und einer Gewohnheit.« Über die Jahrhunderte wanderten Deutsche, Serben, Italiener, Juden und Roma nach Ungarn ein, weil das Land nach dem ›Tatarensturm‹ und den Türkenkriegen verwüstet und entvölkert war.

Seit dem Ersten Weltkrieg ist Ungarn zu einem recht homogenen Nationalstaat geworden. Es gibt kleine deutsche, slowakische und rumänische Minderheiten. Die jüdische Bevölkerung lebt vor allem in Budapest, 1944/45 die einzige Stadt, in der Juden den Holocaust überleben konnten.

Die allgemeine Bevölkerungsverteilung im Land ist recht ungleich. Allein im Großraum Budapest lebt gut ein Viertel der Ungarn. Neben der alles überragenden Hauptstadt gibt es nur wenige regionale Zentren. Viele Nicht-Budapester beklagen die Dominanz der Hauptstadt, während viele Budapester für das Leben außerhalb der Metropole nicht viel übrig haben.

Feste und Volkstraditionen

Die Ungarn feiern gerne. Schon das neue Jahr wird – nicht nur in Budapest, sondern im ganzen Land – ausgelassen auf den Straßen begrüßt. Ein weiteres großes landesweites Fest ist der Nationalfeiertag am 20. August.

Das moderne städtische Ungarn hat mit den alten Volkstraditionen wenig zu tun, doch diese halten sich noch immer. So findet Ende Februar im südlichen Mohács der ›Buscho-Gang‹ statt, ein jahrhundertealtes spektakuläres Ritual, das angeblich auf die Vertreibung der Türken 1687 zurückgeht. Zu Ostern dürfen die Männer die Frauen mit Wasser bespritzen. Heute wird allerdings eher Duftwasser bevorzugt.

März/April

Ende März: Frühlingsfestival. Der Frühling wird in Budapest und anderswo mit einem zweiwöchigen erstklassigen Kulturspektakel eingeläutet; vor allem Theater und Konzerte.

Ostern: Osterfestival, Hollókő. Im nordungarischen Palozendorf pflegt man die Ostertraditionen besonders.

Mai/Juni

Pfingsten: Saisoneröffnung am Balaton. Vor allem in Siófok und Balatonfüred wird ausgiebig gefeiert. Im Mai Balatonfestival in Keszthely.

Juni/Juli: Sommer in Győr. Einen Monat lang hochkarätige Konzerte, Ballett, Oper, Theater und Straßenfeste; Schlosskonzerte Gödöllő. Kammermusik im Königsschloss.

Juli

Anfang Juli: Fest der Fischsuppe in Baja. Der größte Platz der Stadt wird

Die Roma

FREMDE IM EIGENEN LAND – DIE ROMA

Wer denkt bei ungarischer Volksmusik nicht automatisch an Geige spielende Roma, die mit herzerweichenden Melodien ihre Gäste erfreuen? Jenseits dieses folkloristisch geprägten Images müssen die rund 500 000–600 000 Sinti und Roma in Ungarn – wie in vielen anderen Ländern auch – mit einer Unzahl von Vorurteilen kämpfen. Dazu gehört die landläufige Meinung, sie seien als ›Zigeuner‹ *(cigány)* so etwas wie die letzten Nomaden Europas.

Das ist umso erstaunlicher, als die Roma (dt. Mensch) schon seit fast 600 Jahren in Ungarn leben. Lange verfügten sie sogar über eine eigene Gerichtsbarkeit, die aber im ›aufgeklärten‹ 18. Jh. von den Habsburger-Monarchen aufgehoben wurde. Darüber hinaus betrieben die Habsburger die Gründung eigener Roma-Siedlungen. Spätestens seit diesem Zeitpunkt sind die Roma in Ungarn sesshaft. Diese Zwangsmaßnahme führte aber zu einer starken Konzentration auf bestimmte ländliche Gebiete, die selbst heute noch zu spüren ist. Im Zweiten Weltkrieg fielen auch viele Roma dem Rassenwahn der Nazis und der ungarischen Faschisten zum Opfer.

Unter den Kommunisten wanderten viele Roma notgedrungen als ungelernte Hilfsarbeiter aus der Landwirtschaft in die neu aufgebaute Industrie ab. Dadurch änderte sich zum einen ihr Lebensstil, zum anderen waren sie als erste von den Massenentlassungen nach der Wende 1989/90 betroffen. So liegt die Arbeitslosigkeit unter ihnen viel höher als im Landesdurchschnitt. Ein Grund dafür ist, dass die Mehrheit der Roma noch immer in kleinen Dörfern wohnt und so von neuen Arbeitsmöglichkeiten in den Städten kaum profitiert. Zum anderen ist ihr Bildungsniveau deutlich niedriger. Nur eine kleine Minderheit von Roma-Kindern schließt die Schulausbildung erfolgreich ab. Lange Zeit fehlten die entsprechenden Angebote. Mit diesen Problemen einher gehen geringerer Lebensstandard und niedrigere Lebenserwartung.

Selbst die Roma-Musik befindet sich in einer tiefen Krise. Viele Gruppen lösten sich nach 1990 auf, weil es zu wenig feste Beschäftigungsmöglichkeiten gab. So ist die Tradition der Musiker-Dynastien ernsthaft bedroht, weil der Nachwuchs keine Arbeit in der Branche findet.

Langsam gibt es aber Ansätze einer besseren Zukunft: Eigene Schulen, ein eigenes Radio, Unterstützung durch die EU sowie verbesserte Ausbildungschancen für Roma sind Kernstücke einer neuen integrativen Politik. Bildung wird als wichtigster Eckpfeiler für die Lösung der gegenwärtigen Probleme angesehen, um eine Angleichung der sozialen Verhältnisse zu erreichen. Selbst in der Musik weht mit Bands wie ›Romantik‹ oder ›Fláre Beás‹ frischer Wind – Roma-Musik hat gar die Pop-Szene erreicht. Der Weg zu einer wirklichen Integration ist aber noch weit. Die tief sitzenden Vorurteile sind nur schwer zu überwinden. Die Anerkennung der Bedürfnisse der alteingesessenen Minderheit ist jedoch ein wichtiger Schritt in die richtige Richtung.

Ungarische Lebensart

zu einem riesigen Kochkessel im Streit um die beste Fischsuppe.

Mitte Juli: Fest des Erlauer Stierblutes, Eger. Der berühmte Wein wird in seiner Geburtsstadt gefeiert; Burgfestspiele, Visegrád. Auf der Hochburg über der Donau u. a. mittelalterliche Reiterkämpfe.

Ende Juli: Tal der Künste, Kapolcs. Sieben Orte nördlich des Balaton werden für eine Woche zu einer großartigen Bühne für Kunsthandwerker, Musiker und Schauspieler. Das außergewöhnliche Festival lockt jedes Jahr rund 200 000 Besucher an.

Juli/Aug.: Szegeder Freilichtspiele. Aufführungen auf dem Domplatz; Budafest, Budapest. Opern und Freilichtkonzerte bestimmen das Sommerprogramm in Budapest.

August

Anfang Aug.: Sziget Festival, Budapest. Auf dem größten Open-Air-Festival Mitteleuropas geht für Zehntausende junge Leute die Post ab - die ›Insel‹ (= *sziget*) ist ein Hit!

Mitte Aug.: Formel 1, Budapest. Der Rennzirkus auf dem Hungaroring markiert fast eine fünfte Jahreszeit.

20. Aug.: Höhepunkt aller Feierlichkeiten in Ungarn. In Budapest Feuerwerk, in Debrecen Blumenkarneval, in Szombathely Historienkarneval, in Gyula Tanzfestival, in der Hortobágy traditioneller Brückenmarkt.

Mitte/Ende Aug.: Budapest Parade. Nach dem Vorbild der Love Parade tanzen Hunderttausende Jugendliche durch Budapest.

Aug./Sept.: Jüdisches Sommerfestival, Budapest – eine gute Möglichkeit, sich mit der jüdischen Kultur vertraut zu machen, z. B. der Klezmer Musik.

September/Oktober

Sept./Okt.: Weinlese. Weinlesefeiern in den Weinregionen, z. B. in Tokaj, Villány und Badacsony.

Okt.: Herbstfestival, Budapest. Zwei Wochen großes Kulturprogramm.

Dezember

Dez.: Der Weihnachtsmarkt in Budapest wird langsam zu einer Tradition.

Silvester: In vielen größeren Städten finen Open-Air-Konzerte zum Jahreswechsel statt, vor allem in Budapest auf den Straßen viel Stimmung!

Musik und Tanz

Ungarn ist sehr reich an musikalischen Ausnahmekünstlern. **Franz (Ferenc) Liszt** sah sich zeitlebens als Ungar, obwohl er der Sprache nicht mächtig war. Er gründete u. a. die Budapester Musikakademie. Nicht minder bekannt sind **Franz Lehár** und der Operettenkönig **Emmerich (Imre) Kálmán,** der von Wien aus mit seiner ›Csárdásfürstin‹ und der ›Gräfin Mariza‹ Welterfolge feierte. Er musste vor den Nationalsozialisten in die USA flüchten. Dorthin ging auch **Béla Bartók,** der Erneuerer der ungarischen Musik. Zusammen mit seinem Freund **Zoltán Kodály** sammelte er ungarische Volkslieder und rettete so viele traditionelle Melodien vor dem Vergessen. Gleichzeitig schuf er mit Werken wie ›Herzog Blaubarts Burg‹ oder ›Der wunderbare Mandarin‹ fast schon atonale Kompositionen.

ZUM BEISPIEL ›GYÓGYSZERTÁR‹ – SPRACHINSEL UNGARN

Ungarisch ist eine Sprache, die nur wenige verstehen. Schon die Straßenschilder bringen einen schnell zur Verzweiflung. Jede ungarische Inschrift sei ein Geheimnis, beschwere sich der Europareisende Hans Magnus Enzensberger. Schon eine ganz gewöhnliche Apotheke heiße *gyógyszertár*. Der Wahlungar Franz Liszt bemühte sich ohne Erfolg, die Sprache zu lernen.

Ungarisch gehört zur finnisch-ugristischen Sprachfamilie und unterscheidet sich damit von den meisten europäischen Sprachen, die indogermanischen Ursprungs sind. Die Ungarn fühlen sich deswegen oft – im wahrsten Sinne des Wortes – unverstanden. Andererseits verleiht ihnen die einzigartige Landessprache einen Hauch von Exotik, was sie durchaus genießen.

Diese sprachliche Insellage macht es den Touristen nicht leicht, die einfacheren Ausdrücke wie *Jó napot!* (Guten Tag!), *köszönöm* (Danke) und *Egészségedre!* (Auf Dein Wohl!) zu benutzen. Man muss nur die Betonung ein klein wenig verändern und bekommt statt *Egészségedre* das Wort ›egészseggedre‹ auf die Lippen. Für deutsche Ohren ist dies kaum ein Unterschied, für ungarische aber umso mehr: Statt »Auf Dein Wohl!« hat man nun »Auf deinen ganzen Po!« gesagt.

Man kann aber auch Glück haben. Wie eine Freundin, die in Budapest ›für kleine Mädchen‹ musste. Sie wurde höflich gefragt, ob sie wisse, hinter welcher Bezeichnung sie die Damentoilette finde. »Nö« sagte sie schön westfälisch und wunderte sich, als ihre Begleitung zufrieden nickte. »Dann weißt du es ja schon.« *Nő* heißt nämlich auf Ungarisch ›Frau‹ (s. auch Sprachführer S. 222).

Andrea Óhidy

In der heutigen Musikszene ist **Jazz** sehr gefragt. Federführend ist seit Jahrzehnten die beschwingte Benkó Dixieland Band. Eine kleine Renaissance erlebt zur Zeit die traditionelle jüdische **Klezmer-Musik.** Konzerte der Budapest Klezmer Band sind immer ein musikalischer Höhepunkt.

Im **Pop**-Geschäft sind derzeit Gruppen wie Ákos, TNT, Pa-Dö-Dö, Groovehouse oder die musikalische Parodistentruppe Irigy Hónaljmirigy (›Neidische Achseldrüsen‹) tonangebend. Letztere nehmen auch deutsche Stars wie Modern Talking oder Nena gekonnt aufs Korn.

Die ›Tanzhaus‹-Bewegung versucht seit den 1970er-Jahren, **alte Tänze** zu bewahren. Das bekannte Tanzensemble ExperiDance verbindet jedoch gekonnt traditionelle Themen mit modernen Tanzelementen. Oft werden Volkstänze und -musik heute leider nur noch zur touristischen Zwecken eingesetzt. Das gilt auch für die Roma-Kapellen, die in vielen Restaurants auftreten.

KUNST UND KULTUR

Architektur

Die Frühzeit

Spuren menschlicher Besiedlung lassen sich in Ungarn schon aus frühester Vorzeit finden. Bis zu 500 000 Jahre reichen sie zurück. Ab der Steinzeit werden die Funde reichlicher und ausgefeilter. Sie belegen die lange Besiedlung des Landes. Größere Baureste hinterließen allerdings erst die Römer, die 400 Jahre lang den Westen Ungarns beherrschten. Umfangreich sind die Reste der Römerstadt Aquincum in Budapest oder von Gorsium bei Székesfehérvár. Wohl am beeindruckendsten sind die frühchristlichen Grabkammern in Pécs aus dem 3./4. Jh., die außerhalb von Italien eine echte Seltenheit sind. Sie gehören zu Recht zum Weltkulturerbe (s. S. 43).

Von der Romanik und gotik bis zur Renaissance

Mit der Christianisierung der Magyaren setzte zu Beginn des 11. Jh. eine rege kirchliche Bautätigkeit ein. Bedeutende Beispiele der **romanischen Periode,** die bis ins 13. Jh. reichte, sind die Krypta der Benediktinerabtei in Tihany, die Unterkirche in Feldebrő bei Eger, die Gisela-Kapelle in Veszprém sowie die Geschlechterkirchen in Ják und Lébény. Kunsthistorisch wertvoll sind zudem die vereinzelt erhaltenen byzantinisch beeinflussten Wandmalereien.

Nach den Verwüstungen durch den ›Tatarensturm‹ 1241/42 begann der Wiederaufbau des Landes. Zahlreiche **Festungen** entstanden. Von besonderer Bedeutung waren die Hochburg und der Königspalast in Visegrád. Unversehrt blieben die später errichteten großen Burganlagen in Siklós und Gyula.

Der Übergang zur **Gotik** geschah fließend und vollzog sich nur langsam. Eindrucksvolle Bauwerke aus dem 14./15. Jh. sind die Kirchen in Sárospatak, Nyírbátor, Teile der Innerstädtischen Pfarrkirche in Budapest, die Unterstädtische Pfarrkirche in Szeged sowie die St.-Jakobs-Kirche in Kőszeg. Gerade in kleinen Orten trifft man nicht selten auf überraschend herrliche Kirchen. Wunderbar sind darüber hinaus die gotischen Flügelaltäre, die man in der Budapester Nationalgalerie und im Christlichen Museum in Esztergom besichtigen kann.

Mit König Matthias hielt gegen Ende des 15. Jh. auch die **Renaissance** Einzug in Ungarn. Herausragende Beispiele sind die Bakócz-Kapelle in Esztergom und die Lorántffy-Loggia in Sárospatak.

Türkische Bäder und Minarette

Einmalig schöne Relikte der türkischen Besatzungszeit sind die Bäder in Budapest. In Eger steht das nördlichste Minarett Europas aus der osmanischen Hochphase. Auch in Pécs findet sich ein Minarett. Zugleich existieren

Architektur

dort genau wie in Siklós noch Moscheen. In Budapest steht ein weiteres ungewöhnliches Baudenkmal: die Türbe (Grabmal) von Gül Baba, dem ›Vater der Rosen‹.

Barocker Wiederaufbau und Klassizismus

Nach der Vertreibung der Türken 1686/87 und der Eroberung durch die Habsburger wurden viele Festungsanlagen von den Habsburgern zerstört, damit sie Aufständischen nicht als Rückzugspunkt dienen konnten. Im 18. Jh. setzte eine rege Bautätigkeit ein. Vorherrschend war der Barock, später auch das Rokoko und der **Zopfstil.** Die Fürsten ließen sich prachtvolle Residenzen bauen, darunter Schloss Eszterháza und Schloss Gödöllő. Auch die Bischöfe traten als Bauherren von Palästen auf, so z. B. in Győr, Veszprém, Esztergom, Pécs und Eger. Architekten wie Jakob Fellner und Andreas Mayerhoffer waren sehr gefragt.

Viele Städte und Dörfer erhielten ein barockes Aussehen. Charakteristisch sind auf dem Land die Bauernhäuser mit Laubengang. Die zahllosen Barockkirchen prägen auch heute noch das dörfliche Bild gerade in Westungarn. Bedeutendster Künstler seiner Zeit ist **Franz Anton Maulbertsch,** der zahlreiche Fresken und Altarbilder schuf.

Im lange von Siebenbürgen regierten Ostungarn dominierte dagegen die reformierte Glaubensrichtung. Marken-

Mittelalterliche Relikte: Ruinen der Benediktinerabtei von Somogyvár

Kunst und Kultur

zeichen der schlichten Dorfkirchen sind hölzerne Glockenstühle und die großartig im ›**Volksbarock**‹ bemalten Holzkassettendecken (s. S. 181). Beachtenswert sind auch die serbisch-orthodoxen Bauten in Szentendre, Pest, Szeged und Ráckeve.

Mit dem Dom in Vác (1761–67) begann die Periode des **Klassizismus** in Ungarn, der zu Beginn des 19. Jh. zum offiziellen Baustil und zum Ausdruck des entstehenden nationalen Selbstbestimmungswillens wurde. Das Nationalmuseum und die Kettenbrücke in Budapest, die Kathedrale in Eger und noch stärker die monumentale Basilika in Esztergom dokumentieren diesen schnörkellosen Stil eindrucksvoll.

Bauboom im ›Goldenen Zeitalter‹

Die 50 Jahre zwischen dem Ausgleich mit Österreich und dem Ersten Welt-

Jugendstil: Kunstgewerbemuseum in Budapest

Bildende Kunst

krieg werden heute als ›Goldenes Zeitalter‹ Ungarns gesehen. Es setzte ein wahrer Bauboom ein. Riesige Stahlkonstruktionen für Bahnhofs- und Markthallen sowie Brücken entstanden. In Budapest fuhr 1896 die erste U-Bahn des Kontinents. Gerade die Hauptstadt ist mit ihren Boulevards ein Produkt der Wende zum 20. Jahrhundert.

Historisierende Prachtbauten, wie das gigantische Parlament und das Schloss in Budapest, stellten die Größe des neuen Ungarn heraus. Diese Phase wird von Architekten wie **Miklós Ybl** und **Alajos Hauszmann** dominiert.

In der Provinz spiegelt Szeged am besten dieses stürmische Zeitalter wider, weil die Stadt nach der totalen Zerstörung durch die Flutkatastrophe 1879 völlig neu aus einem Guss wieder aufgebaut wurde.

Architektonische Farbtupfer setzte der Jugendstil, der vor allem mit dem Namen **Ödön Lechner** verbunden ist (s. S. 120). Nach 1848 erhielt die jüdische Bevölkerung die völlige gesellschaftliche Gleichberechtigung. So entstanden bis zur Jahrhundertwende eindrucksvolle Synagogen, darunter in Budapest, Pécs und Szeged.

Realsozialismus und Organische Architektur

Unter kommunistischer Herrschaft zog man ab den 1960er-Jahren an den Rändern vieler Städte riesige Plattenbauviertel hoch. Die realsozialistische Billigbauweise galt als soziale Errungenschaft.

Als Gegenbewegung hierzu entwickelte sich ab den späten 1970er-Jahren die ›Organische Architektur‹. Vordenker **Imre Makovecz** schuf Bauten, die ganz auf die Harmonie mit der Umgebung setzen und dabei sehr formschön sind. Holz als natürlicher Baustoff und weiche, bewegte Formen sind charakteristisch für Makovecz. Städte wie Sárospatak oder Csenger im Osten Ungarns haben sich so ein ganz neues Aussehen verliehen. Auch in vielen anderen Orten verwirklichte Makovecz mit der **Architekten-Gruppe Makona** seine Ideen.

Zu Beginn des 21. Jh. hat die Postmoderne in Ungarn Einzug gehalten. Markanteste Beispiele für die gläserne Baukunst sind vor allem die Bürogebäude und Einkaufszentren, die derzeit ultraschick sind.

Skulpturen von Imre Varga

Die ungarische Bildhauerei ist heutzutage fest mit dem Namen Imre Varga (geb. 1923) verbunden. Seine Skulpturen fallen durch ihren Realismus und ihre Präzision auf. Ob Bartók, Liszt oder Kálmán, ob Raoul Wallenberg, die Revolution von 1919 oder der Holocaust, ob Lenin oder Adenauer, Varga hat sich an höchst unterschiedliche Themen gewagt, und es ist ihm immer wieder gelungen, aussagekräftige Werke zu schaffen. U. a. erhielt er 2002 das deutsche Bundesverdienstkreuz. Teile seiner Sammlung sind in Budapest und in Siófok zu sehen.

Kunst und Kultur

Bildende Kunst der Neuzeit

Angefacht durch das wachsende Nationalbewusstsein des 19. Jh. und das wohlhabender werdende Bürgertum erreichte die Malerei in Ungarn in kürzester Zeit europäisches Niveau. Anregungen holten sich die Künstler dabei vor allem aus Paris und München, wo **Simon Hollósy** (1857–1918) eine private Malschule leitete. 1896 gründete er im heute rumänischen Baia Mare (Nagybánya) eine Künstlerkolonie, die sich der Freilichtmalerei (Pleinairmalerei) widmete. Die Nachfolgekolonie entstand 1928 in Szentendre. Bedeutendster ungarischer Vertreter der Freilichtmalerei war **Pál Szinyei Merse** (1845–1920).

Als größter ungarischer Maler seiner Zeit wird **Mihály Munkácsy** (1844–1900) angesehen. Bekannt ist Munkácsy vor allem für seine düsteren Genrebilder, die durch ihre Präzision und Aussagekraft beeindrucken. Munkácsy schuf aber auch epochale Gemälde wie ›Die Landnahme‹. In der Budapester Nationalgalerie und in Békéscsaba sind viele seiner Werke ausgestellt. 2003 erzielte sein Gemälde ›Die Besucher des Babys‹ mit 160 Mio. HUF (ca. 630 000 €) den bisherigen Rekordpreis für den ungarischen Kunstmarkt.

Auch der Jugendstil schlug sich in der Malerei nieder, wie sich an den Werken von **József Rippl-Rónai** (1861–1927) ablesen lässt. Eine Sonderstellung nimmt **Tivadar Csontváry Kosztka** (1853–1919) ein, der als Autodidakt außergewöhnliche visionäre Bilder schuf. Seine Hauptwerke sind in Budapest und Pécs ausgestellt.

Film

Der ungarische Film ist bekannter als man denkt. In Hollywood arbeiteten ab den 1930er-Jahren zahlreiche Ungarn, wie z. B. Michael Curtiz (Mihály Kertész), der Regisseur von ›Casablanca‹.

Doch auch in Ungarn gab und gibt es große Namen. Regisseur István Szabó drehte Filme wie ›Mephisto‹ oder ›Oberst Redl‹ (beide mit Klaus-Maria Brandauer). Für den Mephisto bekam er 1980 einen Oscar. Sein Epos ›Sunshine. Ein Hauch von Sonnenschein‹ (mit Ralph Fiennes, 1999) erhielt den Europäischen Filmpreis und behandelt ein Budapester Thema: die Geschichte einer jüdischen Familie im 19. und 20. Jh.

Etwas skurriler geht es in Filmen von Miklós Jancsó zu. Schon in den 60er Jahren des 20. Jh. machte er sich mit Filmen wie ›Die Hoffnungslosen‹ einen Namen. Skurril ist auch der Film ›Hukkle – Das Dorf‹ von György Pálfi (2002), der gänzlich ohne Dialoge auskommt.

Vor allem Budapest ist im Ausland als Drehort entdeckt worden. Der sehenswerte Film ›Ein Lied von Liebe und Tod – Gloomy Sunday‹ (mit Joachim Król und Ben Becker, 1999) ist ein gutes Beispiel. Er thematisiert den Holocaust in Ungarn. 2005 wurde der ›Roman eines Schicksallosen‹ von Imre Kertész unter der Regie von Lajos Koltai verfilmt.

LITERATUR NACH DEM HOLOCAUST – IMRE KERTÉSZ UND GYÖRGY KONRÁD

Beide überlebten als Jugendliche den Holocaust, beide bezogen ihr literarisches Schaffen sehr stark auf diese prägende Erfahrung, beide wurden für ihr herausragendes Werk mit hohen internationalen Preisen ausgezeichnet. Imre Kertész (geb. 1929 in Budapest) und György Konrád (geb. 1933 in Debrecen) gehören zu den wichtigsten Gegenwartsautoren Ungarns (s. auch Lesetipps S. 215–217).

Imre Kertész wurde als 14-Jähriger nach Auschwitz und später ins KZ Buchenwald verschleppt. Die Darstellung dieser unmittelbaren Erfahrung des Nazi-Terrors in den Vernichtungslagern wurde für ihn zur Aufgabe. In seinem ›Roman eines Schicksallosen‹ verarbeitet er die Grausamkeit und Brutalität aus der Sicht eines staunenden Jungen. Ihm gelingt damit das Unmögliche, Auschwitz erzählbar zu machen.

Diese Auseinandersetzung mit dem Holocaust schließt immer auch die Kritik an der ungarischen Beteiligung mit ein. Ungarische Behörden hatten 1944 mehr als bereitwillig die Massendeportationen in den sicheren Tod mitorganisiert. Das Thema Holocaust ist deshalb in Ungarn stark tabuisiert. Jahrelang lag der Roman von Kertész im Regal, ohne dass jemand Notiz davon nahm. Bis zum Literaturnobelpreis 2002 war er in Deutschland bekannter als in Ungarn. Als er den Umgang mit dem Holocaust und dem Antisemitismus im heutigen Ungarn kritisierte, wurde Kertész aus rechten Kreisen übel beschimpft. Auschwitz und der Holocaust sind noch lange nicht verarbeitet.

Doch sein Roman ist über Nacht zum Klassiker geworden, der auch auf den ungarischen Bestsellerlisten ganz oben steht. Kertész wurde zum Ehrenbürger seiner Heimatstadt Budapest, und sein Buch wird zur Standardlektüre an ungarischen Schulen. Damit hat der Nobelpreisträger wenigstens erreicht, dass die Auseinandersetzung mit der Vergangenheit nun stärker geführt wird.

György Konrád konnte in Budapest den Nazis und ihren ungarischen Schergen entrinnen. Aus diesen Schreckensmonaten nahm er eine bittere Erkenntnis mit: »Mein Vaterland, so glaube ich, wollte mich töten«, schreibt er in seinem Buch ›Glück‹. Bei Sätzen wie diesen spürt man, wie tief die Verwundungen sind.

Als Regimegegner war Konrád auch unter den Kommunisten nicht wohlgelitten. In seinem Debütroman ›Der Komplize‹ rechnete er radikal mit dem System und der apathischen Gesellschaft in der ›lustigsten Baracke des Ostblocks‹ ab. Für sein Schaffen und seine humanistische Grundeinstellung, die ihn immer wieder zu nachdenkenswerten Aussagen bringt, wurde er u. a. 2001 mit dem Aachener Karlspreis ausgezeichnet.

Imre Kertész und György Konrád vermitteln über ihre literarischen Werke ein wichtiges Stück gesellschaftlicher Geschichte des 20. Jh., die auch heute aktuell ist.

ESSEN UND TRINKEN

Küche zwischen Ost und West

Die ungarische Küche ist sowohl durch die geografische Lage wie auch die abwechslungsreiche Geschichte des Landes geprägt. Sie vereint östliche und westliche Traditionen. Während z. B. das Kochen im Kessel auf eine Tradition der reitenden Magyaren-Stämme zurückgeht, übernahmen die Ungarn viele kulinarische Gewohnheiten von ihren diversen Eroberern. Die türkischen Besatzer hinterließen den Kaffee, den man in Ungarn besonders stark genießt. Aus der Zeit der österreichisch-ungarischen Doppelmonarchie blieb die Tradition der Konditoreien zurück.

Mehr als Paprika und Salami

Mit der ungarischen Küche verbindet man vor allem Paprika (s. S. 151) und Salami: Mit Paprika, Zwiebeln und Tomaten gestaltet man das leichte Sommergericht *lecsó*. Mit Gehacktem gefüllt und Tomatensoße übergossen wird aus den Schoten *töltött paprika* (Gefüllte Paprikaschoten). Die berühmte pikante Pick-Salami, die man in ihrer Heimat schlicht *téliszalámi* (Wintersalami) nennt, ist ein populäres Souvenir.

Aber natürlich hat die ungarische Küche viel mehr zu bieten. Das Essen ist in Ungarn der Mittelpunkt des Lebens. Nicht zufällig ist Übergewicht eine nationale Krankheit. Schuld daran ist die fette und stark fleischhaltige Küche, die nur nach und nach durch leichtere Kost ersetzt wird. Man benutzt zwar zunehmend pflanzliches Öl statt Schweinefett, aber auf ein gutes Stück Braten wollen die Ungarn nicht verzichten. Entsprechend findet man auf der Speisekarte selten Salate, die nicht als reine Beilage angeboten werden. Vegetarier müssen sich oft mit Variationen von paniertem oder gebratenem Gemüse und Käse zufrieden geben.

Fleisch- und Fischspezialitäten

Das als typisch ungarische Spezialität behandelte Gulasch heißt in seiner Heimat *pörkölt* oder *paprikás* und wird traditionell im Kessel gekocht. Das uralte Rezept aus Zwiebeln, Schweinefett und Fleisch stammt aus Zeiten, als die Hirten (Hirte = *gulyás*) unter freiem Himmel ihr Essen selbst zubereitet haben. Als man Ende des 18. Jh. Paprikapulver als Gewürz zufügte, eroberte das Gericht schnell die Gaumen. *Pörkölt* wird aus Schweine-, Rind- oder Geflügelfleisch zubereitet, zum *paprikás* nimmt man Kalbs- oder Hühnerfleisch.

Das ›ungarische Meer‹, der Balaton, beheimatet eine Zanderart, die nur hier vorkommt. Die kleinen Fische nennt man *süllő*, die großen (ab 1,5 kg) *fogas*. Der silbergraue Fisch hat ein sehr aromatisches weißes Fleisch.

Die nördlichen Mittelgebirge sind bekannt für ihren Wildbestand. Die

Mahlzeiten

Spezialität der Region ist *vaddisznópörkölt* (Wildschweingulasch), den man je nach Geschmack mit Rotwein oder Schmand zubereitet.

Herzhaft sind die mit frischem Obst gefüllten Klöße. Die beliebtesten Versionen sind *szilvásgombóc* (mit Pflaumen) und *barackos gombóc* (mit Aprikosen).

Ungarische Mahlzeiten

Frühstück

Auf den Frühstückstisch gehören neben mehreren Aufschnitt- und Käsesorten auch Tomaten, Gurken und Paprika. Auf dem Land isst man oft geräucherten Speck mit Zwiebeln und Brot und spült dieses ungewöhnliche Frühstück mit *pálinka* (Obstschnaps) herunter. Man isst vor allem Weißbrot, z. B. das längliche *Erzsébet kenyér* (Elisabeth-Brot) oder *kifli* (Hörnchen).

Mittagessen

Warmes Mittagessen beginnt mit einer **Suppe.** Typisch ist *húsleves* (Fleischsuppe), die man entweder aus Hähnchen oder aus Rindfleisch kocht. Beliebt ist die nach dem romantischen Romancier Mór Jókai benannte Bohnensuppe *Jókai-bableves*, die neben Möhren, bunten Bohnen und Schweinefleisch auch *nokedli* (gezupfte Nudeln) enthält.

Als **Hauptgang** gibt es sehr oft ein Fleischgericht mit Beilage, wobei das Fleisch (meistens Schwein oder Hähnchen) in verschiedenen Formen serviert wird: entweder als *pörkölt* (Gulasch) oder als *paprikás* (Paprikasch) sowie

Ungarns Köche messen ihre Kunst auch bei Kochwettbewerben

Essen und Trinken

paniert oder gebraten. Es lohnt sich, die heimischen Fischsorten auszuprobieren. Berühmt ist die ungarische Fischsuppe *(halászlé)*. In Ungarn gibt es zahlreiche Süßwasserfische, vor allem Karpfen *(ponty)* und Wels *(harcsa)*. Der Balatonzander *(fogas)* gehört zu den Spezialitäten. Eine Delikatesse ist auch die sehr fette Gänseleber *(libamáj)*.

Beliebte **Gemüsebeilagen** sind *kovászos uborka* (Salzgurken), eingelegte Paprika *(almapaprika)* oder *csalamádé* (eine bunte Mischung aus eingelegten Gemüsen, die manchmal sehr scharf sind).

Die beliebtesten **Desserts** sind die schokoladig-sahnigen, mit Rum verfeinerten *somlói galuska* (Somlauer Nockerln) sowie die mit Walnuss gefüllten und mit Schokoladensoße übergossenen Gundel-Palatschinken. Eine populäre Mehlspeise ist *mákos guba* (in Milch eingelegte *kifli* mit Mohn und Zucker).

Zum Abendessen *lecsó*

Das Abendessen ist oft die Hauptmahlzeit der Familie. Als warmes Essen werden einfach zuzubereitende Gerichte bevorzugt, wie das *lecsó*. Das Grundrezept besteht aus Zwiebeln, Tomaten und Paprikaschoten. Man dünstet die Zwiebeln glasig, gibt die gewaschenen und kleingeschnittenen Paprika- und Tomatenstücke hinein und würzt das Ganze mit Paprikapulver und Salz. Manche benutzen dazu sehr scharfe Paprika. Als Beilage gibt es Weißbrot. Das einfache Grundrezept kann man mit Wurst, Eiern, Reis oder *nokedli* verfeinern.

Essen gehen in Ungarn

Budapest ist auch gastronomisch Ungarns Hauptstadt. Dort findet man die besten Restaurants im Lande. Nobelrestaurants, internationale Küche, vegetarische Lokale – Budapest hat eine große Vielfalt zu bieten.

Kaffeehäuser

Seit 1989 wird Budapests Kaffeehaustradition wiederbelebt. Die Kaffeehäuser waren im 19. und 20. Jh. Tempel der Literatur: Hier wurden Zeitungen redigiert und Gedichte geschrieben. Auch die Revolution gegen die Habsburger entflammte 1848 in einem Café. Das älteste Café der Stadt ist seit 1827 das schnuckelige kleine Biedermeiercafé ›Ruszwurm‹ im historischen Burgviertel (s. S. 113).

Restaurants

Außerhalb Budapests ist die kulinarische Vielfalt längst nicht so breit gefächert. Am besten hat man es natürlich in den größeren Städten, wie Győr, Pécs, Debrecen oder Szeged. In den meisten Regionen gibt es lokale Spezialitäten auf den Speisekarten. Am Balaton empfiehlt es sich z. B., ein gutes Fischrestaurant zu besuchen. Doch auch auf dem Land gibt es manche positive Überraschungen.

Die meisten Restaurants verfügen über mehrsprachige Speisekarten, und vor allem in touristischen Gegenden, wie am Balaton oder in Budapest, spricht man Deutsch. Es ist üblich, Rechnungen gemeinsam zu bezahlen und die Kosten nach dem Restaurantbesuch aufzuteilen! Leider wird in einigen Restaurants versucht, einen extra Servicezuschlag von 10 % auf die Rechnung aufzuschlagen. Dies ist schlicht illegal. Dann sollte man auf das Trinkgeld verzichten. In den meisten Restaurants kann man die sprichwörtliche ungarische Gastfreundschaft jedoch ohne Komplikationen genießen.

Edle Tropfen – Wein

Die geografische Lage Ungarns ist für den Weinanbau besonders günstig. Weißweine werden vor allem in der Balaton-Gegend und in Tokaj angebaut. In der Umgebung von Eger, Sopron, Villány und Szekszárd erzeugt man dagegen hochwertige Rotweine.

Weißweine – Tokajer & Co.

Ungarns bekanntestes Weingebiet befindet sich in der Umgebung von Tokaj und wurde 2002 zum Weltkulturerbe erklärt. Hier wird der berühmte Weißwein, der *tokaji aszú*, hergestellt (s. S. 190).

Am Balaton sind vor allem der Badacsonyer *szürkebarát* (Grauer Mönch), der *olaszrizling* (Welschriesling) und der *muskotály* (Muskateller) berühmt. Es werden auch seltene Sorten wie *kéknyelű* (Blaustengler), *juhfark* (Lämmerschwanz) oder *Irsai Olivér* angebaut.

Wein aus Somló (Somlau) war einst beliebter als Tokajer. Vor allem in der Hochzeitsnacht hat man ihn getrunken, weil man glaubte, dass er die Zeugung männlichen Nachwuchses fördere.

Rotweine

Durch seine Wirkung auf die ungarischen Soldaten während der türkischen Belagerung 1552 ist der Rotwein *Egri bikavér* (Erlauer Stierblut) bekannt geworden (s. S. 200). Sopron ist die Heimat des *Soproni kékfrankos* (Soproner Blaufränkischer), der herb und säurereich ist und hervorragend zu geräucherten Gerichten passt.

Im Weingebiet Villány-Siklós werden der Blaufränkische, Oporto, Kadarka und in letzter Zeit auch Cabernet und Merlot angebaut. Der Komponist Franz Liszt schwärmte allerdings für roten Kadarka aus Szekszárd. Er schickte ihn sogar dem kränkelnden Papst Pius IX. als Medikament. Dieser soll davon tatsächlich gesund geworden sein.

Andrea Óhidy

Kulinarische Einkaufstipps

Das feuerrote Paprikapulver aus Kalocsa oder Szeged ist sehr beliebt. Die zwei Grundvarianten sind: *édes-nemes* (edelsüß) oder *csípős* (scharf). Auch die Wintersalami von Pick ist ein schmackhaftes Geschenk.

Weine (am besten direkt vom Erzeuger) sind generell sehr zu empfehlen. Ein besonderer Tipp ist eine Flasche *tokaji aszú*. Hochprozentig sind die Schnäpse *barackpálinka* (Aprikosenschnaps) oder *szilvapálinka* (Pflaumenschnaps).

Tipps für Ihren Urlaub

Populäres Wellness-Ziel:
Thermalbad Héviz

Tipps für Ihren Urlaub

REISEZIEL UNGARN

Besondere Highlights

Das malerische **Donauknie** von Szentendre über Visegrád bis Esztergom (S. 139–145); **Thermalsee** Hévíz (S. 86); **türkische Bäder** in **Budapest** (S. 110); herrliche **Moscheen** in Pécs und Siklós (S. 101, 103) sowie **Minarette** in Eger und Pécs (S. 203, 101); **Schmalspurbahn-Fahrten** durch die Wälder der Budaer Berge (S. 134), des Gemencer Waldes (S. 105) sowie des Bükk-Gebirges (S. 198); **Weinstraßen** am Balaton (S. 76), bei Villány (s. S. 104) sowie bei Tokaj (S. 188); kunstvolle **Dorfkirchen**, u. a. spätromanisch in Ják (S. 64) und Lébény (S. 68), mit Fresken geschmückt in Velemér (S. 88), Cserkút und Feldebrő (S. 204) sowie die reformierten Kirchen Ostungarns mit kostbaren Holzkassettendecken und hölzernen Glockenstühlen (S. 181).

Pauschal oder individuell?

Wer eine Pauschalreise nach Ungarn bucht, erlebt zumeist Budapest, den Balaton, Westungarn, Eger und einen Tagesausflug in die Puszta. Viele Touranbieter konzentrieren sich auf einen übersichtlichen Katalog von Hauptsehenswürdigkeiten. Dabei wird nicht selten ein romantisches ›Piroschka‹-Bild von Ungarn vermittelt, das mit dem heutigen Land wenig zu tun hat. Deshalb sollte man die Kataloge vor der Buchung genau studieren.

Ein besonderes Angebot sind die Donau-Kreuzfahrten, die zumeist bis Budapest führen. Sehr beliebt ist die Strecke von Passau über Wien nach Ungarn. Im Programm stehen meist Besichtigungen von Budapest und Esztergom. Inzwischen fahren die Reedereien auch wieder weiter donauabwärts nach Serbien und Rumänien.

Wer mehr von Ungarn entdecken möchte, sollte sich auf eigene Faust auf den Weg machen. Individualreisen sind in Ungarn problemlos möglich. Bereits vor der Abfahrt kann man sich vom Ungarischen Tourismusamt (s. S. 214) Infomaterial zuschicken lassen. Vor Ort helfen die Tourinform-Büros weiter.

In den größeren Städten steht oft ein breites Angebot von teuren Hotels bis zu günstigen Privatzimmern zur Verfügung, im Sommer auch Studentenwohnheime. In kleineren Dörfern kann die Unterkunftssuche schwierig werden, hier gibt es in einigen Gegenden gute Privatangebote im Bereich des Dorftourismus (s. S. 43). Einzelreisende müssen bei Übernachtungen mit z. T. hohen Zuschlägen rechnen.

Sehr beliebt ist Ungarn bei Campern. Es gibt viele gut ausgerüstete Plätze in allen Teilen des Landes, sodass Stellplätze im Allgemeinen problemlos zu finden sind.

Größtes Hindernis für Individualreisende ist zumeist die Sprache. Hier muss man sehr flexibel und geduldig sein. Mit Englisch und Deutsch kommt man oft weiter. Auf jeden Fall ist bei Individualreisen der Kontakt mit der einheimischen Bevölkerung viel größer.

Urlaub mit Kindern

Gerade das Haupturlaubsgebiet rund um den Balaton ist auf Familien mit Kindern bestens eingestellt. In den Großstadthotels sind zusätzliche Kinderbetten im Zimmer ebenfalls kein Problem.

Ungarn bietet zahlreiche kinderfreundliche Attraktionen. Eine Schiffstour auf dem Balaton, eine Fahrt mit einer der zahlreichen Schmalspurbahnen, der Besuch einer Burg oder Burgruine, mittelalterliche Ritterspiele, eine Tour durch die Tropfsteinhöhle von Aggtelek, der Besuch auf einem Reiterhof – die Liste der möglichen Aktivitäten ist lang.

Größte Probleme bei Familien mit Kleinkindern sind zum einen die lange Anreise per Auto oder Bahn sowie ein längerer Städtetrip, der leicht ermüdend werden kann. Für Kinder im schulpflichtigen Alter bieten auch die Städte ein abwechslungsreiches Programm.

Dorftourismus

Ein wahres Kontrastprogramm bietet ein Urlaub auf dem Land. Von der Hektik der Großstadt ist hier nichts zu spüren. In vielen Dörfern nisten Störche und sind noch Pferdegespanne zu sehen. Übernachtungen in einfachen Privatunterkünften auf dem Land sind nicht nur stimmungsvoll, sondern bieten einen ganz anderen Einblick in das tägliche Leben. Die zumeist familiäre Atmosphäre tut ihr Übriges zu einem angenehmen Aufenthalt. Infos beim Ungarischen Tourismusamt (s. S. 214).

Urlaubsaktivitäten

Aktivurlauber haben in Ungarn viele Möglichkeiten. Reiten, Radfahren, Wandern und Wassersport stehen in der Gunst obenan, aber auch Golf holt inzwischen auf. Bei allen Sportarten im Freien sollte man jedoch auf die Jahreszeiten achten. In den heißen Sommermonaten Juli und August können gerade Wander- und Radtouren zu ei-

Ungarisches Weltkulturerbe

Seit 1987 das Burgviertel und das Donaupanorama in Budapest von der UNESCO als Weltkulturerbe anerkannt wurden, sind viele Sehenswürdigkeiten und Naturschätze dazugekommen, u. a. das Palózen-Dorf Hollókő (s. S. 206), das historische Weinbaugebiet bei Tokaj (s. S. 188), die Karsthöhlen von Aggtelek (s. S. 195), der Nationalpark Hortobágy (s. S. 171), die frühchristlichen Grabkammern in Pécs (s. S. 97), die monumentale Erzabtei von Pannonhalma (s. S. 73), der Neusiedler See mit Fertőrákos (s. S. 57) und der Budapester Prachtboulevard Andrássy út (s. S. 124) zählen dazu.

Tipps für Ihren Urlaub

ner Strapaze werden. Die Monate Mai/Juni und September sind klimatisch eindeutig empfehlenswerter. Auf keinen Fall guten Sonnenschutz und ausreichend Trinkwasser vergessen! Nähere Infos zu allen Sportarten beim Ungarischen Tourismusamt (s. S. 214).

Angeln

Gerade am Balaton ist Angeln sehr populär. Hier fängt man Wels, Zander und Hecht. Angelscheine gibt es vor Ort, Infos bei den örtlichen Touristenbüros.

Golf

In den letzten Jahren wurden einige Golfplätze angelegt, so in Bük, Hévíz, Tata und bei Budapest. Zu den Golfplätzen gehören oft ganze Ferienanlagen.

Kurlaub

Die renommierten Thermalbäder und ihre sehr gut ausgebaute Infrastruktur machen Ungarn zu einem bevorzugten Wellness-Reiseziel (s. S. 47). Reizvoll sind jedoch auch die kleinen Thermalbäder, die an vielen Orten gegründet wurden. Wer auf Fun-Elemente und großes Drumherum verzichten kann, kommt auch hier auf seine Kosten. Übrigens: Für Kuren und Zahnbehandlungen in Ungarn zahlen viele heimische Krankenkassen z. T. beträchtliche Zuschüsse, zumal die Behandlungen in Ungarn ohnehin billiger sind. Weitere Infos bei der Krankenkasse.

Radfahren

Radtouren sind immer mehr im Kommen. Möglich ist auch die Anreise nach Ungarn über den europäischen Fernradweg Wien–Bratislava–Budapest. 2003 wurde ein neuer Radwanderweg rund um den Balaton eingeweiht. Die rund 200 km lange Route ist auch für ungeübte Radler problemlos zu meistern. Sehr beliebt ist auch der grenzüberschreitende Fernradweg rund um den Neusiedler See. Entlang der Gren-

Ritterspiele auf Burg Sümeg

Tipps für Ihren Urlaub

ze zu Österreich gibt es mehrere ausgeschilderte Routen. Budapest und das Donauknie liegen am Donau-Radwanderweg von Wien und Bratislava. Leider sind noch nicht alle Teilstücke mit einem Radweg versehen und ausgeschildert.

In Budapest verbessert sich die Situation für Radfahrer langsam, doch stetig. Schön sind die Strecken entlang der Donau nach Szentendre oder durch die Budaer Berge. Ansonsten gibt es kaum Radwege im Land, dafür aber oft einsame Landstraßen. Radfahrer sollten auf jeden Fall Hauptstraßen meiden. Dort herrscht zumeist ein gnadenloser Auto- und LKW-Verkehr, der schnell gefährlich werden kann.

Reiten

Als ehemaliges Reitervolk wissen die Ungarn Pferde besonders zu schätzen. Urlaub auf dem Reiterhof wird immer populärer, und viele Reiterhöfe bieten Ausritte und Reitstunden an. Der Wes-

ten Ungarns und die Große Tiefebene sind für Reitferien einfach ideal.

Strände

Der Balaton (Plattensee), das ›ungarische Meer‹, lockt jeden Sommer Millionen Touristen an. Entlang des sehr flachen Südufers reihen sich die Badestrände, Campingplätze und Ferienhaussiedlungen. Schon Ende Mai kann der See Badetemperatur erreichen. Im Hochsommer werden es auch mal mehr als 25°C.

Richtige Hochsaison herrscht eigentlich nur während der Sommerferien Juli–August. Außerhalb dieser Zeit ist es viel leichter, eine Unterkunft zu finden.

Wandern

In den Mittelgebirgen bei Kőszeg, am Balaton, im Mecsek, im Pilis sowie im nordungarischen Börzsöny-, Mátra-, Bükk- und Zemplén-Gebirge sind zahlreiche schöne Wanderwege vorhanden. Auch der europäische Fernwanderweg E 4 verläuft quer durch Ungarn. Beschilderungen sind jedoch Mangelware, sodass man unbedingt eine Wanderkarte benötigt, um die Farbcodes verstehen zu können, mit denen die Wege markiert sind: K = blau *(kék)*; P = rot *(piros)*; Z = grün *(zöld)*; S = gelb *(sárga)*. In Ungarn sind die Wanderkarten des Cartographia-Verlags zu empfehlen.

Wassersport

Die großen Freizeitseen Balaton, Velence-See und Theiß-See sind wahre Paradiese für Wassersportfreunde: Wasserski, Segeln, Paddeln oder Surfen werden vielerorts angeboten. Die Donau ist für längere Bootstouren, die Theiß bei Kanufahrern sehr beliebt.

Reisezeit und Kleidung

Ungarn ist stärker vom trockenen kontinentalen Klima als von feuchteren atlantischen Ausläufern beeinflusst. Im sonnenreichen Süden gibt es auch mediterrane Einflüsse. Die Winter werden im Allgemeinen sehr kalt und die Sommer sehr heiß. Temperaturen über 35° C sind üblich. Es ist mit längeren Trockenperioden und viel Sonnenschein zu rechnen. Kräftige Gewitter sind im Sommer aber keine Seltenheit.

Budapest ist das ganze Jahr über für Touristen attraktiv, weil die Thermalbäder, die Museen, die Kaffeehäuser und die Oper sowie die Theater auch im Winter für reichlich Abwechslung sorgen. Im Sommer locken zusätzlich die vielen Festivals und Cafés im Freien.

Für Rundreisen sind April–Oktober bestens geeignet. Zum Baden am Balaton ist natürlich der Hochsommer die beste Jahreszeit, doch für Aktivurlauber sind Mai/Juni und September wegen der angenehmeren Temperaturen zu bevorzugen. April und Oktober können schon bzw. noch recht mild sein. Es kann jedoch auch empfindlich kalt werden. Das sollte man bei der eingepackten Kleidung bedenken.

Gerade am Balaton ist außerhalb der Saison (Mai–Sept.) recht wenig los, weil viele Betriebe dann geschlossen sind.

WELLNESS UND THERMALBÄDER

Széchenyi-Bad in Budapest

Gesundheitstourismus ist in Ungarn angesagt. Aus rund 1300 Brunnen sprudelt Ungarns wichtigster Bodenschatz: Thermalwasser. Rund 300 Quellen werden zu Heil- und Badezwecken genutzt und ermöglichen Ungarn so, zu einem wichtigen Reiseziel für Kurlauber und Wellness-Touristen zu werden.

Die Nutzung der Heilquellen hat eine lange Tradition. Schon die Römer wussten das Thermalwasser zu schätzen, und die Türken hinterließen prächtige Bäder. Bei den Ölbohrungen im 20. Jh. stieß man auf viele neue Quellen, sodass überall im Land Heilbäder entstanden. Der Staat fördert den zeitgemäßen Ausbau der Bäder massiv. Topmoderne Badeanlagen und Wellness-Abteilungen sowie Aquaparks erhöhen die Attraktivität der Kurorte.

Die Mühe lohnt sich, denn von Jahr zu Jahr strömen mehr Kurlauber nach Ungarn. Gerade die westlich gelegenen Bäder erfreuen sich bei Deutschen und Österreichern großer Beliebtheit. Allein Hévíz mit dem einzigartigen Thermalsee lockt rund 1 Mio. Gäste pro Jahr an.

Wer nach Hévíz, Sárvár, Bük, Zalakaros, Harkány, Gyula, Hajdúszoboszló, Debrecen oder Miskolc-Tapolca fährt, hat eine große Auswahl an Wellness-Paketen, die einen entspannenden Urlaub ermöglichen. Zudem sind die Leistungen noch immer günstiger als in Westeuropa.

Highlights sind neben Hévíz die großartigen Thermalbäder der Hauptstadt Budapest. Hier reicht die Spannweite von türkischen Kuppelbädern bis zu luftig-eleganten Jugendstilbauten. Außergewöhnlich ist das faszinierende Höhlenbad in Miskolc-Tapolca.

UNTERWEGS IN UNGARN

Kahnpartie in Lillafüred,
Bükk-Nationalpark

Ein Leitfaden für Ihre Ungarn-Reise mit vielen Tipps für unterwegs.

Genaue Beschreibungen von Städten und Dörfern, Sehenswürdigkeiten und Landschaften, Ausflugszielen und Reiserouten.

Ungarn erleben: Ausgesuchte Hotels und Restaurants, Tourenvorschläge für Wanderungen und Radtouren, herrliche Thermalbäder.

Transdanubien (Dunántúl)

Wiener
Torplatz
in Győr

Ungarn-Atlas S. 230/231, 237

Die Kleine Tiefebene

Atlas: S. 230

DIE KLEINE TIEFEBENE (KISALFÖLD)

Von der ungarischen Westgrenze am idyllischen Neusiedler See (Fertő tó) bis zum transdanubischen Mittelgebirge erstreckt sich die weite Ebene des Kisalföld. Charakteristisch für diese Region sind die schönen Barockstädte sowie die Thermalbäder. Einen angenehmen Kontrast zur Ebene bilden die Hügel, von denen das Gebiet umgeben ist.

Sopron (Ödenburg)

Ungarn-Atlas: S. 230, B2

Sopron (53 000 Einw.) liegt mit den reizvollen Dörfern der Umgebung in einem weit nach Österreich hineinragenden Landzipfel. Die barocke Altstadt ist ein wahres Schmuckstück, und nicht umsonst wurde Sopron 1975 die Europäische Goldmedaille für Denkmalschutz verliehen.

Die Römer gründeten an der Bernsteinstraße die Stadt Scarbantia, von der noch einige Fundamente erhalten sind. Aufgrund seiner westlichen Lage wurde Sopron 1241/42 als einzige ungarische Stadt nicht von den Mongolen verwüstet. Die geografische Lage erwies sich während der Türkenkriege im 16. und 17. Jh. ebenfalls als Vorteil. Allerdings brannte ein Großteil der Stadt 1676 ab, sodass die Altstadt im Barockstil neu aufgebaut wurde.

1921 fand in aufgeladener Atmosphäre eine Volksabstimmung über den Verbleib bei Ungarn statt. Rund 65 % der Bewohner Soprons und der umliegenden Dörfer entschieden sich für Ungarn. Deshalb bekam die Stadt den Ehren-Titel ›treueste Stadt Ungarns‹ verliehen.

Nach dem Zweiten Weltkrieg lag Sopron 40 Jahre lang abseits im Grenzgebiet. Doch heute blüht es als Dienstleistungszentrum wieder auf.

Feuerturm und Fő tér

Geeigneter Startpunkt für eine Besichtigung ist das Tourinform-Büro am ehemaligen **Vorderen Tor (Elő kapu)**, das durch den 58 m hohen **Feuerturm (Tűztorony)** [1] bewacht wird. Das Wahrzeichen der Stadt wurde im 13. Jh. auf römischen Fundamenten errichtet und diente als Teil der Befestigungsanlagen. Nach dem Großbrand von 1676 wurde die obere Hälfte mit dem barocken Turmhelm hinzugefügt. Von oben hat man einen herrlichen Blick über die Altstadt in die Soproner Berge (Di–So 10–18 Uhr).

Am 1896 errichteten **Rathaus** vorbei gelangen wir zum malerischen **Fő tér (Hauptplatz)**. Rund um den Platz gruppiert sich ein Großteil der Sehens-

Sopron

würdigkeiten der Altstadt. Von hier gehen die vier wichtigsten Altstadtgassen ab. Am Platz laden nette Restaurants zu einer Pause ein.

Haus Nr. 8 ist das **Storno-Haus** 2. Schon König Matthias wohnte hier 1482/83 auf seinem Weg nach Wien. Ein weiterer bekannter Gast war Franz Liszt, der gleich zweimal Quartier nahm. Der Komponist wurde im nahe gelegenen Ort Raiding (Burgenland) geboren. Er hatte insgesamt fünf Gastauftritte in Sopron, darunter 1840 sein erstes öffentliches Konzert überhaupt. Deshalb rühmt sich Sopron als ›Liszt-Stadt von Ungarn‹.

Sehenswert ist auch das Innere des Renaissance-Gebäudes, welches 1872 von der Familie Storno gekauft wurde. Ferenc Storno arbeitete als Restaurator u. a. in Pannonhalma. Im zweiten Stock liegen die schönsten Räume der Familie, im Stockwerk darunter befindet sich eine Ausstellung zur jüngeren Geschichte der Stadt (April–Okt. Di–So 10–18, sonst Di–So 10–16 Uhr).

Neben dem **Lackner-Haus** (Nr. 7) befindet sich das **Fabricius-Haus** (Nr. 6). Das Patrizierhaus stammt aus dem Mittelalter. Davon zeugen einige gotische Baureste. Noch älter sind die Reste eines römischen Bades, auf denen das Haus steht. Im 17. Jh. kamen die markanten Arkadengänge hinzu. Heute sind im Haus ein Lapidarium mit Steinfragmenten der Römerzeit, eine archäologische Ausstellung sowie Bürgerwohnungen mit Möbeln aus dem 17. und 18. Jh. untergebracht (April–Okt. Di–So 10–18, sonst Di–So 10–14 Uhr).

Die Westseite des Platzes schließt das klassizistische **Komitatshaus** (Nr.

Am Fő tér, dem Hauptplatz, in Sopron

Die Kleine Tiefebene

Atlas: S. 230

5) ab, während in der Mitte des Fő tér eine barocke Dreifaltigkeitssäule (1701) aufragt. An der Südseite liegt die so genannte **Ziegenkirche** ③. Der Legende nach soll sie mit einem Schatz gebaut worden sein, den eine Ziege ausgegraben hatte. Das klingt jedenfalls geheimnisvoller, als darauf zu verweisen, dass die Ziege im Wappen der Stifterfamilie Gaissel eine prominente Rolle spielte. Gebaut wurde die Kirche ab 1280 für die Franziskaner. Im 17. Jh. fanden hier drei Krönungen statt und gleich fünfmal traf sich der Landtag in der Kirche, weil die Hauptstadt des Landes von den Türken besetzt war. Mit der Rückeroberung Budas 1686 ging diese bedeutende Rolle Soprons verloren.

Im 18. Jh. wurde das Innere der gotischen Kirche barock umgebaut. Nach der zwischenzeitlichen Säkularisierung übernahmen die Benediktiner Anfang des 19. Jh. die Kirche und das angrenzende Kloster. Dort ist der gotische Kapitelsaal sehenswert.

Malerische Gassen

Gegenüber liegt in der Templom utca 2–4 das Esterházy-Palais. Die bedeutende Magnaten-Familie hatte natürlich auch in Sopron eine Stadtwohnung. In Nr. 2 ist das informative **Zentrale Bergbaumuseum (Központi Bányászati Múzeum)** ④ untergebracht, das die rund 250-jährige Bergbaugeschichte in der Region Sopron skizziert (April–Okt. Di–So 10–18, sonst Di–So 10–16 Uhr).

Die zwei malerischen Gassen Templom utca und Kolostor utca laden zum Bummeln ein. Praktisch alle Häuser haben einen gotischen Baukern und stehen unter Denkmalschutz. In vielen Hausdurchgängen finden sich z. B. gotische Sitznischen. In der Új utca befand sich im Mittelalter das jüdische Viertel. In Nr. 22 steht die **Alte Synagoge (Középkori Zsinagóga)** ⑤ aus dem frühen 14. Jh. Nach der Vertreibung der jüdischen Gemeinde 1526 baute man die Synagoge in ein Wohnhaus um. In Nr. 11 stehen die Reste der Neuen Synagoge von 1350. Vor Nr. 28 erinnert eine Gedenktafel daran, dass die jüdische Bevölkerung im Mai/Juni 1944 in der Új utca vor der Deportation nach Auschwitz in ein Ghetto gesperrt wurde.

Die Vorstadt

Die Vorstadt war im Mittelalter ebenfalls von Stadtmauern geschützt. Die **Heiliggeist-Kirche (Szentlélek templom)** ⑥ geht schon auf das frühe 15. Jh. zurück. Sie wurde 1782 barock umgebaut und mit Fresken von Stephan Dorffmeister versehen. Die **St.-Michaels-Kirche (Szent Mihály templom)** ⑦ befindet sich auf einem Hügel, der den ursprünglichen Ortskern markiert. Schon im 13. Jh. wurde die Kirche erwähnt, doch erst 1484 in der jetzigen Form fertig gestellt. Angeblich soll auch König Matthias an der festlichen Weihe teilgenommen haben.

Die Umgebung

Für Wanderer und Spaziergänger sind die bis zu 560 m hohen bewaldeten Hügel **Soproni-hegyek** ein willkommenes Ausflugsziel. Vom Aussichts-

Cityplan # Sopron

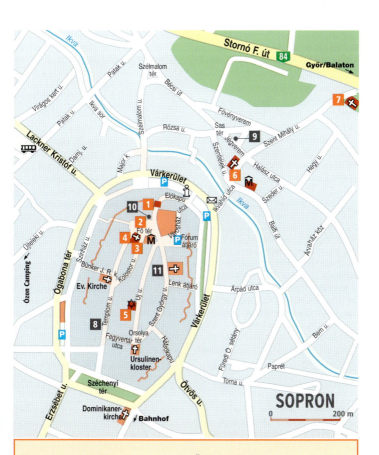

Sehenswürdigkeiten
1. Feuerturm (Tűztorony)
2. Storno-Haus
3. Ziegenkirche
4. Zentrales Bergbaumuseum
5. Alte Synagoge (Középkori Zsinagóga)
6. Heiliggeist-Kirche
7. St.-Michaels-Kirche

Übernachten
8. Hotel Wollner
9. Jégverem Fogadó

Essen und Trinken
10. Corvinus Pince
11. Liszt Szalon

Die Kleine Tiefebene

Atlas: S. 230

turm **Károly-kilátó** (Sommer tgl. 9–18, Winter Mi–So 10–16 Uhr) oberhalb der Lővér körút genießt man bei sonnigem Wetter einen herrlichen Blick über die Stadt und den Neusiedler See. Auf der österreichischen Seite ragt der Schneeberg auf.

Tourinform: Előkapu 11, 9400 Sopron, Tel. (06) 99/33 85 92, Fax 33 88 92, sopron@tourinform.hu, www.tourinform.sopron.hu.

Hotel Wollner 8: Templom utca 20, Tel. (06) 99/52 44 00, Fax 52 44 01, www.wollner.hu. Geschmackvolles Hotel mitten in der Altstadt. 18 freundliche Zimmer, ein stimmungsvolles Restaurant im Innenhofen eine Weinstube erwarten die Gäste. DZ 18 000 HUF.
Jégverem Fogadó 9: Jégverem utca 1, Tel./Fax (06) 99/51 01 13, www.jegverem.hu. Der rustikale ›Eiskeller‹ liegt in der Vorstadt und bietet angenehme 2- und 4-Bett-Zimmer. Nr. 201 erstreckt sich gleich über zwei Etagen. Auch gutes Restaurant. DZ 8000 HUF.
Camping:
Ózon Camping: Erdei Malom köz 3, Tel. (06) 99/33 11 44, Fax 52 33 71, www.ozoncamping.sopron.hu, Mitte April–Mitte Okt. Schöne und ruhige Anlage ca. 5 km außerhalb am Waldrand – seit Jahren vom ADAC empfohlen.

Corvinus Pince 10: Fő tér 7–8, Tel. (06) 99/50 50 35, So–Do 11.30–22, Fr–Sa 11.30–23 Uhr. Stimmungsvolles Restaurant und Café im historischen Storno-Haus am Hauptplatz mit Tischen draußen. Neben Pizzen auch ungarische Gerichte. Rund 1000–1500 HUF.
Liszt Szalon 11 Szent György utca 12, Tel. (06) 99/32 34 07, tgl. 10–22 Uhr. An den Wänden des sympathischen Hinterhof-Cafés befindet sich eine kleine Liszt-Ausstellung. Zum Café gehört auch ein Schokoladengeschäft.

Soproni Borház: Várkerület 15, Di–Sa 11–23 Uhr. Wein-Verkostung und -Verkauf in dem 300 Jahre alten Weinkeller.

Soproner Frühling: März. Theater, Tanz und Konzerte.
Soproner Festwochen: Mitte Juni–Mitte Juli. Konzerte und Theateraufführungen. Höhepunkte sind die Veranstaltungen in der Steinbruchhöhle von Fertőrákos (s. S. 57); Infos für beide Festivals: Tourinform oder www.prokultura.sopron.hu.

Wandern: Die Soproner Berge (Soproni hegyek) sind bestens geeignet. Mögliche Ziele: Aussichtsturm Károly kilátó und Brennbergbánya.
Radfahren: Richtung Neusiedler See sind schöne Radtouren möglich. Radverleih: Fekete Bárány Panzió, Fövényverem 6, Tel. (06) 99/33 83 30.

Bahn: Züge nach Budapest, Győr und Szombathely sowie nach Wien.
Bus: vom Busbahnhof (Lackner Kristóf utca) bestehen Verbindungen in die umliegenden Orte sowie nach Szombathely, Sárvár, Fertőd, Győr und Wien, Tel. (06) 99/31 10 40.
Taxi: Lővér Taxi, Tel. (06) 99/33 33 33.

Fertőrákos

Ungarn-Atlas: S. 230, B2
Fertőrákos (Kroisbach) ist ein malerisches Örtchen oberhalb des Neusiedler Sees (Fertő-tó). Entlang der Fő utca reihen sich die schmuck renovierten Häuschen, von denen viele unter Denk-

malschutz stehen. Der Ort verströmt aufgrund seiner Natürlichkeit viel Flair und die reizvolle Umgebung im Nationalpark Fertő-Hanság verspricht reichlich Entspannung. 2001 wurde Fertőrákos zusammen mit dem Neusiedler See zum Weltkulturerbe erklärt.

Im Ortskern befindet sich das Palais der Győrer Bischöfe aus dem 18. Jh., die Ursprünge gehen aber auf das 14. Jh. zurück. Vor dem Gemeindehaus steht der um 1630 errichtete Pranger. Die größte Attraktion ist der **Steinbruch Kőfejtő** am nördlichen Ortsrand. Schon seit der Römerzeit wurde der rund 15 Mio. Jahre alte Leitha-Kalkstein abgebaut. In großem Maßstab wurde das Gestein für den Bau der Wiener Ringstraße im 19. Jh. eingesetzt. Beim Abbau entstanden riesige Hohlräume, die im Sommer auch für kulturelle Veranstaltungen genutzt werden (s. S. 56, 58). Eine Gedenktafel erinnert an die vielen Zwangsarbeiter, die 1944/45 hierhin verschleppt und ermordet wurden (Mai–Sept tgl. 8–19 Uhr, März–April, Okt. tgl. 8–17 Uhr, Nov.–Dez., Feb. tgl. 8–16 Uhr).

Der einzige ungarische Schiffsanleger und Badestrand am **Neusiedler-See** liegt 3 km unterhalb des Ortes (ausgeschildert Richtung Fertő-tó). Der See ist der westlichste Steppensee Europas. Seine Ausdehnung hat sich im Laufe der Geschichte stark verändert. Aufgrund der geringen Wassertiefe von ca. 60–70 cm ist der größte Teil des Ufers schilfbewachsen und wurde wegen der reichen Vogelwelt als Naturschutzgebiet ausgewiesen. Diese Unberührtheit war ein wichtiger Grund für die Wahl zum Weltkulturerbe. Auf ungarischer Seite befindet sich nur ein kleinerer Teil des Sees, dessen ungarische Bezeichnung übrigens ›seichter, morastiger See‹ bedeutet.

An der Straße Richtung Sopron zweigt am Ortseingang von Sopronkőhida die alte Landstraße nach Sankt Margarethen ab. Direkt an der Grenze liegt der **Gedenkpark Páneurópai Piknik Emlékhely** (ausgeschildert). Hier durchschnitten die Außenminister Horn und Mock am 27. Juni 1989 symbolträchtig den Zaun. Am 19. August 1989 fand dann hier die legendäre Grenzöffnung statt, als mit Duldung der ungarischen Regierung Hunderte DDR-Bürger nach Österreich flüchten konnten. Eine Freilicht-Ausstellung zum *Vasfüggöny* (Eiserner Vorhang) und dem ›Picknick‹ dokumentiert diesen historischen Tag (s. S. 23).

Radlerparadies

Fertőrákos ist hervorragend als Ausgangspunkt für Radtouren geeignet. Sopron (s. S. 52), das Seeufer, Nagycenk und Fertőd (s. S. 58) sowie die ca. 110 km lange Zwei-Länder-Rundtour um den Neusiedler See sind lohnende Ziele für jeden Anspruch. So lässt sich die wunderbare Landschaft angemessen entdecken. Fahrradverleihe gibt es in Fertőrákos (s. S. 58) und Sopron (s. S. 56).

Entlang der Fő utca findet man mehrere günstige Privatzimmer und Pensionen.

Die Kleine Tiefebene

Atlas: S. 230

Szűts Panzió: Fő utca 106, Tel. (06) 99/35 54 99. Die sechs Zimmer in einem alten Bauernhaus sind sehr ruhig. Nach hinten raus gibt es einen großen Garten mit schönem Blick über die Obstbäume und das Uferschilf zum See hinunter – Dorftourismus pur. DZ 5400 HUF.

Öreg Halász Csárda: Fő utca 51, Tel. (06) 99/35 53 02, April–Okt. tgl. 11–22, sonst tgl. 12–20 Uhr. Beim ›alten Fischer‹ stehen in rustikaler Atmosphäre Hecht, Zander, Karpfen und Aal im Vordergrund – auch Weinverkauf. Hauptgerichte ca. 900–1700 HUF.

Während der **Soproner Festwochen** (Mitte Juni–Mitte Juli) Aufführungen im Steinbruch.

Radverleih: Fő utca 78, Tel. (06) 99/35 54 39, auch Gästezimmer und Restaurant.
Schiffstouren: Fertő-tó (vitorlástelep), Mai–Sept. 10–18 Uhr.

Regelmäßige **Busse** nach Sopron und zum Neusiedler See (Haltestelle Fertő-tó vitorlástelep). Im Sommer **Fähre** ins österreichische Mörbisch.

Nach Fertőd

Ungarn-Atlas: S. 230, B2

Nagycenk

In **Nagycenk** liegt an der Landstraße 85 **Schloss Széchenyi**, der Stammsitz der berühmten ungarischen Grafenfamilie. Der Bau des Schlosses geht auf das frühe 17. Jh. und Antal Széchényi zurück, doch erst István Széchenyi gab ihm 1838 seine jetzige Form. Die Pläne stammten vom Erbauer des Ungarischen Nationalmuseums, Mihály Pollack. István Széchenyi wird der ›größte Ungar‹ genannt, weil er u. a. die Ungarische Akademie der Wissenschaften gründete und den Bau der Budapester Kettenbrücke anregte. Schon sein Vater, Graf Ferenc Széchényi, hatte 1802 das Ungarische Nationalmuseum durch eine Schenkung gegründet. Im Schloss sind ein Museum mit Ausstellungen zum Leben der bekanntesten Familienmitglieder und zur Industrialisierung des Landes untergebracht (April–Okt. Di–So 10–18 Uhr).

Vom Schloss verkehrt die **István Széchenyi-Schmalspurbahn** mit historischem Wagenpark nach Fertőboz. Am Bahnhof sind alte Loks und Waggons ausgestellt.

In **Fertőszéplak** sind die Bauernhäuser aus der Mitte des 19. Jh. sehenswert, die als Museum einen Einblick in das dörfliche Leben abseits der Fürstenpaläste gewähren (Nagy Lajos utca 33–37, Mai–Sept. Di–So 9–17 Uhr).

Fertőd

Die kleine Ortschaft **Fertőd** wird vom großartigen **Schloss Eszterháza** dominiert, dem ehemaligen Stammsitz der Fürstenfamilie Esterházy. Noch heute bezeichnet sich der Ort unbescheiden als ›ungarische Versailles‹. Unbestritten haben wir jenseits des schmiedeeisernen Tores und des Ehrenhofs das größte Rokoko-Gebäude Ungarns vor uns.

Errichtet wurde der Vorläuferbau 1720 von József Esterházy nach Plä-

BAROCKE PRACHT IN ESZTERHÁZA

Von einem ›Feenreich‹, von einem ›ungarischen Versailles‹, wussten Zeitgenossen im 18. Jh. zu berichten, wenn sie Schloss Eszterháza besucht hatten.

Vor allem Fürst Miklós ›der Prachtliebende‹ machte sein Lieblingsschloss zum Mittelpunkt der High Society, indem er rauschende Feste veranstaltete. Dazu wurden eigens ein Marionettentheater und ein Opernhaus errichtet. Der zentrale Prachtsaal des Schlosses beeindruckt auch heutige Besucher noch. Für die musikalische Qualität sorgte Joseph Haydn, der seit 1761 im Dienst der Fürsten stand. Drei Jahrzehnte lang wirkte er auf Schloss Eszterháza.

Der Ruf der musikalischen Aufführungen wurde sogar vom Wiener Hof geschätzt. Von Maria Theresia stammt das Bonmot: »Wenn ich eine gute Oper sehen will, fahre ich nach Eszterháza.« Das Verlangen nach guten Opern kann bei ihr allerdings nicht sehr groß gewesen sein, denn sie besuchte nur einmal den ihr treu ergebenen Fürst Miklós.

Doch dieser Besuch wurde 1773 zum glanzvollen Höhepunkt der Blütezeit von Eszterháza und gibt einen guten Einblick in das dekadente höfische Leben jener Tage: Zuerst ließ sich die Monarchin mit einer Kutschenparade den weitläufigen Park zeigen. Dann kam eine Haydn-Oper zur Aufführung. Für den Hauptempfang war der Prachtsaal ganz in chinesischem Stil gestaltet, selbst die Musiker wurden chinesisch eingekleidet. Nicht weniger als elf Kronleuchter sorgten für feierliches Ambiente. Abends gab es den obligatorischen Ball. Und so ging es am nächsten Tag munter weiter, wobei ein riesiges Feuerwerk den Höhepunkt bildete. Natürlich waren auch huldigende Darbietungen der einfachen Bevölkerung eingeplant, um dem Wiener Hofstaat zu imponieren. Der prachtliebende Fürst verstand es, der Kaiserin wirkungsvoll sein Reich zu präsentieren.

Das Bestreben von Miklós war es, mit den größten Herrschern seiner Zeit gleichzuziehen. Berühmt wurde er für seinen Spruch: »Was der Kaiser kann, das kann ich auch.« In diesem einen Satz spiegelt sich der ganze Ehrgeiz des Fürsten wider. Er brachte es damit zum einflussreichsten ungarischen Magnaten seiner Zeit.

Seine Nähe zu den Habsburger Herrschern war allerdings ein auslaufendes Modell, wie sich im 19. Jh. zeigen sollte. Die großen ungarischen Adelsfamilien schwenkten langsam aber sicher auf eine patriotische Linie ein. Sie distanzierten sich immer stärker vom österreichischen Herrscherhaus.

Ein Teil des märchenhaften Reichtums der fürstlichen Esterházys ist heute u. a. im Budapester Museum der Bildenden Künste zu bewundern. Die Einrichtung des Museums beruhte 1870 auf dem Erwerb der wertvollen Esterházy-Sammlung. Von der einstigen barocken Pracht im Schloss in Fertőd ist nur wenig geblieben, ein Großteil der Inneneinrichtung ging im Zweiten Weltkrieg verloren. Immerhin findet derzeit eine gründliche Sanierung statt. Selbst das alte Opernhaus soll wieder errichtet werden, denn das barocke Erbe ist in Ungarn wieder sehr gefragt.

Die Kleine Tiefebene

Atlas: S. 230

nen von Anton Erhardt Martinelli. Großen Einfluss auf den weiteren Bau hatte Fürst Miklós Esterházy, genannt ›der Prachtliebende‹. Er beauftragte 1763 Melchior Hefele mit umfangreichen Erweiterungen und Umbauten. Nicht weniger als 126 Zimmer entstanden sowie eine riesige Parkanlage.

Nach dem Tod von Fürst Miklós 1790 verlor das Schloss schnell an Bedeutung, weil die Nachfolger des Fürsten andere Orte bevorzugten. Auch Joseph Haydn verließ seine langjährige Wirkungsstätte sofort (s. S. 59).

Nach dem Zweiten Weltkrieg ging das Schloss in Staatsbesitz über. Derzeit wird eine umfassende Renovierung durchgeführt. Zu sehen ist auch eine kleine Haydn-Ausstellung (Führungen: Mitte März–Okt. Di–So 10–18 Uhr, sonst Fr–So 10–16 Uhr).

Tourinform: Joseph Haydn utca 3, 9431 Fertőd, Tel./Fax (06) 99/37 05 44, fertod@tourinform.hu.

Szidónia Schlosshotel: 9451 Röjtökmuzsaj, Röjtöki út 37, Tel. (06) 99/54 48 10, Fax 38 00 13, www.szidonia.hu. Urlaub im Schloss bleibt im Szidónia kein Traum. Das 4-Sterne-Wellness-Schloss bietet einen großen Park mit Pool und vielen Wellness-Angeboten zum Entspannen – sehr erholsam. DZ 90–200 €.

Kastélykert étterem & kávéház: Fertőd, Joseph Haydn utca 3, Tel. (06) 99/34 94 18, tgl. 9–21 Uhr. Gegenüber des Schlosseingangs bietet das Restaurant in fürstlicher Umgebung mehr als ungarische Standardküche. Unter dem Laubengang oder im Garten sitzt es sich sehr gemütlich. Ca. 700–1400 HUF.

Von Juni–Sept. **Haydn-Konzerte** im Schloss. Infos und Karten: Tel. (06) 99/53 76 40.

Radverleih: Patent, Fertőendréd, Fő utca 84, Tel. (06) 99/38 07 43, Di–Fr 9–12, 13–17, Sa 8–12 Uhr.

Busse: Verbindungen u. a. nach Sopron und Győr.

Kőszeg (Güns)

Ungarn-Atlas: S. 230, B3

Malerisch von den Kőszegi-hegyek (Günser Bergen) eingerahmt, ist das kleine mittelalterliche Städtchen mit seiner beschaulichen denkmalgeschützten Altstadt und der historischen Burg ein wahres Kleinod. Die wenigen Gassen sind von schmucken Häusern gesäumt, während die Berge für Wanderer eine rechte Freude sind.

Kőszeg geht auf die Burggründung im 13. Jh. zurück. 1532 wehrte der Burghauptmann Miklós Jurisics einen türkischen Großangriff ab, was ihn zum Volkshelden machte. Ins Blickfeld der Geschichte rückte Kőszeg noch einmal 1944/45, als die faschistischen Pfeilkreuzler von hier die letzten Monate ihres Terrorregimes dirigierten. Heute lebt die Kleinstadt (12 000 Einw.) stark vom grenznahen Tourismus.

Vom belebten Fő tér gehen wir durch die Városház utca zum **Heldentor (Hősök kapuja)**, das 1932 zum 400. Jahrestag des türkischen Angriffs errichtet wurde. Dahinter betreten wir den idyllischen **Jurisics tér**. Hier scheint die Zeit stehen geblieben zu sein. Viele Häuser

Atlas: S. 230

Kőszeg (Güns)

wurden liebevoll renoviert, und manche Fassade zeigt Verzierungen in Sgraffito-Technik. Gleich neben dem Heldentor befindet sich links in Nr. 6 das **Generalshaus (Tábornokház)** mit einer Handwerksausstellung. Vom Turm genießt man einen herrlichen Rundblick über den Ort und die umliegenden Berge (Di–So 9–17 Uhr). Sehr reizvoll ist auch das ursprünglich gotische, später barock umgebaute Rathaus (Nr. 8). An der Fassade des womöglich ältesten Rathauses Ungarns ist links das Jurisics-Wappen zu erkennen.

Auf der anderen Seite des Platzes ist in Nr. 11 im **Apothekenmuseum** eine Originaleinrichtung aus dem Jahre 1743 zu sehen. In diesem Gebäude war 1777–1910 die Apotheke ›Zum Goldenen Einhorn‹ untergebracht (April–Nov. Di–So 10–18 Uhr).

Die beiden Kirchen am Platz sind geschichtlich eng miteinander verbunden. Die **St.-Emmerich-Kirche (Szent Imre templom)** ist die jüngere der beiden (1615–40). Sie wurde von Kalvinisten in Auftrag gegeben, die aus der benachbarten **St.-Jakob-Kirche (Szent Jakab templom)** von den Lutheranern verdrängt worden waren. Die Ähnlichkeit der beiden Kirchen erklärt sich dadurch, dass die kalvinistische Gemeinde so getreu wie möglich ihre alte Kirche wiedererstehen lassen wollte. Sehenswert ist u. a. das Tafelbild ›Die Heimsuchung‹ von Franz Anton Maulbertsch. Die St.-Jakob-Kirche ist gotischen Ursprungs und weist Wandgemälde aus dem 15. Jh. auf. Im Laufe der Gegenreformation wurden beide Kirchen zwangsweise der katholischen Gemeinde zugesprochen.

Die malerische Rajnis József utca führt zur **Burg**. Von ehemals fünf Türmen sind noch zwei erhalten. Im Inneren der Burg erzählt ein Museum von der bewegten Geschichte der Stadt (Di–So 10–17 Uhr).

In der kleinen Chernel István utca steht der alte **Zwinger** der Stadt, und die **Kelcz Adelffy utca** ist eine pittoreske Gasse, die besonders abends sehr stimmungsvoll ist. In diesem Bereich nistet sogar ein Storchenpaar hoch über den Giebeln der Stadt.

Kőszegi-hegyek (Günser Berge)

Gleich oberhalb der Stadt ragen die dicht bewaldeten Kőszegi-hegyek (Günser Berge) auf. Ein attraktives Ausflugsziel in den östlichsten Alpenausläufern ist der Aussichtsturm auf dem 609 m hohen **Óház-tető** (Zufahrt über Szabóhegy). Oberhalb des beschaulichen Erholungsortes **Velem** liegt von weitem sichtbar die Wallfahrtskapelle **Szent Vid kápolna** auf einem Felsvorsprung im Wald. Schon in der Bronzezeit stand hier eine Festung. Die barocke Kapelle erhielt 1859 ihre jetzige Form.

Bükfürdő

Das renommierte Heilbad Bükfürdő liegt quasi auf der platten Wiese (Juni–Aug. 8–19, April–Mai und Sept. 8–18, sonst 8–17 Uhr). Rund um das Bad hat sich mit Golfplatz, Thermalhotel, Campingplätzen und Ferienwohnungen eine große Ferien- und Freizeitanlage entwickelt.

Die Kleine Tiefebene

Atlas: S. 230

Tourinform: Jurisics tér 7, 9730 Kőszeg, Tel./Fax (06) 94/56 31 21, koszeg@tourinform.hu, www.naturpark.hu.

Portré: Fő tér 7, Tel./Fax (06) 94/36 31 70, www.portre.com. Modernes und geschmackvolles Hotel. Zimmer 4 hat herrlichen Blick auf den Heldenturm und die Kirchen der Innenstadt! DZ 7000–9000 HUF.

Kőszeghegyalja Vendégház: 9733 Horvátzsidány (7 km östlich), Petőfi Sándor utca 10, Tel. (06) 94/56 50 90, Fax 56 50 91, www.hotels.hu/koszeghegyalja. Die sehr nette Pension bietet freundlichen Service, einen tollen Garten und das Frühstück ist super – nur Nichtraucher, auch Fahrradverleih. DZ 7000–8400 HUF.

Wandern zum Írott-kő

Der Írott-kő (Geschriebenstein) ist mit 883 m der höchste Berg der Kőszegi-hegyek und liegt direkt auf der Grenze zu Österreich. Deshalb war er lange Zeit Sperrgebiet. Zu Fuß erreicht man den Gipfel nach einem steilen Aufstieg von Velem (2 Std.) oder gemütlicher vom Waldparkplatz Hörmannforrás (45 Min., Zufahrt von Velem). Der 1913 errichtete Aussichtsturm steht gerade eben in Österreich. An schönen Tagen sieht man vom Schneeberg bis zu den Kleinen Karpaten! (Den Personalausweis nicht vergessen, der Grenzübergang ist nur April–Okt. geöffnet.)

Camping:
Gyöngyvirág Kemping és Panzió: Bajcsy-Zsilinszky utca 6, Tel. (06) 94/36 04 54, Fax 36 45 74, www.gyongyviragpanzio.hu. Kleiner und gepflegter Campingplatz auf der Gartenwiese, dazu günstige Pension.

Taverna Flórián: Várkör 59, Tel. (06) 94/56 30 72, Di–Do 17–22, Fr–Sa 11.30–14.30, 17–22, So 11.30–14.30 Uhr. Mit Abstand das beste Restaurant der Gegend. In einem stilvollen Keller inmitten von Resten der alten Stadtmauer werden raffinierte Gerichte und ungarische Spitzenweine serviert. Ca. 900–2500 HUF.

Wein: Hervorragenden Kékfrankos und Zweigelt kann man bei **Tóth pincészet** verkosten und kaufen. Kórház utca 6, Mo–Fr 17–20, Sa–So 9–20 Uhr.

Georgs-Tag: 24. April. Am Georgs-Tag werden seit 1740 traditionell die schönsten Rebtriebe des Ortes ins ›Buch der Weintriebe‹ gemalt. Das Buch ist im Burgmuseum ausgestellt.

Wandern: Kőszeg ist ein Wanderparadies (s. Tippkasten). Infos zu weiteren Routen bei Tourinform.
Radfahren: Ausgeschilderte Radrouten führen durch die reizvolle Umgebung. Radverleih: bei Tourinform.
Golf: Bükfürdő, Birdland Golf & Country Club, Termál körút 10, Tel. (06) 94/35 80 60, www.birdland.hu. Prämierter 18-Loch-Golfplatz auf Expansionskurs, seit Herbst 2003 mit eigenem Vier-Sterne-Hotel.

Züge nach Szombathely.
Busse: ab der Busstation an der Liszt Ferenc utca bestehen Verbindungen nach Velem, Sopron, Bükfürdő und Szombathely.

Atlas: S. 230

Szombathely (Steinamanger)

Szombathely (Steinamanger)

Ungarn-Atlas: S. 230, B4

Szombathely (85 000 Einw.) ist eine lebendige und attraktive Komitatsstadt. Um 50 n. Chr. gründeten die Römer hier an der Bernsteinstraße die *Colonia Claudia Savaria*. Die Stadt wurde 107 zur Hauptstadt der Provinz Oberpannonien. Aus der Römerzeit sind mehrere wertvolle Reste erhalten geblieben. Unter dem ersten ungarischen König Stephan gelangte die Stadt in den Besitz der Győrer Bischöfe. Es dauerte bis 1777, bevor Szombathely zum eigenen Bischofssitz wurde. Daraufhin setzte eine rege Bautätigkeit ein.

Im Zweiten Weltkrieg wurde die Stadt stark zerstört, sodass von der Barockstadt leider nicht allzuviel erhalten ist. Dafür gibt es einige sehr schöne Jugendstilgebäude im Zentrum.

Die wichtigsten Sehenswürdigkeiten gruppieren sich um den Mindszenty tér. Der **Ruinengarten (Romkert ›Járdányi Paulovics István‹)** zeigt ein größeres zusammenhängendes Stück des römischen Savaria. Highlights sind ein fast 2000 Jahre altes Straßenstück sowie fantastische Mosaikböden aus dem 4. Jh. (März–Nov. Di–Sa 9–17 Uhr).

Überschattet werden die römischen Reste vom mächtigen **Dom** (1791–1814), der nach Plänen von Melchior Hefele erbaut wurde. Die drittgrößte Kirche Ungarns wurde im Zweiten Weltkrieg stark beschädigt. Die Restaurierung ist noch nicht abgeschlossen. Alte Bilder der Kathedrale sind in der **Sala Terrana** des bischöflichen Palais nebenan zu sehen. Beeindruckend ist vor allem der barocke Saal mit Fresken von Stephan Dorffmeister (Di–Fr 9.30–15.30, Sa 9.30–11.30 Uhr). Der Palast wurde gegen Ende des 18. Jh. ebenfalls nach Plänen von Melchior Hefele errichtet.

Gleich um die Ecke ist im **Smidt Múzeum** die umfangreiche Privatsammlung des Arztes Lajos Smidt zu sehen: Archäologie, Münzen, Waffen und Möbel zählten zu den Objekten seiner Sammelleidenschaft. Hier hängen auch Gemälde von Mihály Munkácsy und Károly Lotz (März–Dez. Di–So 10–17, Jan.–Feb. Di–Fr 10–17 Uhr).

Recht mager sind die Reste des römischen **Isis-Tempels** in der Rákóczi utca. Dies war einst der spirituelle Mittelpunkt der Provinz. Zurzeit finden neue Ausgrabungen statt. Schräg gegenüber liegt die ehemalige **Synagoge** mit ihrem markanten maurisch-orientalischen Stil.

Etwas außerhalb, in der Barátság utca, findet man die **Sankt-Martin-Kirche (Szent Márton templom)**. An diesem Ort soll 316 der spätere Bischof von Tours geboren worden sein, auch bekannt als Sankt Martin.

Das **Museumsdorf des Komitats Vas (Vasi Múzeumfalu)** in der Árpád utca am See Csónakázótó zeigt alte Bauernhäuser aus der Region, die in Form eines Freilichtmuseums liebevoll wiederaufgebaut wurden. Unterhaltsam sind die zahlreichen Kulturveranstaltungen (April–Okt. tgl. 9–17 Uhr).

Erholsam ist der Besuch des 27 ha großen **Arboretums** im Norden der Stadt, wo seltene Bäume wachsen (Szent Imre utca 102, April–Okt. Mo–Fr 8–18, Sa–So 9–18, sonst tgl. 8–16 Uhr).

Die Kleine Tiefebene

Atlas: S. 230

> ### Eiserner Vorhang
>
> Oberhalb von **Felsőcsatár** hat Sándor Goják auf dem Szőlőhegy mit Originalresten ein kleines Freilichtmuseum zur Geschichte des Eisernen Vorhangs eingerichtet (ausgeschildert: »Vasfüggöny«). Bis 1989 lebten nur zwölf Familien in diesem absoluten Grenzsperrgebiet. Die Gojáks betreiben auch ein stimmungsvolles Weinlokal (Sándor Borozó Buschenschank). Schöne Spaziergänge sind ausgeschildert (April–Okt. tgl. 12–21 Uhr, Eintritt frei).

Abteikirche Ják

Ungarn-Atlas: S. 230, B4
Ein architektonisches Juwel ist 12 km südlich von Szombathely die **Abteikirche St. Georg** (Szent György templom) in Ják. Anfang des 13. Jh. stiftete der Vasvárer Gespan Márton Ják eine Benediktinerabtei und ließ die Kirche errichten. Während von dem Kloster nichts erhalten blieb, ist die 1256 geweihte Kirche ein beeindruckendes Relikt spätromanischer Bauweise. Als so genannte Geschlechter- oder Sippenkirche ist sie in Ungarn unübertroffen.

Bemerkenswert sind das reich verzierte **Westportal** sowie das ›Lamm Gottes‹ über dem Südportal. Das Innere der dreischiffigen Kirche wirkt durch seine großartige Schlichtheit, die bei einer Renovierung Ende des 19. Jh. wiederhergestellt wurde. Bei neueren Arbeiten wurden mittelalterliche Wandgemälde freigelegt. Im nördlichen Nebenchor ist der Mittelteil eines gotischen Flügelaltars aus dem Jahr 1505 mit einer Madonnenfigur zu sehen.

Vor der Westfassade der Kirche steht die **St.-Jakob-Kapelle,** die ebenfalls Mitte des 13. Jh. errichtet wurde. Ein neues **Museum** im ehemaligen Abtshaus erläutert die Geschichte der Kirche (April–Okt. tgl. 8–18 Uhr).

Tourinform: Király utca 11, 9700 Szombathely, Tel./Fax (06) 94/52 03 16, szombathely@tourinform.hu, www.szombathely.hu.

Park Hotel Pelikán: Deák Ferenc utca 5, Tel. (06) 94/51 38 00, Fax 51 38 01, www.hotelpelikan.hu. Das beste Hotel am Platz wurde in einer ehemaligen Kinderklinik mit viel Geschmack eingerichtet. DZ 21 500–25 000 HUF.
Hotel Liget: Szent István park 15, Tel./Fax (06) 94/50 93 23/24, www.hotels.hu/liget_szombathely. Einfache, aber saubere Zimmer, nur z. T. mit eigenem Bad/WC. Das gute Frühstück ist eine solide Grundlage für den Tag. DZ 6000–9000 HUF.

Villa Pelikán: Deák Ferenc utca 5, Tel. (06) 94/51 38 00, tgl. 7–22 Uhr. Sehr elegantes Restaurant, das zum gleichnamigen Hotel gehört. Mit der gut durchdachten Speisekarte setzte die Villa in Szombathely neue Akzente. Ca. 1300–3000 HUF.
Gödör: Hollán Ernő utca 10–12, Tel. (06) 94/51 00 78, Mo–Do 11–23, Fr–Sa 11–24, So 11–15 Uhr. Im ehemaligen Bierbrauhaus des Bischofs werden ungarische und regionale Spezialitäten serviert. *Dödölle* ist z. B. Kartoffelsterz mit viel Zwiebeln und Gurkensalat. Man kann zwischen großen und kleinen Portionen wäh-

Atlas: S. 230

Abteikirche Ják

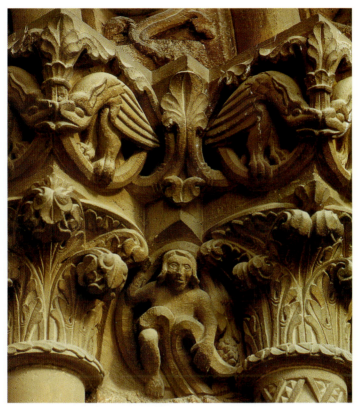

Detail einer Säule in der Abteikirche von Ják

len – eine gute Idee. Ca. 1000–1800 HUF.
Sándor Borozó Buschenschank: Felsőcsatár. Weinlokal, s. Tippkasten S. 64.

Május 1. Söröző: Szent István park 9, So–Mi 10–23, Do–Sa 9–1 Uhr. Bei warmem Wetter heimeliger Biergarten unter hohen Bäumen im Park.

Savaria Historien Karneval (Történelmi Karnevál): um den 20. Aug. Buntes mehrtägiges Programm. Höhepunkt ist der Karnevalsumzug in historischen Kostümen. Infos: www.savaria karneval.hu.

Züge: u. a. nach Budapest, Kőszeg, Sopron, Graz, Wien und Balatonfüred.
Busse: ab Ady Endre tér bestehen Verbindungen u. a. nach Ják, Bük, Sümeg und Kőszeg.

Die Kleine Tiefebene

Atlas: S. 230

Sárvár

Ungarn-Atlas: S. 230, B3
Mittelpunkt der Kleinstadt ist die **Nádasdy-Burg**. Die Vorläufer gehen mindestens auf das 13. Jh. zurück, doch die jetzige Form erhielt sie Mitte des 17. Jh. Die Nádasdys, welche die Burg 1535 übernahmen, waren große Förderer der Wissenschaften und der Reformation. So entstand unter dem Patronat von Tamás Nádasdy eine Druckerei, in der um 1540 die ersten Bücher in ungarischer Sprache gedruckt wurden. 1671 beteiligte sich Ferenc III. Nádasdy an der so genannten Wesselényi-Verschwörung und wurde hingerichtet. Das Vermögen und die Burg fielen an die Esterházys. Die Kunstsammlung behielt der Wiener Hof für sich. 1875 gelangte die Burg in den Besitz der Wittelsbacher, und hier verstarb 1922 der letzte bayrische König, Ludwig III., im Exil. Das Burgmuseum zeigt die Geschichte der Burg, der Druckerei und der Husaren. Erhalten blieb der barocke Prunksaal mit prächtigen Deckengemälden und Fresken von Stephan Dorffmeister (Di–So 9–17 Uhr).

Mit dem Bau des topmodernen **Heil- und Wellnessbades** Ende 2002 ist für Bad Sárvár ein neues Zeitalter angebrochen. In den Thermalbecken, die z. T. im Freien liegen, und der Massageabteilung tummeln sich zu jeder Jahreszeit Badegäste.

Der **Botanische Garten (Arborétum)** lädt mit seinen 10 ha Parklandschaft und z. T. 300 Jahre alten Eichen am Várkerület zu erholsamen Spaziergängen ein (April–Okt. tgl. 9–19, sonst tgl. 9–17 Uhr).

Umgebung

Eine Besonderheit bietet der 279 m hohe vulkanische **Ság-hegy** bei Celldömölk, dessen Entstehung auf Erdaktivitäten vor rund 5 Mio. Jahren zurückgeht. Weil die Basaltlava industriell abgebaut wurde, kann man heute das ›Innere‹ des inzwischen unter Naturschutz stehenden Vulkankegels zu Fuß besichtigen. Von oben bietet sich ein herrlicher Ausblick über die Kleine Tiefebene. An den Hängen wächst Wein.

Tourinform: Várkerület 33, 9600 Sárvár, Tel. (06) 95/52 01 78, Fax 52 01 79, sarvar@tourinform.hu, www.sarvar.hu.

Hotel Vital Med: Vadkert 1, Tel. (06) 95/52 37 00, Fax 52 37 07, www.vitalmedhotel.hu. Das schicke 4-Sterne-Hotel gehört zum Badekomplex. DZ 20 000–24000 HUF.
Tinódi Fogadó: Hunyadi út 11, Tel./Fax (06) 95/32 02 25, Fax 32 36 06, www.tinodifogado.hu. 8 DZ und ein Familienzimmer mit Dusche/WC und Minibar. Nr. 5–8 sind Nichtraucherzimmer, wobei Nr. 5 als Eckzimmer am größten ist. Auch Restaurant mit gut ungarischer Küche. DZ 33€.
Camping:
Thermal Kemping: zurzeit geschl.

Várkapu Vendéglő Panzió: Várkerület 5, Tel./Fax (06) 95/32 04 75, www.varkapu.hu. Kreative ungarische Küche mit ungewöhnlichen Spezialitäten. Im Sommer Terrasse am Schlosspark; auch Pension. Ca. 900–2300 HUF.

Heil- und Wellnessbad: Tel. (06) 95/52 36 00, www.badsarvar.hu, tgl. 8–22 Uhr.

Bahn: Züge nach Szombathely, Győr, Budapest und Veszprém.
Bus: ab Batthyány utca in die Umgebung sowie nach Bük, Sopron und Keszthely.

Pápa

Ungarn-Atlas: S. 231, D3
Pápa liegt am südlichen Rand der Kleinen Tiefebene, wo diese langsam ins Bakony-Gebirge übergeht. Die Stadt wird im Jahre 1061 erstmals erwähnt und war zunächst durch ihre Mühlen geprägt. Die Reformation führte 1531 zur Gründung des Reformierten Kollegiums, und Pápa wurde zu einem geistigen Zentrum der Protestanten. 1628 fiel die Stadt an die Esterházys, deren gräflicher Zweig das barocke Bild der Stadt durch Bauten der Gegenreformation prägte. Heute ist Pápa (34 000 Einw.) ein eher beschauliches Städtchen.

Am zentralen Fő tér stehen wir direkt vor der 1774–84 im Zopfstil errichteten katholischen **Großkirche (Nagytemplom)**. Im Auftrag des Egerer Bischofs Graf Károly Esterházy fertigte sein Hofarchitekt Jakob Fellner die Pläne und Franz Anton Maulbertsch die Deckenfresken. Der Wiener Künstler Philipp Jakob Prokop schuf den Taufbrunnen und die zwei Engel auf dem Hauptaltar.

Hinter der Kirche steht in einem kleinen Park **Schloss Esterházy**. Der Bau wurde 1783/84 zeitgleich mit der Kirche verwirklicht.

In der Fő utca 6 liegt im Hinterhof die **Reformierte Altkirche (Református ótemplom)**. Nach dem Toleranzedikt von Kaiser Joseph II. (1781) durften Protestanten zwar wieder Kirchen bauen, aber nicht zur Straße hin und nur ohne Turm.

Am Március 15. tér ragt das wuchtige Gebäude des **Reformierten Kollegiums** auf. Hier befindet sich auch die wertvolle Bibliothek mit rund 150 000 Bänden, darunter kostbare Wiegendrucke. Eine etwas versteckte Sehenswürdigkeit ist die 3500 Jahre alte ägyptische Mumie in einem 3000 Jahre alten Sarg, das Geschenk eines ehemaligen Schülers (Mai–Okt. Di–So 9–17).

Am gleichen Platz befindet sich das sehenswerte **Blaufärbermuseum (Kékfestő Múzeum)**. Die ehemalige Blaufärberei der aus Sachsen eingewanderten Familie Kluge geht auf das Jahr 1786 zurück. Die im 19. Jh. ausgebaute Werkstatt ist noch heute funktionstüchtig. Das Museum informiert über den Blaudruck und zeigt Werke heutiger Blaufärber. Zu sehen ist auch die Dauerausstellung der Künstlerin Irén Bódy (April–Okt. tgl. 9–17, sonst 9–16 Uhr).

 Tourinform: Fő utca 5, 8500 Pápa, Tel. (06) 89/31 15 35, Fax 31 37 44, papa@tourinform.hu, www.papa.hu.

 Arany Griff: Fő tér 15, Tel. (06) 89/31 20 00, Fax 31 20 05, www.hotelaranygriff.hu. Das beste Haus am Platze bietet komfortable und ruhige Zimmer in sehr zentraler Lage. Das hauseigene Restaurant ist ebenfalls eine gute Adresse. DZ 35–45 € (ohne Frühstück).

Züge nach Győr, Budapest und Szombathely.
Busse ab Gróf út auch nach Keszthely, Sopron und Veszprém.

NORDTRANSDANUBIEN

Von der Schüttinsel bis nach Esztergom bildet die Donau die Grenze zur Slowakei. Auf der ungarischen Seite liegen entlang der klassischen Reiseroute nach Budapest reizvolle Städte und Landschaften. Von der lieblichen Flussauenlandschaft der Schüttinsel bis zur barock geprägten Altstadt von Győr, vom Weltkulturerbe Pannonhalma bis zu den Ausläufern der Mittelgebirge reicht die Vielfalt der Region.

Mosonmagyaróvár und Szigetköz (Schüttinsel)

Ungarn-Atlas: S. 230, C2
Sowohl die angenehme Kleinstadt wie auch die ruhige und natürliche Insel zwischen Mosoner Donau (Mosoni Duna) und alter Donau rechtfertigen einen Abstecher. Naturliebhaber kommen hier auf ihre Kosten.

Mosonmagyaróvár geht bereits auf die Römerzeit zurück und gelangte 1529 an die Habsburger. Das ›Tor Ungarns‹ wurde seit dem 13. Jh. von einer Burg auf einer kleinen Insel in der Leitha bewacht. 1939 erfolgte die Vereinigung der zwei Stadtteile Moson (Wieselburg) und Magyaróvár (Ungarisch Altenburg).

Szigetköz (Schüttinsel)

Ungarn-Atlas: S. 231, D2
Die Szigetköz (Schüttinsel) ist durch viele tote Seitenarme der Donau gekennzeichnet und wurde oft von Überschwemmungen heimgesucht. Seit dem Bau des slowakischen Donaukraftwerks Gabčíkovo 1992/93 ist diese bedeutende Naturlandschaft allerdings durch gesunkene Wasserpegel bedroht (s. S. 17). Auf der Szigetköz scheint in den idyllischen Dörfern, wo Störche auf den Dächern und Kirchtürmen nisten, die Zeit stehen geblieben zu sein. Nach einer Fahrradtour durch diese Gegend lockt ein Bad im Thermalwasser von Lipót.

In **Hédervár** steht inmitten eines herrlichen Parks ein barockes Schloss mit wuchtigen Ecktürmen. Schon im 12. Jh. errichtete der Ritter Héder eine Burg, doch im 16. Jh. erfolgte der Neubau, Grundlage der heutigen Burg.

Lébény

Ungarn-Atlas: S. 230, C2
Die **St.-Jakobs-Kirche (Szent Jakab templom)** von Lébény ist eine der bedeutendsten Sippenkirchen Ungarns. Sie wurde bereits zu Anfang des 13. Jh. durch das Geschlecht Győr als Klosterkirche für die Benediktiner erbaut.

Atlas: S. 230/231

Győr (Raab)

Trotz einer wechselvollen Geschichte sind noch romanische Baureste erhalten, und die Westfassade ragt mächtig in den Dorfhimmel. Die mit Kalkquadern aus dem Steinbruch von Fertőrákos (s. S. 57) errichtete dreischiffige Kirche hat kein Seitenschiff und ein Deckengewölbe aus dem 17. Jh.

Tourinform: Kápolna tér 16, 9200 Mosonmagyaróvár, Tel./Fax (06) 96/20 63 04, mosonmagyarovar@tourinform.hu, www.mosonmagyarovar.hu.

Hort Duna Fogadó: 9233 Lipót, Fő utca 65, Tel./Fax (06) 96/67 40 28. Während die Zimmer unten einfach und ohne Bad/WC sind, herrscht oben größerer Komfort. Highlight ist das eigene Thermalbecken mit Direktanschluss an die 2200 m tiefe Heilquelle. DZ 4400–6000 HUF.

Borclub: Mosonmagyaróvár, Szent László tér 4, Tel. (06) 96/21 16 73, Mo–Fr 9–22, Sa 9–24, So 11–22 Uhr. Die vielen hochwertigen Weine stehen im Mittelpunkt; ansehnliche Speisekarte mit leckeren Salaten und mexikanischen Gerichten. Im Sommer Terrasse unter lauschigen Bäumen. Ca. 1000–2000 HUF.

Angeln: Angelscheine bei Tourinform (s. o.).
Thermalbäder: Mosonmagyaróvár, Kolbai út 10. Lipót, Fő utca 84.
Radfahren: Die Schüttinsel ist ein Paradies mit ausgeschilderten Radrouten und einigen Radwegen. Radverleih: Hevi-Bike, Mosonmagyaróvár, Kolbai út 10.

Busse ab Mosonmagyaróvár nach Lipót und Hédervár, dort Anschluss nach Győr.
Züge von Mosonmagyaróvár nach Győr.

Győr (Raab)

Ungarn-Atlas: S. 231, D2

Pittoresk liegt die barocke Altstadt von Győr (130 000 Einw.), der größten Stadt Westungarns, am Zusammenfluss von Rába und Mosoni Duna. Während die Straßen der Bürgerstadt im Schachbrettmuster angelegt sind, führen einige z. T. sehr schmale Gässchen auf den Káptalandomb, den Sitz der Győrer Bischöfe.

Bereits die Kelten hatten die Siedlung Arrabona gegründet, die Römer integrierten sie in ihre Grenzverteidigung. Großen Aufschwung nahm Győr, als König Stephan I. die Stadt zum Bischofssitz machte. 1594–98 besetzten die Türken die strategisch wichtige Stadt; 1809 besiegte Napoleon die ungarische Armee in der Nähe. Das barocke Stadtbild zeugt vom Reichtum im 18. Jh. Heute wird Győr auch von moderner Industrie geprägt, u. a. der Autoproduktion.

Vom Tourinformbüro gelangt man zunächst zum imposanten **Nationaltheater** [1], das mit einer Keramikdekoration von Victor Vasarely verziert ist.

Um den zentralen **Széchenyi tér** gruppieren sich wichtige Museen und Baudenkmäler. Mächtig ragt die 1635–41 für die Jesuiten erbaute **St.-Ignaz-Kirche (Szent Ignác templom)** [2] auf. An der Ecke zur Czuczor Gergely utca liegt die historische **Széchenyi-Apotheke** [3], deren Vorläufer bereits 1654 eröffnet wurde. Besonders beachtenswert ist die reich verzierte Decke.

In der gegenüberliegenden Ecke des Platzes befindet sich das ortsge-

Nordtransdanubien

Atlas: S. 231

schichtliche **Xantus János Múzeum** [4] (Mai–Okt. Di–So 10–18, sonst Di–So 10–14 Uhr). Das Palais war seit 1742 Residenz der Äbte von Pannonhalma und somit eines der vornehmsten Häuser der Stadt. Das barocke Palais in der Király utca 17 gehörte dem gräflichen Zweig der Esterházys und dient heute als **Städtische Gemäldegalerie für avantgardistische Kunst** [5] (Di–So 10–18 Uhr).

Die Künstlerin Margit Kovács (1902–77) wurde in Győr geboren und hinterließ einen Teil ihrer Keramiken für die Dauerausstellung im **Kreszta-Haus** [6] aus dem 17. Jh. (März–Okt. Di–So 10–18, sonst Di–So 10–17 Uhr). Dieser Stadtteil wirkt durch seine kleinen Gässchen und barocken Häuschen sehr beschaulich.

Erste Station auf dem weiteren Weg zum **Káptalandomb (Kapitelhügel)** ist die Bundeslade auf dem Gutenberg tér. Das Altarsakrament wurde angeblich 1728 bei der Verfolgung eines Flüchtlings von Soldaten zerstört. Daraufhin stiftete König Karl III. 1731 zur Wiedergutmachung dieses Denkmal. Jenseits des Platzes führt die malerische Gasse direkt zum **Liebfrauendom (Székesegyház)** [7]. Schon König Stephan baute hier 1033 eine erste Kirche. Im 13. Jh. entstand dann eine dreischiffige Kirche, die 1639–45 barock neu gestaltet wurde. Ab 1772 führte Melchior Hefele den Zopfstil ein, während Franz Anton Maulbertsch die Deckenfresken und das Hauptaltarbild schuf.

Bedeutendster Schatz ist die Kopfreliquie von König Ladislaus I. (1404) in der gotischen Hédérváry-Kapelle. Die Goldschmiedearbeit zählt zu den wichtigsten Stücken gotischen Kunsthandwerks in Ungarn.

In der ehemaligen **Bischofsburg** [8] befindet sich die Verwaltung der Diözese. Ein gut erhaltenes Beispiel der Gotik ist der südöstliche Turm von 1480.

Der schönste Platz der Stadt ist der **Bécsi kapu tér**, dessen einladende Restaurants eine angenehme Pause versprechen. Den offenneren Teil des Platzes mit seinen repräsentativen Gebäuden dominiert die **Karmeliterkirche** [9]. Die in Kaisergelb leuchtende frühere Ordenskirche wurde 1721–25 von Márton Wittwer im Barockstil errichtet.

Jenseits der Doppelbrücke Rába kettős híd erstreckt sich die Neustadt (Újváros). Am Zusammenfluss von Rába und Mosoni Duna liegt das **Badezentrum Győr** [10]. Hier findet man auch an Regentagen Entspannung vom Stadtbummel.

Tourinform: Árpád utca 32, 9021 Győr, Tel./Fax (06) 96/31 17 71, gyor@tourinform.hu, www.gyor.hu.

Hotel Schweizerhof [11]: Sarkantyú köz 11–13, Tel. (06) 96/32 91 71, Fax 32 65 44, www.schweizerhof.hu; Restaurant Mo–Sa 18–24 Uhr. Ein Spitzenhotel in unübertrefflich schöner Innenstadtlage. Hier bleibt kein Wunsch offen. Das Restaurant ist ebenfalls ausgezeichnet (Eingang auch Bécsi kapu tér 9). DZ 71–81 €, Hauptgerichte ca. 1200–3100 HUF.

Duna Panzió [12]: Vörösmarty utca 5, Tel./Fax (06) 96/32 90 84, www.teatrum.hu. Wunderbar renoviertes Barockhaus; sehr geschmackvoll und topmodern eingerichtete Zimmer. Die Be-

Cityplan | **Győr (Raab)**

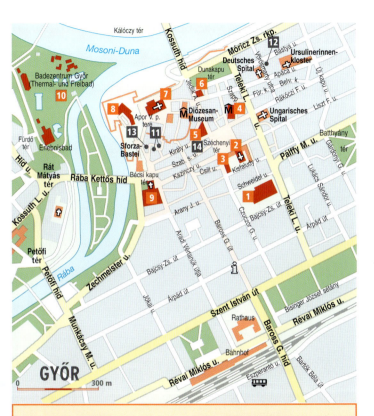

Sehenswürdigkeiten

1. Nationaltheater
2. St.-Ignaz-Kirche
3. Széchenyi-Apotheke
4. Xantus János Múzeum
5. Städtische Gemäldegalerie für avantgardistische Kunst
6. Kreszta-Haus
7. Liebfrauendom
8. Bischofsburg
9. Karmeliterkirche
10. Badezentrum Győr

Übernachten

11. Hotel/Restaurant Schweizerhof
12. Duna Panzió

Essen und Trinken

13. Restaurant Várkapu Vendéglő
14. Bergmann Cukrászda

sitzer leiten noch zwei weitere Pensionen in Győr. DZ 8500 HUF.

Várkapu Vendéglő 13: Bécsi kapu tér 7–8, Tel. (06) 96/32 86 85, tgl. 10–23 Uhr. Bei schönem Wetter mit seiner Terrasse das stimmungsvollste Restaurant der Stadt; leckere Fischsuppe. Hauptgerichte ca. 1000–3000 HUF.

Bergmann Cukrászda 14: Király utca 17, Di-So 10–18 Uhr. Heimeliges Café im Esterházy-Palais. Draußen Tische an ei-

Die Karmeliterkirche in Győr

Győr (Raab)/Pannonhalma

Cityplan S. 71

nem gemütlichen Platz – sehr leckerer Kuchen.

Captain Drake's Pub: Radó sétány 1, So–Do 12–24, Fr–Sa 12–1 Uhr. Von der Gartenterrasse guter Blick auf die Bischofsburg; auch Restaurant.
Bridge Mayo Music Café & Bar: Kálóczy tér 6, Di–So 20–4 Uhr. Nette Bar mit Terrasse und Blick auf die Mosoni Duna; leckere Cocktails.

Győrer Nationaltheater (Győri Nemzeti Színház): Czuczor Gergely utca 7, Tel. (06) 96/31 48 00, www.gyorisizinhaz.hu. Heimat des berühmten und meist ausgebuchten **Győrer Balletts** (www.gyoribalett.hu).

Mediawave Kunstfestival: Ende April/Anfang Mai. Eine Woche lang Musik, Theater, Tanz, Ausstellungen und vieles mehr (www.mediawavefestival.com).
Győrer Sommer: Juni–Juli. Einmonatiges internationales Kulturfestival mit Theater, Open-Air-Konzerten und großem Beiprogramm (www.fesztivalirodagyor.hu).

Thermal- und Erlebnisbad Győr [9]: Fürdő tér 1, Mo–Fr 6–16, 18–20, tgl. 8–22 Uhr.

Bahn: vom Bahnhof (Révai utca) Züge nach Budapest, Sopron, Veszprém, Szombathely und Wien.
Busse: ab Busbahnhof (Hunyadi utca) u. a. zum Balaton, nach Lébény und Mosonmagyaróvár.
Taxi: Duna Taxi, Tel. (06) 96/44 44 44.

Pannonhalma

Ungarn-Atlas: S. 231, D3
Schon von weitem grüßt die wuchtige Erzabtei Sankt Martin auf dem Berg oberhalb von Pannonhalma. Bereits Großfürst Géza holte 996 die Benediktiner auf den ›heiligen Berg Pannoniens‹. Diese älteste Klostergründung Ungarns wurde zu einem spirituellen Zentrum der Katholiken und im Laufe der Jahrhunderte mehrfach erweitert. Während der Türkenkriege mussten die Mönche 1585 Pannonhalma verlassen. Ab dem 18. Jh. folgte eine neue Blütezeit, kurz unterbrochen von einer Säkularisierungsperiode (1786–1802). 1996 wurde die Abtei aus Anlass ihres 1000-jährigen Bestehens von der UNESCO zum Weltkulturerbe erklärt.

Der markante Westturm der **Kirche** stammt aus dem Jahr 1830. Leider opferte man ihm einen Teil des Gotteshauses. Der dreischiffige Innenraum ist im Wesentlichen noch frühgotisch und stammt aus dem 13. Jh. Unter dem Chor befindet sich die Krypta, der älteste Teil der Kirche. Die kunstvolle *Porta speciosa*, das Südportal, verbindet Kirche und spätgotischen Kreuzgang.

Eine besondere Sehenswürdigkeit ist die **Bibliothek** des Klosters (1824–36). Rund 360 000 Bände bewahren die eleganten Bücherschränke aus Kirschbaumholz im Prunksaal. Der Bestand wurde nach 1802 völlig neu aufgebaut und umfasst u. a. eine lateinische Bibel aus dem 13. Jh. sowie 230 Wiegendrucke (Zutritt nur mit Führung, Juni–Sept. tgl. 9–17, April–Mai u. Okt. Di–So 9–16 Uhr, sonst Di–So 10–15 Uhr; deutsche Führungen: April–Okt. 11 und 13 Uhr).

Busse: Verbindungen ins Dorf und nach Győr.

Nordtransdanubien

Atlas: S. 231

Richtung Tata

Ungarn-Atlas: S. 231, E2
Östlich von Győr erstrecken sich die Ausläufer der Kleinen Tiefebene. Mitten in dieser flachen Landschaft siedelte Kaiser Joseph II. 1789 in **Bábolna** ein königliches Gestüt an, um die Pferdezucht zu fördern. Bekannt wurde Bábolna im 19. Jh. durch die Araberzucht. Der Pferdekult geht so weit, dass es einen eigenen Friedhof für die berühmteren Pferde gibt. Der erste Araber, Shagya, bekam sogar ein Denkmal. Ein Museum führt in die Geschichte der hiesigen Pferdezucht ein (Besichtigungen: tgl. 9–15 Uhr).

Im 19. Jh. entstand in **Komárom** die größte Verteidigungsanlage der Donaumonarchie. Allein die schieren Ausmaße der Festung Monostor beeindrucken bereits (Dunapart, Mitte März–Okt. tgl. 9–17 Uhr).

Der kleine Ort **Kocs** (sprich: kotsch) verdankt seine Bekanntheit einer Erfindung. Im 15. Jh. wurde hier erstmals für König Matthias ein Gefährt entworfen, das bis heute nach seinem Ursprungsort ›Kutsche‹ heißt.

Tata

Tata wird durch seine Seen geprägt, der größte ist der schon im Mittelalter aufgestaute **Öreg-tó (Alter See)**. Die Stadt am Rand der Gerecse-Berge war schon zu Zeiten der Kelten besiedelt.

Bedeutendstes Bauwerk ist die **Burg** am Seeufer, deren Vorläufer wahrscheinlich im 14. Jh. entstand. Im 18. Jh. gelangte sie in den Besitz der Esterházys. Heute beherbergt sie das **Kuny Domokos Múzeum** mit keltischen und römischen Funden, einer Ausstellung zur Geschichte der Esterházys sowie zur Töpferei in Tata. Dazu kommt ein super gelegenes Café. Die Loggia mit dem tollen Seeblick verströmt mediterranes Flair (Mitte April–Mitte Okt. Di–So 10–18, sonst Di–So 10–16 Uhr).

Südlich der Burg steht am Seeufer Schloss Esterházy, das 1764–69 von Jakob Fellner erbaut wurde. Auch die **Pfarrkirche** auf dem Iskola tér ist ein Werk Fellners. Er vollendete die Arbeit von Franz Anton Pilgram.

Nicht von ungefähr heißt der Aussichtsturm auf dem Kalvarienberg **Fellner Jakab kilátó**. Der 41 m hohe Turm bietet bei schönem Wetter einen herrlichen Panoramablick über Tata, den Öreg-tó und die Umgebung (Mai–Sept. tgl. 9–17 Uhr).

Eremitage Majk

Ungarn-Atlas: S. 231, E3
Die außergewöhnliche Einsiedelei bei Oroszlány wurde 1733 von József Esterházy als Kamaldulenser-Kloster gegründet. Franz Anton Pilgram und Jakob Fellner waren die Architekten. Im heutigen Innenhof stand ursprünglich eine dreischiffige Kirche, von der nur der Turm erhalten ist. Adlige Familien stifteten die 17 Häuser für die zum Schweigen verpflichteten Mönche. Deshalb hatten jede ›Zelle‹ eine eigene Kapelle (Besichtigung stündlich mit Führung).

Atlas: S. 231

Nach Tatabanya

Nördlich der Burg treffen wir am Seeufer auf die **Cifra-Mühle** aus dem späten 16. Jh. An der Promenade sind links am Zaun so genannte Liebesschlösser angebracht. Die Schlösser sollen von Liebespaaren als Treuebeweis im See versenkt worden sein.

In der Nepomucenus-Mühle aus dem 18. Jh. ist das **Ungarndeutsche Museum (Német Nemzetiségi Múzeum)** untergebracht. Hier wird die lange Geschichte der deutschen Besiedlung in Ungarn nachgezeichnet. Die Abteilungen zum 19. und 20. Jh. rücken die Ungarndeutschen allerdings recht einseitig in ein positives Licht (April–Okt. Di–So 10–18 Uhr).

Nach Tatabanya

Ungarn-Atlas: S. 231, F2
Die Kleine Tiefebene wird im Osten von den zwei bewaldeten Mittelgebirgszügen Gerecse und Vértes begrenzt. In **Vértesszőlős** fand man bis zu 500 000 Jahre alte Spuren von Urmenschen, darunter 300 000 Jahre alte Fußabdrücke. Das Freilichtmuseum (Szabadtéri Múzeum) oberhalb des Ortes zeigt die Fundorte. Viel zu sehen ist allerdings nicht (Múzeum utca, April–Okt. Di–Fr 10–15, Sa–So 10–17 Uhr).

Über den Plattenbauten der ehemaligen Industriestadt **Tatabánya** schwingt der mythische Turul-Vogel mächtig seine Flügel. Einer Sage nach ist er der Stammvater der Magyaren. der Fürst Árpád ins ›gelobte Land‹ Ungarn führte. Gyula Donáth schuf die Plastik 1907, nachdem er bereits in der Budaer Burg einen Turul geschaffen hatte. Vom Parkplatz führt ein kurzer Waldspaziergang zur Kalksteinhöhle Szelim-barlang und durch sie hindurch. Vom Aussichtsturm auf dem Csúcsoshegy bietet sich ein herrlicher Blick.

Tourinform: Ady Endre út 9, 2890 Tata, Tel./Fax (06) 34/58 60 45, kom arom-m@tourinform.hu, www.tata.hu.

Hotel Arnold: Erzsébet királyné tér 8, Tel. (06) 34/58 80 28, Fax 48 25 30, www.hotels.hu/arnold. Schöne, moderne Zimmer beim Englischen Garten; sicheres Parken und großes Frühstücksbüfett inklusive. DZ 9800–12 800 HUF.
Mónika Panzió: Tópart sétány 9, Tel./Fax (06) 34/38 32 08, www.hotels.hu/monika panzio. Nette Pension unmittelbar am Seeufer. Gartenterrasse und im Sommer Radverleih. DZ ab 8000 HUF.
Camping:
Fényes Kemping: Fényes Fürdő, Tel./Fax (06) 34/48 12 08, www.fenyesfurdo.hu, Mai–Sept. Auch Sommerhütten und eigenes Freibad.

Ötösfogat Étterem: Bábolna, Mészáros út 16, Tel. (06) 34/56 93 94, tgl. 11.30–22 Uhr. Im gediegen gestalteten ehemaligen Offizierskasino des Gestüts kann man hervorragend und günstig speisen. Ca. 800–1500 HUF.
Tóparti halászcsárda: Tata, Tópart utca 10, Tel. (06) 34/38 01 36, Juni–Sept. tgl. 12–22, sonst Di–So 12–22 Uhr. Einfaches Restaurant am Seeufer mit einem netten Biergarten. Die Speisen sind deftig ungarisch in der Fischerscharda. Hauptgerichte ca. 1000–2000 HUF.

Züge in Tata vom Bahnhof Vasút utca nach Budapest und Győr.
Busse ab Május 1. utca z. B. nach Esztergom und Székesfehérvár.

Nordtransdanubien

Atlas: S. 237

RUND UM DEN BALATON

Das ›Ungarische Meer‹ ist Ungarns beliebtestes Feriengebiet. Seichtes, warmes Wasser lockt die Badeurlauber. Die Region rund um den Balaton (Plattensee) bietet zudem herrliche Thermalseen, bewaldetes Hügelland, historische Städte und romantische Burgen. Für das leibliche Wohl sorgen die kräftigen Weine sowie die leckeren Fischgerichte. Auch für Aktivurlauber gibt es zahlreiche Angebote.

Veszprém und Hoch-Bakony

Ungarn-Atlas: S. 237, E1

Mit seiner malerischen Altstadt ist Veszprém eines der schönsten Reiseziele im Norden des Balaton. Die Burg mit den wichtigsten Sehenswürdigkeiten zieht sich über einen schmalen Hügelrücken und bewahrt den Charme des barocken Wiederaufbaus nach den Türkenkriegen. Besonders abends kann ein Spaziergang durch die kleine Altstadt sehr stimmungsvoll sein.

Die Geschichte Veszpréms ist eng mit den Anfängen des ungarischen Staates verbunden. Großfürst Géza (972–997) schenkte die Siedlung seiner Frau Sarolta. Gézas Sohn Stephan I. setzte als König diese Tradition fort – daher heißt Veszprém auch ›Stadt der Königinnen‹. Bereits 1001 wurde die Siedlung zum Sitz eines Bischofs, und es war bis 1918 ein Vorrecht der Veszprémer Bischöfe, die Königinnen krönen zu dürfen.

Eine Blütezeit erlebte die Stadt im späten Mittelalter, bevor sie Mitte des 16. Jh. während der Türkenkriege in den hart umkämpften Grenzbereich geriet und oftmals den Besitzer wechselte. Im 18. Jh. wurde Veszprém im Barockstil wieder aufgebaut und ist heute mit 64 000 Einwohnern die größte Stadt im Norden des Balaton.

Am eleganten **Óváros tér** (Altstadtplatz) beginnt der Aufstieg zur Burg. Gleich links hinter dem Burgtor sind im **Künstlerhaus Művészetek háza** eine Reihe von sehenswerten Galerien untergebracht, darunter die des berühmten Budapester Schuhmachers László Vass. Der **Feuerturm** diente seit dem 13. Jh. der Stadtverteidigung. Heute gewährt er den besten Blick über die Stadt (Di–So 10–18 Uhr).

Die **Vár utca** (Burggasse) führt zum zentralen Platz des beschaulichen Burgviertels mit der spätbarocken Dreifaltigkeitssäule. Dahinter ragt der **St.-Michaels-Dom** empor, dessen Bau noch auf Königin Gisela zurückgeht. In der mehrfach umgestalteten Kirche wurden u. a. einige Königinnen begraben. Die Krypta ist noch gotisch, während der Hauptteil der Kirche 1910 neoromanisch umgebaut wurde.

In der **Giselakapelle** aus dem 13. Jh. sind neben dem gotischen Rippengewölbe wunderbare byzantinische Fresken erhalten (Mai–Aug. tgl. 9–17.30 Uhr). Im 18. Jh. integrierte Jakob Fellner die Kapelle in das herrschaftliche Palais des Erzbischofs. Im **Königin Gisela Museum (Gizella kiralyné múzeum)** sind kirchliche Sammlungen untergebracht, u. a. eine Jesus-Keramik der Firma Zsolnay (Mai–Aug. tgl. 9–17 Uhr).

Am Ende der Vár utca blicken König Stephan und seine Frau Gisela auf ihre Stadt. Die später selig gesprochene Königin ging nach dem Tod ihres Mannes als Äbtissin nach Passau, wo sie auch starb. Von der Aussichtsplattform mit den Skulpturen des Königspaares bietet sich ein schöner Blick über die malerische Unterstadt.

Nach Nagyvázsony

Ungarn-Atlas: S. 237, D1

Bei Nemesvámos 7 km südlich von Veszprém liegen die Reste der **Römervilla von Balácapuszta** aus dem 1.–4. Jh. mit ihren wunderbaren Bodenmosaiken (Mai–Sept. Di–So 10–18 Uhr).

Die Kinizsi-Burg in **Nagyvázsony** 24 km westlich geht auf einen Müllerburschen namens Pál Kinizsi zurück. Der Legende nach reichte er König Matthias einen Becher Wein auf einem Mühlstein. Der König war angesichts dieser Kraft sehr beeindruckt und machte Kinizsi zu einem seiner Heer-

Das Burgviertel von Veszprém liegt auf einem Hügelrücken

Rund um den Balaton

Atlas: S. 231

Abendstimmung am Balaton

führer. Prompt gewann der eine Schlacht gegen die Türken und bekam daraufhin die Burg geschenkt. Der Wehrturm ist heute noch bestens erhalten und dient als stilgerechte Kulisse für mittelalterliche Ritterspiele (April–Okt. tgl. 9–17 Uhr).

Herend

Ungarn-Atlas: S. 231, D4
Herend 15 km westlich von Veszprém ist für seine **Porzellanmanufaktur** (s. S. 80) weltberühmt. Schaumanufaktur, Museum, Werksladen, Café und Restaurant machen den Besuch rundum interessant (Kossuth Lajos utca 140, www.porcelanium.com, April–Okt. tgl. 9–17.30, sonst Di–Sa 9–16.30 Uhr).

Der Hoch-Bakony

Ungarn-Atlas: S. 231, D3
In den bewaldeten Bergen des Hoch-Bakony (Magas Bakony) fasziniert die natürliche Abgeschiedenheit mancher Täler. Höchste Erhebung ist der 709 m hohe Kőris-hegy.

Der schönste Ort, **Bakonybél**, ist von mächtigen Wäldern umgeben. Schon 1023 schuf sich Bischof Gellért, Chefmissionar von König Stephan I., hier eine Einsiedelei. Die barocke Mauritiuskirche (1754–58) mit dem Benediktinerkloster erinnert an die kirchliche Geschichte. Das Dorfmuseum (Tájház) zeigt zwei typische Wohnhäuser aus dem 19. Jh. (April–Nov. Di–So 10–16 Uhr).

Auch **Zirc** ist seit dem 12. Jh. ein religiöses Zentrum, als Zisterzienser hier eine Abtei errichteten. Die Abteikirche ist für ihre prächtigen Fresken bekannt sowie für das Hauptaltarbild von Franz Anton Maulbertsch. Die ›Marmor‹-Säulen sind übrigens aus Holz.

Wenig bekannt ist die Antal-Reguly-Bibliothek. Allein im beeindruckenden Prunksaal sind 35 000 Bände untergebracht. Das kassettenförmige Sternen-Deckengewölbe ist eine Besonderheit (Di–So 10–12, 14–16 Uhr). Entspannung findet man im benachbarten Park des Arboretum (Mai–Sept. Di–So 9–17, März–April, Okt.–Nov. Di–So 9–16 Uhr).

Veszprém/Hoch-Bakony

Nördlich von Zirc erhebt sich auf einem Hügelrücken die mächtige Ruine der Burg **Csesznek**. Sie dient im Sommer als Freilichtbühne.

Tourinform: Vár utca 4, 8200 Veszprém, Tel./Fax (06) 88/40 45 48, veszprém@tourinform.hu, www.veszprem.hu.

Diana Fogadó: József Attila utca 22, Tel. (06) 88/42 10 61, Fax 56 73 50. Solide Unterkunft und ansprechendes Restaurant im Westen der Stadt. DZ 8900 HUF.
Hegyalja Vendégház: Bakonybél, Széchenyi utca 10, Tel. (06) 88/46 12 14, www.extra.hu/hegyaljapanzio (Schlüssel: Pápai utca 50). Sehr sympathisches Apartmenthaus mit drei komfortablen Wohneinheiten am Dorfrand. Im schönen Garten Grillmöglichkeit. DZ 5000 HUF (kein Frühstück).

Villa Medici: Kittenberger Kálmán utca 11, Tel./Fax (06) 88/59 00 70, www.villamedici.hu. Das elegante Medici liegt direkt am Zoo. Das 4-Sterne-Hotel garantiert einen Aufenthalt mit Stil, und das Restaurant zählt zu den besten Ungarns. DZ 18 400–19 500 HUF, Hauptgerichte ca. 2200–3300 HUF.

Apicius Étterem és Kávézó: Herend, Kossuth Lajos utca 140, Tel. (06) 88/52 32 35, Restaurant Di–Sa 12–20, So 12–15, Café 9–18 Uhr (an Öff-

Rund um den Balaton

PORZELLAN FÜR KAISER UND KÖNIGE

Queen Victoria und Kaiserin Sisi gehörten zu den bekanntesten Kunden. Selbst nach Russland und Persien wurden kostbare Porzellanwaren geliefert, denn der Name Herend bürgte schon im 19. Jh. für erlesene Qualität. Bis heute steht er für eine der berühmtesten Porzellanmanufakturen Mitteleuropas. Gegründet 1826 von Vince Stingl erreichte die Manufaktur unter seinem Nachfolger Mór Fischer Weltruhm. Gute Beziehungen zur Familie Rothschild und zum Fürstenhaus Esterházy sicherten die Finanzierung und den Zugang zum europäischen Hochadel. Besonders beliebt waren damals chinesische und fernöstliche Motive.

An der aufwändigen Handfertigung hat sich bis heute nichts geändert. In einer kleinen Schaumanufaktur kann man den Facharbeiterinnen über die Schulter schauen, wie sie die wertvollen Stücke durch ihre Hände gleiten lassen und akribisch nach den Vorlagen bearbeiten. Die 1992/93 wieder privatisierte Firma beschäftigt heute rund 200 Töpfer und 600 Maler, die auf ihrem Gebiet wahre Spezialisten sind. Im Laufe der Jahre haben sich über 2000 verschiedene Designs angesammelt, und es werden sogar besondere Kundenwünsche berücksichtigt. Diese Exklusivität schlägt sich natürlich im Preis nieder. Das gegenüberliegende Museum stellt besonders herrliche Kunstwerke aus den verschiedenen Epochen der Herender Porzellanfertigung aus.

Im Café ist der *eszpresszó* aus den hauseigenen Porzellantassen inzwischen längst nicht mehr nur Kaisern und Königen vorbehalten (Öffnungszeiten s. S. 78).

nungstagen der Manufaktur, s. S. 78). Einmal wie ein Kaiser von Herend-Porzellan essen und das von einer kleinen, aber feinen Speisekarte. Für kürzere Pausen ist das geschmackvolle Café genau richtig. Rund 2000–3600 HUF.

Sörpince: Kossuth utca 5, Mo 10–24, Di–Do 10–2, Fr 10–4, Sa 16–4, So 16–24 Uhr. Im Sommer hat der nette ›Bierkeller‹ auch draußen Tische – immer gut besucht.

Gisela-Tage: Anfang Mai gibt es ein großes Festival mit Folkloreumzügen, Kunstmarkt, Konzerten und Feuerwerk. Infos: www.vmk.veszprem.hu.

Zoo: Kittenberger Kálmán utca 17, Mai–Sept. 9–18, April/Okt. 9–17, sonst 9–15 Uhr.
Wandern: Beliebtes Ziel für eine Tageswanderung ist der **Kőris-hegy** bei Bakonybél. Ausgeschildert ist der **Lehrpfad Boroszlán körút**, der 4 km nördlich von Bakonybél am Hotel Odvaskő beginnt. Zwei Routen (7 bzw. 2 km) führen durch den Wald, u. a. zur Odvaskő-Höhle.

Züge nach Budapest, Székesfehérvár, Herend und Szombathely.
Busse ab Busbahnhof Jutasi út u. a. nach Siófok, Balatonfüred, Herend, Tapolca, Zirc, Bakonybél und Győr.

Balatonfüred und Tihany

Ungarn-Atlas: S. 237, D/E1
Die ›Balaton-Riviera‹ zwischen Balatonalmádi und Balatonfüred ist noch recht dörflich geprägt. Die grünen Hänge mit zahlreichen Weinbergen reichen bis an den See heran und das Hinterland ist ideal für ausgedehnte Wandertouren.

Der schon im 19. Jh. beliebte Kurort **Balatonfüred** hat sich etwas vom Flair der Belle Époque erhalten. Rund um den Gyógy tér sind mit dem Kurpavillon, dem Pantheon und dem Horváth-Haus die wichtigsten Gebäude der mondänen Glanzzeit erhalten geblieben.

Durch die gemütliche Blaha Lujza utca kommt man zum Jókai Múzeum im ehemaligen Sommerhaus des Romanciers Mór Jókai (Honvéd utca 1, Mai–Okt. Di–So 10–18, Juli–Aug. Di–So 10–20 Uhr).

Der Hafen mit der herrlichen Tagore-Promenade lädt zu einem Spaziergang ein. Benannt wurde die Platanen-Allee nach dem indischen Dichter und Nobelpreisträger Rabindranath Tagore. Dieser pflanzte nach seiner Genesung im Kurpark eine Linde, was für andere prominente Gäste mittlerweile zur Tradition wurde. Besonders abends verbreiten die Promenade und der Hafen eine wunderbare Stimmung, wenn in der Ferne die Lichter von Tihany aufleuchten.

Mächtig erhebt sich die Benediktiner-Abtei (Bencés Apátság) von **Tihany** über dem See. In der Gründungsurkunde von 1055 finden sich die ältesten erhaltenen ungarischen Sprachelemente. Die Krypta ist ein weiteres seltenes Relikt des 11. Jh. Die Fresken des barock umgestalteten Kirchenschiffes stammen u. a. von Károly Lotz und sind erst 100 Jahre alt. 1921 setzte man in der Abtei den ehemaligen Habsburger-König Karl IV.

Rund um den Balaton

Atlas: S. 237

> ## Töpferprodukte
>
> Von den unzähligen Souvenirständen hebt sich die Töpferei von Lídia Barth in Tihany wohltuend ab. Die vorwiegend blau-weißen Produkte sind klassisch schön und sehr dekorativ! (Töpferhaus/Fazekasház), Batthyány utca 26, Sommer tgl. 8–20, sonst tgl. 8–16 Uhr).

nach seinem gescheiterten Putschversuch fest, bevor man ihn ins Exil schickte.

Malerisch ist vor allem die Promenade Pisky sétány. Von hier schweift der Blick weit über das Ostbecken des Balaton. Die traditionellen reetgedeckten Bauern- und Fischerhäuser von Tihany werden im Freilichtmuseum Skanzen bewahrt (Mai–Okt. Di–So 10–18, im Sommer 10–20 Uhr). Das Babamúzeum in der Visszhang utca beherbergt eine Sammlung von Puppen in Volkstrachten (Ostern–Okt. tgl. 10–17 Uhr).

Im Sommer ist der Ort häufig sehr gut besucht. Die restliche Halbinsel hingegen ist ein wahres Naturparadies. Vom Inneren See (Belső-tó) bietet sich der schönste Panoramablick auf den Ort Tihany.

Tourinform: Petőfi Sándor utca 68, 8230 Balatonfüred, Tel. (06) 87/58 04 80, Fax 58 04 81, balatonfured@tourinform.hu, www.balatonfured.hu. Im Juni–Aug.
Kossuth Lajos utca 20, 8237 Tihany, Tel./Fax (06) 87/44 88 04, tihany@tourinform.hu, www.tihany.hu.

Club Tihany: Tihany, Rév utca 3, Tel. (06) 87/53 85 00, Fax 44 80 83, www.clubtihany.hu. Das riesige Ferienzentrum am Anleger der Autofähre bietet ein großes Hotel, viele Bungalows, ein Kurzentrum und natürlich einen eigenen Strand. DZ 80–110 € (nur Halbpension).
Blaha Lujza Hotel és Étterem: Balatonfüred, Blaha Lujza utca 4, Tel. (06) 87/58 12 10, Fax 58 12 19, www.hotelblaha.hu. Stilvoll eingerichtete Zimmer mit WC, Minibar und Fernsehen. Sehr angenehmes Hotel im Stadtzentrum mit exzellentem Restaurant. DZ ab 10 000 HUF, Hauptgerichte ca. 900–2800 HUF.
Haus Emma: Balatonfüred, Park utca 9, Tel. (06) 87/34 36 02. Ruhige Lage am Kiserdő Park. Gastwirtin Frau Gyenge spricht gut Deutsch. DZ 5000 HUF (ohne Frühstück).
Camping:
Füred Kemping: Balatonfüred, Széchenyi utca 24, Tel. (06) 87/58 02 41, Fax 58 02 43, www.balatontourist.hu, April–Okt. 940 Stellplätze mit eigenem Erlebnisbad und Wasserski-Anlage.

Koloska Csárda: Balatonfüred, Koloska-völgy (ca. 3 km nordöstlich, ab Balatonarács ausgeschildert), Tel. (06) 87/70 30 37, April–Okt. tgl 11–23 Uhr. Einsam im Wald gelegene Gaststätte mit großem Biergarten. Nach den Wildspezialitäten lockt ein Verdauungsspaziergang durch die reizvolle Umgebung. Ca. 1300–3000 HUF.
Rege Kávézó: Tihany, Kossuth Lajos utca 22, Tel. (06) 87/44 82 80, März–Okt. tgl. 10–20 Uhr. Ohne Zweifel das Café mit dem besten Panoramablick am Balaton! Auf der Terrasse neben der Abtei schmecken die leckeren Kuchen doppelt gut.

Dublin Irish Pub: Balatonfüred, Blaha Lujza utca 9, tgl. 19–2 Uhr. Sehr nette irische Kneipe. Der kleine Bal-

> ### Tal der Künste
>
> Eine Woche lang Ende Juli werden die kleinen Dörfer bei Kapolcs zum Schauplatz des größten Kulturfestivals Ungarns: Theater, Konzerte, Kunsthandwerkermärkte und Ausstellungen sorgen für viel Abwechslung. Die Bewohner und ihre Häuser werden voll integriert, sodass eine einmalige Atmosphäre entsteht. Info: www.kapolcs.hu.

kon ist der beste Platz für einen kühlen Drink.

Anna-Ball: Der letzte Samstag im Juli ist für den Traditionsball (seit 1825) reserviert. Am nächsten Tag gibt es einen bunten Umzug durch die Stadt.

Baden: Östlich des Tagore sétány liegen in Balatonfüred die beiden großen Strandbäder Kisfaludy strand und Eszterházy strand.
Radfahren: Über den Balaton-Radweg schöne Ausflugsmöglichkeiten. Radverleih und Service: Tempo 21, Balatonfüred, Ady Endre utca 52.
Reiten: Ferenc Kötél, Tihany, Kiserdőtelepi út 10, Tel. (06) 87/71 47 47.
Wandern: Von der Gaststätte Koloska (s. o.) führen schöne Wanderwege auf den Tamás-hegy und Richtung Hidegkút. Auf der Halbinsel Tihany führt der **Lóczy-Lehrpfad** zu allen wichtigen Naturdenkmälern der Halbinsel. Dazu zählen ein **Geysir-Feld**, die Erdwälle der 3000 Jahre alten Burg **Óvár** sowie mittelalterliche **Mönchszellen** (Infos: s. Tourinform).

Bahn: regelmäßige Züge von Balatonfüred nach Székesfehérvár, Budapest und Richtung Tapolca.
Bus: ab Castricum tér (Balatonfüred) auch nach Tihany und Veszprém.
Schiff: April–Sept. Linienschiffe zwischen Balatonfüred, Tihany und Siófok. Die einzige Autofähre über den Balaton verkehrt März–Nov. zwischen Tihanyrév und Szántódrév.

Badacsony und das Nordufer

Ungarn-Atlas: S. 237, D1
Auf der Fahrt nach Westen lohnen Abstecher in das hügelige Hinterland, wo man in unberührter Natur Ruhe tanken kann.

In **Örvényes** steht eine historische Wassermühle (Vízimalom) (Mai–Sept. Di–So 9–16 Uhr), während in **Balatonudvari** die bis zu 200 Jahre alten herzförmigen Grabsteine eine besondere Attraktion sind. Sie gehen angeblich auf einen Steinmetz zurück, der seiner Trauer über die ertrunkene Liebste auf diese Weise Ausdruck verlieh.

Eine Naturoase ist das **Káli-Becken**. Die wenigen Dörfer liegen im Tal-Kessel verstreut, und weite Flächen stehen unter Naturschutz. Eingerahmt wird das Becken von bewaldeten Höhenzügen, die zu Wanderungen einladen. Bei Monoszló erhebt sich der Basaltberg **Hegyestű**, ein Naturdenkmal erster Klasse. Weil der Basalt hier abgebaut wurde, können wir einen seltenen Blick in das Innere eines Vulkankegels werfen. Die vulkanischen Aktivitäten vor mehreren Millionen Jahren haben in der Region eine Vielzahl von Basaltkegeln hinterlassen.

Rund um den Balaton

Atlas: S. 236/237

Seehöhle

Die **Seehöhle Tavasbarlang** in Tapolca ist ein echtes Highlight. Die Karstgrotte war durch den Bauxit-Abbau bereits von der Verlandung bedroht, doch nach der Einstellung des Bergbaus kann man wieder mit einem Stocherkahn durch die Höhlengänge schippern (März–Okt. Di–So 10–17 Uhr). Ein Teil der Höhle wird zu medizinischen Zwecken genutzt.

Salföld ist durch den Meiereihof des Nationalparks Balatoner Oberland bekannt geworden. Hier sind typische ungarische Haustiere zu sehen, und es werden prächtige Reitershows geboten.

Kunstfreunde sollten im Ort **Badacsony** einen Blick in das Egry-József-Múzeum werfen, das Werke des Balaton-Malers ausstellt (Egry József sétány 12, Juli–Aug. 10–20, Mai–Juni und Sept. Di–So 10–18 Uhr). Einmalig ist die Basaltkirche von Badacsonytomaj. An den Hängen des 437 m hohen **Vulkankegels** Badacsony wird seit Jahrhunderten Wein angebaut.

Westlich von Badacsony ragt die mächtige Burgruine von **Szigliget** empor. Die liebliche Halbinsel ist relativ unberührt geblieben.

Tapolca

Ungarn-Atlas: S. 237, D1
Geradezu mediterranes Flair verströmt der **Mühlenteich (Malom-tó)** von Tapolca. Im Sommer sind in einem kleinen Museum Plastiken des Bildhauers László Marton zu sehen (Juni–Aug. tgl 9.30–17.30 Uhr).

Sümeg

Ungarn-Atlas: S. 236, C1
Sümeg wird von seiner weithin sichtbaren **Burgruine** dominiert. Mitte des 16. Jh. zogen die Bischöfe von Veszprém hierhin, weil der Bischofssitz in den Türkenkriegen zu unsicher geworden war. Die Sümeger Burg wurde zu Anfang des 18. Jh. von den Habsburgern gesprengt, weil sie Angst vor Aufständischen hatten. Heute werden unterhalb der Burg mittelalterliche Reiterspiele veranstaltet (Mai–Sept. 9–18, sonst 9–17 Uhr).

Im sehr beschaulichen Stadtzentrum ist vor allem die **Pfarrkirche Christi Himmelfahrt** am Deák Ferenc tér sehenswert. Die Altarbilder von Franz Anton Maulbertsch zählen zu den schönsten Barockgemälden in Ungarn.

Tourinform: Park utca 6, 8261 Badacsony, Tel./Fax (06) 87/43 10 46, badacsonytomaj@tourinform.hu, www.badacsony.hu.

Káli Art Inn: Köveskál, Fő utca 8, Tel. (06) 87/70 60 90, Fax 46 84 12, www.kali-art.com. Eine wahre Oase für Naturliebhaber und Künstler, denen kostenlose Staffeleien und Pinsel zur Verfügung stehen. Der Garten ist eine Pracht, und im ehemaligen Offizierskasino wird anspruchsvolles Essen serviert. DZ 88 € (ohne Frühstück).
Hotel Neptun: Badacsony, Római út 156, Tel. (06) 87/43 12 93, Fax 47 15 97, www.borbaratok.hu. Familie Nagy betreibt die gelungene Mischung aus Pen-

Sümeg

Atlas: S. 236/237

sion, Touristenherberge und Gartenlokal mit viel Elan. DZ 4000–7000 HUF (plus Frühstück).
Camping:
Badacsony Kemping: An der Landstraße 71 in Badacsony, Tel. (06) 87/53 10 41, Fax 53 10 42, www.balatontourist.hu, Mitte Mai–Mitte Sept. Eigener Strand und Anleger, auch Bungalows.

Szent Orbán Borház és Étterem: Badacsony, Szegedy Róza utca 22, Tel. (06) 87/43 13 82, ganzjährig tgl. 12–22 Uhr. Huba Szeremley hat sein Weingut zu einem der führenden der Region entwickelt. Das Restaurant serviert zu seinen Weinen exzellente Speisen. Entspannend ist auch der herrliche Ausblick von der Terrasse. Ca. 1400–2400 HUF.
Borbarátok Vendéglő és Panzió: Badacsony, Római út 78, Tel. (06) 87/47 10 00, Ostern–Dez. tgl 11.30–22 Uhr. Die abwechslungsreiche Küche der Nagys bringt Reh-, Hirsch-, Fasanen- und Fischgerichte auf den Teller. Spezialität ist der Wermutwein *(ürmös),* der nach dem Originalrezept von Róza Szegedy hergestellt wird. Ca. 800–2000 HUF (z. T. mit Beilagen).

Wein: Németh Pince, Badacsony, Római út 127, tgl. 10–21 Uhr. Bei István Németh kann man seltene Weine wie den Lämmerschwanz (*juhfark*) und den Budaer Grünen (*budai zöld*) probieren und kaufen. Seine Weine wurden mehrfach prämiert.

Baden: zahlreiche kleine Badestrände.
Wandern: Das Káli-Becken und seine bewaldeten Randberge sind ein vorzügliches Wandergebiet. Eine Besteigung des steil aufragenden Vulkanberges Badacsony wird mit einem grandiosen Panoramablick vom Ranolder-Kreuz und vom Kisfaludy-Aussichtsturm belohnt.
Radfahren: Vor allem die flache Ebene des Káli-Beckens ist ideal zum Radfahren und wurde durch eine Alternativroute in

Weithin sichtbar thront die Burgruine über Sümeg

Rund um den Balaton

Atlas: S. 236

den Balaton-Fernradweg integriert. Radverleih: Miditourist, Badacsony, Park utca 53. Salföld Major (Meiereihof), Salföld.
Reiten: Im Káli-Becken bieten mehrere Reiterhöfe ihre Dienste an, u. a. der Meiereihof in Salföld.

Bahn: Entlang des Nordufers Züge nach Balatonfüred und Tapolca, dort Anschlüsse nach Sümeg und Keszthely.
Busse fahren ebenfalls am Nordufer entlang. Das Káli-Becken ist durch einige Busverbindungen angeschlossen.
Schiffe: Über den See verkehren Linienschiffe, vor allem zwischen Badacsony und Fonyód. Wunderbare Schiffstouren nach Szigliget.

Keszthely und Hévíz

Ungarn-Atlas: S. 236, C1
Am Westufer des Sees versprüht **Keszthely** (23 000 Einw.) urbanes Flair. Hauptsehenswürdigkeit ist das Festetics-Schloss. Der Adelsfamilie gehörte lange Zeit die ganze Stadt, und sie baute sich bis 1887 ein prächtiges Schloss mit 101 Räumen. Beeindruckend ist die Helikon-Bibliothek mit rund 100 000 Bänden. Im Marstall ist ein sehr schönes Kutschenmuseum untergebracht (Kastély utca 1, Mai tgl. 9–18, Juni-Aug. So–Di, Do 9–18, Mi, Fr, Sa 9–18 und 21.30–24 Uhr, Sept.–April Di–So 10–17 Uhr,).

An der belebten Fußgängerzone Kossuth Lajos utca zeigt das Puppenmuseum (Babamúzeum) ca. 500 Porzellanpuppen in ungarischen Volkstrachten, während das Schneckenparlament (Csiga Parlament) eine originalgetreue Kopie des ungarischen Parlamentsgebäudes ist – aus 4,5 Mio. Schneckenhäusern! Die Arbeit dauerte gut 14 Jahre (beide tgl. 10–18 Uhr).

Die gotische Pfarrkirche am Fő tér stammt aus dem 14. Jh. und fällt durch ihre wunderbaren Fresken aus dem 14./15. Jh. auf. Im Georgikon steht die Geschichte der Landwirtschaft im Vordergrund. Das Georgikon war 1797 die erste Landwirtschaftsschule Europas.

Hévíz, der berühmteste Kurort Ungarns (6000 Einw.), ist durch seinen Thermalsee weit über die Landesgrenzen hinaus bekannt (s. Tippkasten). Im Vorort **Egregy** bestimmt jedoch der Weinanbau das Bild und eine lange Reihe von stimmungsvollen Weinkneipen lädt zu einem fröhlichen Schoppen ein. Die romanische Kirche am Ende der Dombföldi utca stammt aus dem 13. Jh.

Badespaß de luxe

Europas größter Thermalwassersee in Hévíz ist ein Naturwunder. Seit mehr als 200 Jahren dient der 44 000 m² große See dem Kurbetrieb. Selbst im Winter sinkt die Wassertemperatur im See nicht unter 25° C. Im Sommer werden es gar bis zu 36° C. Die ›indische rote Lotusblume‹ und die weiße ›Thermal-Seerose‹ verleihen dem See im Sommer einen zusätzlichen Schuss Exotik – ein erholsames Bad sollte man sich nicht entgehen lassen! (Tófürdő, Dr. Schulhof Vilmos sétány 1, Sommer 8.30–17, Winter 8.30–16 Uhr)

Atlas: S. 236

Die Őrség

Umgebung

Bei **Zalaszántó** wurde 1993 ein buddhistischer **Stupa** errichtet. In Anwesenheit des Dalai Lama wurde mitten im Wald das erste Projekt für einen ›Park der Menschenrechte‹ verwirklicht.

Tourinform: Kossuth Lajos utca 28, 8360 Keszthely, Tel./Fax (06) 83/31 41 44, keszthely@tourinform.hu, www.keszthely.hu.

Rogner Hotel & Spa Lotus Therme: Hévíz, Lótuszvirág utca, Tel. (06) 83/50 05 00, Fax 50 05 91, www.lotustherme.com. Zu der luxuriösen Vier-Sterne-Anlage gehören eigene Thermalpools, ein Golf- und ein Tennisplatz. Es werden verschiedene Wellness-Pakete angeboten. DZ 110–150 €.
Iris Vendéghaz: Keszthely, Apát utca 17, Tel./Fax (06) 83/31 10 14. Sehr freundliche Pension mit schönen hellen Zimmern in ruhiger Lage. Die Pension ist auf mehrere Häuser verteilt. DZ 26–29 €.
Camping:
Kurcamping Castrum: Hévíz, Tópart (Ady Endre utca), Tel. (06) 83/34 31 98, Fax 31 44 22, www.castrum-group.hu, April–Okt. 250 schöne Stellplätze unweit des Thermalsees. Auch 11 DZ in eigener Pension.

St.-Hubertus Étterem és Panzió: Hévíz, Móricz Zsigmond utca 8, Tel./Fax (06) 83/34 05 02, tgl. 11–22 Uhr. Das sehr populäre Restaurant konzentriert sich auf Wildgerichte, bietet aber auch leckeren Fisch und vegetarische Gerichte an. Im Haus befindet sich eine kleine und günstige Pension. Ca. 900–1800 HUF (z. T. mit Beilagen).
Hungária Gösser Söröző: Keszthely, Kossuth Lajos utca 35, Tel. (06) 83/31 22 65, tgl. 10–22 Uhr. Das beliebte Restaurant am Fő tér bietet ungarische Küche mit einer Salatbar zur Selbstbedienung. Spezialität ist ›Hirschrücken nach Waldmeisterart‹. Hauptgerichte ca. 1000–2000 HUF.
Hévíz-Egregy: In dem Ort reiht sich Weinlokal an Weinlokal. Die Dombföldi utca ist mit ihren rustikalen Weinstuben der ›Egregyer Grinzing‹. Zum Wein gibt es den großartigen Ausblick über die Weinhänge gratis. Nett ist z. B. Anna's Borozó.

Balaton-Festival: Mai. Den ganzen Monat über breites Kulturprogramm, gleich am Anfang großes Feuerwerk.

Reiten: Reiterpension, Hévíz, Lótuszvirág utca (hinter dem Rogner Hotel), Tel./Fax (06) 83/34 08 51. Unterricht, Kutschfahrten und modern eingerichtete Pension.

Flüge nach Deutschland ab Balaton-West-Airport bei Sármellék (14 km südlich).
Züge ab Keszthely Richtung Siófok, Budapest und Tapolca. Im Sommer dampft ein **Nostalgiezug** nach Révfülöp.
Busse auch nach Hévíz, Balatonfüred, und Zalakaros, von Hévíz auch nach Sümeg.
Schiffe: im Sommer nach Badacsony.

Ausflug in die Őrség

Ungarn-Atlas: S. 236, B1
Die Őrség (dt. ›Wart/Wacht‹) wurde von den Magyaren mit treuen Grenzwächtern besiedelt, die den Schutz des Reiches zu garantieren hatten. U. a. wurden die Wenden hier angesiedelt. Lange Zeit genossen die Bewohner der Region eine privilegierte Stellung. 2002 wurde ein 440 km^2 großes Gebiet zum Nationalpark erklärt, um die urwüchsi-

Rund um den Balaton

Atlas: S. 236

ge Natur im Dreiländereck zu Österreich und Slowenien besser schützen zu können. Ausgedehnte Wälder, flache Hügelrücken und beschauliche Dörfer bestimmen das Bild.

Eine Sehenswürdigkeit der Őrség sind die hölzernen Glockenstühle (*harangláb*). Deren schönster steht in **Pankasz** auf einer Wiese. Er datiert bereits von 1755. Etwas außerhalb von **Szalafő** wurden in Pityerszer einige Bauernhäuser als Freilichtmuseum hergerichtet, um die einstige Wohnweise zu demonstrieren. Der Namensteil ›-szer‹ deutet übrigens auf die traditionelle Besiedlungsform hin: Die ›szers‹ wurden auf den Hügelrücken errichtet, weil das flachere Gelände zu morastig war.

Im Grenzort **Szentgotthárd** gelang es 1664 einem österreichischen Heer, einen türkischen Angriff abzuwehren. In der Barockkirche am Széll Kálmán tér schufen Stephan Dorffmeister und Sohn ein Kuppelgemälde, auf dem sie die Schlacht verewigten. Im **Pável Ágoston Múzeum** steht die Kultur der slowenischen Minderheit der Region im Mittelpunkt. Beachtenswert ist die umfangreiche Töpfereiausstellung (Hunyadi utca 9, April–Nov. Di–So 10–18 Uhr).

Die Töpferkunst ist auch am südlichen Ende der Őrség noch heute ein gefragtes Gewerbe. In **Magyarszombatfa** halten entlang der Hauptstraße rund zehn Töpfer ihre Werkstätten für Besucher geöffnet.

Unbedingt sehenswert ist die idyllisch abseits am Waldrand auf einer Wiese gelegene Kirche von **Velemér** (Ende 13. Jh.) mit wertvollen Fresken von 1377 (Schlüssel Fő utca).

Telehaz: 9941 Őriszentpéter, Városszer 116, Tel./Fax (06) 94/54 80 38, www.orsegitelehaz.hu. Zimmervermittlung, Internet-Café, Kunsthandwerk und Radverleih.

Zsida Termál Panzió: Szentgotthárd, Zöldlomb utca 1, Tel. (06) 94/55 44 44, Fax 55 44 45, www.zsida termal.hu. 2 km südlich gelegene komfortable und sehr ruhige Pension mit großzügigen Zimmern. DZ 9000 HUF.

Berek Halászkert: Bajánsenye, Rákóczi utca 16, Tel. (06) 94/44 41 43, tgl. 11–22 Uhr. In dem populären Fischrestaurant sitzt man auf rustikalen Holzbänken. Nach der Fischsuppe wartet eine ganze Palette von Fischgerichten; oft kehren hier Radfahrergruppen ein.

Radfahren: Das relativ flache Gelände und die wenig befahrenen Straßen sind für Radtouren sehr geeignet. Sogar Abstecher nach Slowenien und Österreich sind möglich (Personalausweis/ Reisepass!). Radverleih: Őriszentpéter, Városszer 116 (Telehaz), Mo–Fr 9–12, 13–17, Sa–So 9–10, 17–18 Uhr.

Bahn: von Körmend nach Szentgotthárd sowie von Zalaegerszeg nach Őriszentpéter.
Busse: Die Linien laufen in Őriszentpéter zusammen.

Kis-Balaton (Kleiner Plattensee)

Ungarn-Atlas: S. 236, C2
Der Kis-Balaton war ursprünglich Teil des großen Sees. Doch im 19. Jh. verlandete das Gebiet durch Wassersenkungen und wurde landwirtschaftlich

genutzt. 1981 begann man den verschwundenen See in Stufen wiederherzustellen, da er als biologische Kläranlage für den Balaton enorm wichtig ist.

Seither hat sich der Kleine Plattensee zu einem wichtigen Rückzugsgebiet für Vögel, Fische und Pflanzen entwickelt. Der größte Teil des Gebietes steht unter Naturschutz und ist seit 1997 Teil des Nationalparks Balatoner Oberland.

Das **Kis-Balaton-ház** westlich von Zalavár informiert über Geschichte und Umwelt der Region (März–Okt. Di–So 9–12, 13–18 Uhr). Betreten darf man das Naturschutzgebiet auf der kleinen Insel **Kányavári-sziget**. Ebenfalls zum Nationalpark gehört das **Büffelreservat Kápolnapuszta** (*Bivaly-rezervátum*). Die indischen Wasserbüffel wälzen sich gern im Schlamm. Sie waren früher als Zugtiere in Ungarn weit verbreitet und werden heute weitergezüchtet, um die Genvielfalt bei Nutztierrassen zu erhalten (Mai–Sept. tgl. 8–20, sonst 8–16 Uhr).

1962 begann in **Zalakaros** ein neues Zeitalter, als statt Öl Thermalwasser aus der Bohrleitung sprudelte. Rund um das moderne Thermalbad entwickelte sich ein adretter Kurort.

Tourinform: Gyógyfürdő tér 10, 8749 Zalakaros, Tel./Fax (06) 93/34 04 21, zalakaros@tourinform.hu, www.zalakaros.hu.

MenDan Thermal Hotel: Zalakaros, Gyógyfürdő tér 8, Tel. (06) 93/54 21 41, Fax 54 22 54, www.mendan.hu. Gehobenes 4-Sterne-Wellness-Hotel mit herrlichem Erlebnis- und Thermalbad. Komfortable Zimmer, der große Massage-Bereich und ein reichhaltiges Frühstück runden das Vergnügen ab – zum Relaxen. DZ 19 500–21 500 HUF.
Ferienwohnungen: großes Angebot in Zalakaros. Infos bei Tourinform.
Camping:
Castrum Camping: 2 km südlich von Zalakaros, Banyavölgyi út 1, Tel. (06) 93/35 86 10, Fax (06) 83/31 44 22, www.castrum-group.hu. Anspruchsvoller Platz mit eigenem Thermalbad und einer Pension.

Maximilian Seehof: Balatonmagyaród, Tel. (06) 93/38 68 09, Mitte März–Mitte Jan., tgl. 12–22 Uhr. Umfangreiche Speisekarte von Fisch über Schwein bis zu Hirschgulasch; modernes Restaurant mit Ferienwohnungen und Campingplatz. Ca. 1100–1400 HUF.

 Thermalbad: Zalakaros, Termál út 4, Sommer tgl. 8.30–19, sonst 9–17.30 Uhr. Thermal- und Erlebnisbad mit Freibad.
Radfahren: Der Kis-Balaton soll in den kommenden Jahren an den Balaton-Radweg angeschlossen werden. Radverleih: MenDan Thermal Hotel (s. o.).

Busse zwischen Zalakaros und Keszthely sowie Zalakaros und Hévíz.

Das Balaton-Südufer

Ungarn-Atlas: S. 237, E1/D2
Ab Balatonmáriafürdő erstreckt sich ein langes Band von Ferienwohnungen bis nach Siófok. Dieser Uferabschnitt des Balaton ist weitgehend flach, und auch der See ist nicht tief. Das macht das Südufer zu einem bevorzugten Urlaubsziel für Familien mit Kindern.

Im Hinterland südlich von Balatonfenyves und Fonyód liegt das ehema-

Rund um den Balaton

Atlas: S. 237

lige Sumpfgebiet **Nagy-berek**, heute z. T. Landschaftsschutzgebiet. Schöne Stickereien kann man am Dorfmuseum (Tájház) in **Buzsák** erwerben. Der Ort ist für diese Volkskunst bekannt.

Ein religiöses Zentrum des Mittelalters war die Benediktinerabtei von **Somogyvár**, deren Ruinen an König Ladislaus I. (1077–95) erinnern, der hier bestattet wurde. Religiosität wird auch im **Krishna-Tal (Krishna-völgy)** von Somogyvámos groß geschrieben. Die 150 Bewohner betreiben ökologischen Landbau und ein vegetarisches Restaurant, gehen aber zumeist außerhalb des Tals einem Beruf nach.

Das József Attila Múzeum in **Balatonszárszó** würdigt den vielleicht wichtigsten ungarischen Dichter des 20. Jh. Attila József (1905–37) verübte am Balaton nach langer Krankheit wahrscheinlich Selbstmord. Er schrieb u. a. ein Gedicht für Thomas Mann, das verboten wurde, weil auch der ungarische Dichter oft gegen den rechten Zeitgeist seiner Tage aneckte (József

Musterbeispiel für den organischen Stil: die evangelische Kirche in Siófok

Attila utca 7, April–Okt. Di–So 10–18, sonst Di–So 10–14 Uhr).

Auf der **Szántódpuszta** kann man sich in die Welt der ungarischen Pferdehirten *(csikós)* entführen lassen. Der ehemalige Meiereihof der Abtei Tihany ist ein schön renovierter Gebäudekomplex. Die Reitershows haben mit dem früheren Leben am Balaton jedoch wenig zu tun. Während das Wort ›Puszta‹ in Ostungarn für die weiten Einödflächen steht, bezeichnet es in Westungarn einen Gesindehof.

Siófok

Ungarn-Atlas: S. 237, E1
Die ›Sommerhauptstadt des Balaton‹ (24 000 Einw.) ist die Hochburg des ungarischen Badetourismus. In der Saison pulsiert hier das Leben.

Berühmtester Sohn von Siófok war Imre (Emmerich) Kálmán (1882–1953). Nach seiner Ausbildung in Budapest feierte er in Wien als Operettenkönig mit ›Die Csárdasfürstin‹ und ›Gräfin Mariza‹ Welterfolge, bevor er vor den Nazis ins Exil nach Amerika flüchten musste. Die Stadt ehrt Kálmán mit dem **Kálmán-Imre-Múzeum** (Kálmán Imre sétány 5, April–Okt. Di–So 9–17, sonst 9–16 Uhr).

Seine Skulptur unter einem Pavillon vor dem Bahnhof wurde von einem anderen bedeutenden Siófoker entworfen, dem Bildhauer **Imre Varga**. Mehrere seiner Skulpturen befinden sich auf dem Fő tér. Ein architektonisches Highlight ist die **evangelische Kirche** im Oulu Park (Fő utca 220). Sie wurde 1990 vom Stararchitekten Imre Makovecz im organischen Stil errichtet und fällt durch das ›Augenportal‹ auf.

Tourinform: Víztorony (Wasserturm), Fő utca/Szabadság tér, 8600 Siófok, Tel. (06) 84/31 53 55, Fax 31 01 17, siofok@tourinform.hu, www.siofok.hu.

Janus Atrium Hotel: Siófok, Fő utca 93–95, Tel. (06) 84/31 25 46, Fax 31 24 32, www.janushotel.hu. Luxuriöses 4-Sterne-Wellness-Hotel, das von Imre Makovecz umgebaut wurde. DZ 24 000–27 400 HUF.
Hotel Real: Balatonföldvár, Liszt Ferenc utca 6, Tel./Fax (06) 84/34 06 54, www.travelport.hu/real. Gepflegtes 3-Sterne-Hotel mit komfortablen Zimmern, im Altbau auch mit Balkon. DZ 9500–14 700 HUF.
Bokréta Panzió: Balatonboglár, Berzsenyi utca 8, Tel./Fax (06) 85/35 35 26. Freundliche Familienpension mit sechs Nichtraucherzimmern. Bei Familie Szekér kann man sich wohlfühlen. DZ 8500–9500 HUF.
Privatunterkünfte u. **Ferienwohnungen:** Zahllose Adressen. Infos bei Tourinform.
Camping:
Autós I. Camping: Zamárdi, Szent István utca, Tel./Fax (06) 84/34 89 31, www.siotour, Mitte Mai–Anf. Sept. Einer der schönsten Campingplätze am See mit herrlichem Blick auf die Halbinsel Tihany. Tretboot- und Surfbrettverleih.

Kistücsök Étterem: Balatonszemes, Bajcsy-Zsilinszky út 25, Tel. (06) 84/36 01 33, ganzjährig, tgl. 11–23 Uhr. Vielleicht das beste Restaurant am Südufer. Auf Lavastein zubereitete Fleischgerichte und Fischspezialitäten wie das ›Balatoner Fischrendezvous‹. Der Weinkeller wird von den besten Winzern Ungarns bestückt. Ca. 800–1800 HUF.
St. Donatus Csárda: Kishegy (4 km südlich von Balatonlelle), Tel. 06 20/968 23 97, Mai–Sept. 12–22 Uhr. Diese zünftige Weinstube auf dem ›Kleinen Hügel‹ verfügt über eine reichhaltige Weinkarte und gute ungarische Küche. Von der Terrasse

Rund um den Balaton

Atlas: S. 237/231

bietet sich ein fantastischer Ausblick über die Weinberge bis zum nördlichen Balatonufer. Hauptgerichte ca. 900–1700 HUF.

Nagystrand: Siófok, Petőfi sétány. *Der* Partystrand am Balaton schlechthin. Im Sommer gibt es auf der Wiese im Coca-Cola Beach House kostenlose Open-Air-Konzerte. Ein Hauch von Ibiza vor dem wunderbaren abendlichen Seepanorama.
Palace Disco und Pizzeria: Siófok-Ezüstpart, Deák Ferenc utca 2, Mitte Mai–Mitte Sept. tgl. 11–5 Uhr. Die größte Disco am Balaton ist der zweite Publikumsmagnet der Stadt.

Folklorefestival Aranykagyló (›Goldene Muschel‹): Siófok, Anfang Juli. Tanzgruppen aus aller Welt sorgen für das kulturelle Highlight der Saison.
BB-Weinlesefest: Balatonboglár, Mitte Aug., Höhepunkt des traditionellen Weinlesefests ist ein bunter folkloristischer Umzug, der wahre Massen anlockt.

Baden: Jeder Ort verfügt über einen oder mehrere Badestrände. Der schönste ist der kostenlose Strand in Zamárdi mit Blick auf Tihany.
Radfahren: gemütliche Touren entlang des Balaton-Radweges oder von Balatonboglár über Szőlősgyörök nach Lengyeltóti im Hinterland. Radverleih: Fredo Tourist, Balatonboglár, Tinódi utca 16, In Siófok im Sommer mehrere Verleihe.
Reiten: Balatonkeresztúr (an der Fernstr. 7), Ryf-Hof Lovaspanzió, Tel. 06 85/47 71 00. Reithof mit Restaurant und Pension.
Wassersport: In Balatonlelle und Balatonfenyves ist Surfen möglich, in Siófok-Szabadifürdő auch Wasserski.

Bahn: Hauptstrecke entlang des Südufers sowie Nebenstrecken von Siófok und Fonyód nach Kaposvár. Die Zukunft der Kleinbahn ab Balatonfenyves durch die Nagy-berek ist derzeit ungewiss.
Busse: entlang des Südufers sowie Busse nach Kaposvár, Somogyvár und Veszprém.
Schiff: Regelmäßige Linienschiffe nach Badacsony, Tihany und Balatonfüred. Autofähre von Szántódrév nach Tihanyrév.

Székesfehérvár (Stuhlweißenburg)

Ungarn-Atlas: S. 231, F4

Mitten im Plattenbauschungel versteckt sich die wunderschöne barocke Altstadt der ehemaligen Haupt- und Krönungsstadt Ungarns (110 000 Einw.). Bereits Ungarns Staatsgründer, König Stephan I., schuf hier seinen Regierungssitz Alba Regia. Der Glanzzeit setzte die türkische Besatzung im 16. Jh. ein Ende. Im 18. Jh. wurde Székesfehérvár im Barockstil neu aufgebaut, konnte aber seine Bedeutung als politisches Zentrum nicht mehr zurückerlangen.

Im **Mittelalterlichen Ruinengarten (Középkori Romkert)** am Koronázó tér sind die spärlichen Überreste der 1016 gebauten Basilika und der Stephans-Sarkophag von 1083 zu besichtigen. Mitten in der Basilika stand einst Stephans Thron. Der berühmte Stuhl (Stuhl = *szék*) wurde im Namen der Stadt verewigt (April–Okt. Di–So 9–17 Uhr).

Am stimmungsvollen, historischen **Városház tér** (Rathausplatz) ist der im Zopfstil gebaute Bischofspalast (1801) ebenso markant wie die Franziskaner-Kirche mit Ordenshaus (1720-42). Der

Székesfehérvár

Atlas: S. 231

ältere Teil des **Rathauses** stammt von 1690, während der jüngere Teil 1781 im Zopfstil für die Familie Zichy errichtet wurde. Heute sind im Erdgeschoss das Tourinform-Büro und das angenehme Café Pátria untergebracht.

Hinter dem Rathaus erhebt sich der **Dom** in der Arany János utca. Er fällt durch seine prächtigen Deckenfresken von Johann Cymbal, den spätbarocken Altar sowie den Chor von Franz Anton Hillebrandt auf. Die benachbarte **Szent Anna-Kápolna** ist für ihre türkischen Wandmalereien bekannt, jedoch leider geschlossen. In der Megyeház utca 17 befindet sich ein kleines **Puppenmuseum** mit Puppen aus der Zeit ab dem 18. Jh. (Di–So 9–17 Uhr). Die Gassen in diesem Viertel sind sehr beschaulich und einladend.

Sehenswert ist das kleine **Apothekenmuseum zum Schwarzen Adler** (Fekete Sas Patikamúzeum) in der Fő utca, dessen prächtige Inneneinrichtung aus Holz 1758 von Jesuiten in Auftrag gegeben worden war (Di–Fr 10–18 Uhr). Gegenüber ist die archäologische Ausstellung des **Szent István király Múzeum** im ehemaligen Jesuitenkolleg untergebracht. Eine Besonderheit sind die 250 Jahre alten Fresken im Treppenhaus (Fő utca 6, Juli–Sep. Di–So 10–16, sonst Di–So 10–14 Uhr).

Umgebung

Der flache See **Velencei-tó** ist ein Bade- und Wassersportparadies. Sein westlicher Teil steht unter Naturschutz (Vogelreservat).

In **Tác/Gorsium** sind Reste zweier bedeutender römischer Provinzstädte erhalten. Nach der Vernichtung von Gorsium im Jahre 260 nannte Kaiser Diokletian die neue Stadt Herculia. Aus beiden Perioden werden seit 1958 die Grundmauern freigelegt und zugänglich gemacht (13 km südlich von Fehérvár, Besichtigung der Ruinen: April–Okt. tgl. 8–18 Uhr, Ausstellung: Di–So 8–18 Uhr).

Tourinform: Városház utca 1, 8000 Székesfehérvár, Tel. (06) 22/31 28 18, Fax 50 27 72, fejer-m@tourinform.hu, www.fehervar.hu.

Vadászkürt Panzió: Berényi utca 1, Tel./Fax (06) 22/50 75 15, www.jagerhorn.hu. Das sehr gepflegte ›Jägerhorn‹ verfügt über Internetzimmer, Klimaanlage und Billardsalon. Auch Nichtraucherzimmer. DZ 7000 HUF (ohne Frühstück).

Korzó Sörözö: Fő utca 2, Tel. (06) 22/31 26 74, www.korzosorozo.hu, tgl. 10–24 Uhr. Traditionelle ungarische Küche und eine gediegene Weinkarte. Unter der Woche gibt es leckere und billige Tagesmenüs. Ca. 1000–2400 HUF.
Pátria Kávéház: Városház tér 1, Tel. (06) 22/39 70 89, tgl. 9–24 Uhr. Auf dem schönsten Platz der Altstadt befindet sich dieses gemütliche Café. An den Wänden kann man das alte Fehérvár bewundern. Die schöne Terrasse ist ein Hit!

Alba Regia Jazzfestival: Anfang Mai. Jazz-Gruppen aus aller Welt.
Agárdi Popstrand: Juni–Aug., Agárd, Tel. (06) 22/57 99 99. Die heißeste Adresse für Open-Air-Pop.

Regelmäßig **Züge** und **Busse** nach Budapest, Siófok, Balatonfüred, Keszthely und Veszprém.

Südtransdanubien

Atlas: S. 237

SÜDTRANSDANUBIEN

Bewaldete Mittelgebirge und weite Ebenen, berühmte Weingebiete und mediterranes Flair, frühchristliches Weltkulturerbe und multikulturelle Zeugnisse machen die Komitate Baranya und Tolna so verlockend. Viele der Attraktionen sind im Ausland noch recht unbekannt, sodass abseits der Hauptstraßen reichlich Entdeckungen möglich sind.

Kaposvár

Ungarn-Atlas: S. 237, D3
Die lebendige Komitatsstadt Kaposvár (70 000 Einw.) auf halbem Weg zwischen Balaton und Pécs ist bekannt für ihre hochkarätigen Künstler und Museen. Berühmtester Sohn der Stadt ist jedoch ein Politiker: Der 1958 nach dem Aufstand gegen Moskau hingerichtete Ministerpräsident Imre Nagy wurde 1896 hier geboren.

Mittelpunkt der Stadt ist die adrette Fußgängerzone Fő utca. Hier sind einige historische Häuser erhalten. Das **Rippl-Rónai Múzeum** zeigt die Sammlung von Ödön Rippl-Rónai mit Werken wichtiger ungarischer Maler des frühen 20. Jh., darunter Károly Ferenczy, Béla Czóbel und József Egry (Fő utca 10, Di–So 12–18 Uhr).

Etwas außerhalb des Stadtzentrums liegt auf dem Róma-hegy das **Rippl-Rónai Emlékmúzeum**. Ödöns Bruder József (1861–1927) ist vor allem durch seine Jugendstilwerke bekannt geworden und lebte 13 Jahre in Paris (Di–So 10–18 Uhr).

Szenna

Der kleine Ort Szenna 9 km südwestlich ist wegen seines **Dorfmuseums** (Falumúzeum) mit alten Bauernhäusern aus dem Komitat Somogy einen Abstecher wert. Die bemalte Holzkassettendecke der **reformierten Kirche** (1785) von Szenna gehört zu den schönsten Ungarns (Rákóczi Ferenc utca, April–Okt. Di–So 10–18, sonst Di–So 10–16 Uhr).

Tourinform: Fő utca 8, 7400 Kaposvár, Tel./Fax (06) 82/32 04 04, kaposvar@tourinform.hu, www.kaposvar.hu.

Hotel Kapos: Kossuth tér, Tel./Fax (06) 82/31 60 22, www.kaposhotel.hu. Tolle Lage des realsozialistischen Zweckbaus an der neugestalteten Fußgängerzone. Das Restaurant verfügt über eine schöne Terrasse und serviert abwechslungsreiche Küche. DZ 8000–14 000 HUF, Hauptgerichte: ca. 1300–2800 HUF.

Bahn: Züge nach Budapest, Pécs, Fonyód und Siófok.

Busse in alle größeren Orte der Umgebung und u. a. nach Szenna.

Mecsek-Gebirge

Ungarn-Atlas: S. 237, E–F3
Wie ein Sperrriegel schiebt sich das bis zu 682 m hohe Mecsek-Gebirge zwischen Pécs und das restliche Transdanubien. Der bewaldete Höhenzug dient heute als Naherholungsgebiet. Im 18. Jh. wanderten in diese Gegend zahlreiche deutsche Familien ein.

In **Orfű** liegt ein künstlichen Freizeitsee, und in **Abaliget** ist die Paplika-Höhle die Hauptsehenswürdigkeit. Die Tropfsteinhöhle ist insgesamt 1750 m lang und wird auch für die Heilung von Atemwegserkrankungen genutzt (April–Sept. tgl. 9–18, sonst tgl. 10–15 Uhr).

Quer durch die Hügelwelt geht es nach Osten, vorbei am Gipfel des Tubes (s. S. 101) und an der westlich des heutigen Dorfes stehenden Kirche von **Mánfa** (11.–14. Jh.).

Die ehemalige Benediktinerabtei **Pécsvárad** wurde bereits 998 gegründet. Der erste Abt, Astrik, überbrachte die Krone für die Krönung Stephans I. aus Rom. Diese öffentlichkeitswirksame Reise machte ihn später zum Erzbischof von Esztergom und damit zum wichtigsten Kirchenfürsten des Landes. 1778 bestimmte Maria Theresia, dass die idyllisch am Hang gelegene Abtei dem Unterhalt der Budaer Universität zu dienen habe. Der Innenhof der Ruine dient heute als Freilichtbühne (Di–So 9–17 Uhr).

Auf der nördlichen Seite des Höhenzugs schmiegt sich **Mecseknádasd** **(Nadasch)** in ein wunderschönes Tal. Sehenswert ist das Ungarndeutsche Heimatmuseum, welches die Einwanderung bayrischer Siedler im 18. Jh. anschaulich dokumentiert (Munkácsy Mihály utca 5–7, Mai–Okt. Di–So 10–12, 15–17 Uhr; Schlüssel: Frau Pécsi, Kossuth utca 121/A).

Tourinform:
7677 Orfű, Széchenyi tér 1, Tel. (06) 72/59 81 15, Fax 59 81 19, orfu@tourinform.hu.
7720 Pécsvárad, Kossuth Lajos utca 22, Tel./Fax (06) 72/46 64 87, pecsvarad@tourinform.hu.

Cseppkő Panzió: Abaliget, Kossuth Lajos utca 107/A, Tel. (06) 72/49 86 36, www.weekend.hu/cseppko panzio. Freundliche Pension unweit der Höhle. Nicht alle der 7 Zi. haben eigenes Bad/WC. Am schönsten ist das Zimmer mit Balkon. DZ 7000 HUF.
Camping:
Abaligeti Camping: Üdülőterület. Tel. (06) 72/49 87 30, Mitte Mai–Mitte Okt. Unmittelbar neben dem Höhleneingang gelegener schön begrünter Campingplatz.

Atrium: Orfű, Széchenyi tér 17, Tel. (06) 72/49 82 88, www.hotels.hu/atriumpanzio. Die reichhaltige Karte und das schöne Gartenrestaurant versprechen einen angenehmen Abend. Auch beliebte Pension. Ca. 900–1500 HUF.

Wandern: Orfű, Abaliget und Mecseknádasd sind geeignete Ausgangspunkte.
Reiten: Aranypatkó, zwischen Mecseknádasd und Óbánya, Tel. (06) 72/46 34 54, www.aranypatko.hu. Reiterhof, Pension und Restaurant in einem.

Südtransdanubien

Atlas: S. 237

 Busse: von den verschiedenen Orten Verbindungen von/nach Pécs.

Pécs

Ungarn-Atlas: S. 237, E3

Nach Budapest ist Pécs (162 000 Einw.) vielleicht die beeindruckendste Stadt Ungarns. An den Südhängen des Mecsek sorgt ein fast mediterranes Klima für südländische Atmosphäre. Das z. T. einzigartige Kulturerbe aus der römischen und türkischen Zeit hebt Pécs von anderen Städten ab. Die Restaurierung der sensationellen frühchristlichen Mausoleen bewirkte im Jahr 2000 die Aufnahme in die Liste des UNESCO-Weltkulturerbes. Darüber hinaus machen die vielen Museen und das Wirken der Zsolnay-Porzellanfabrik Pécs zu einer lebendigen Kulturmetropole.

Gerne rühmt sich Pécs einer 2000-jährigen Geschichte. Die Stadt geht auf die römische Siedlung Sopianae zurück. Im 3. Jh. wurde sie zum Verwaltungszentrum der Provinz Valeria, verfiel jedoch nach dem Ende des römischen Reiches. Erst mit der Gründung des Bistums 1009 ging es wieder aufwärts. 1367 wurde in Pécs die erste Universität Ungarns gegründet, die jedoch ziemlich kurzlebig war.

Deutliche Spuren hinterließen die Türken zwischen 1543 und 1686. Beim Anblick der Moscheen wird die Nähe des Balkans spürbar. Im 19. Jh. verschafften die Porzellanfabrik Zsolnay und die Orgelbauer Angster Pécs Ansehen über die Landesgrenzen hinaus.

Die überschaubare Größe der Altstadt verleitet zu der Annahme, ein schneller Rundgang reiche völlig aus. Doch die vielen außergewöhnlichen Sehenswürdigkeiten sollte man sich lieber auf einen oder gar zwei Tage aufteilen.

Der Domplatz (Dóm tér)

Historischer Mittelpunkt von Pécs ist der **Dóm tér (Domplatz)**. Die wuchtige **Kathedrale** [1] mit ihren vier Türmen sowie der **Bischofspalast** dominieren den Platz vollkommen. Zwar wurde bereits im 11. Jh. eine Kathedrale errichtet, doch die heutige Kirche ist das Ergebnis eines fast vollständigen Umbaus im späten 19. Jh. nach Plänen von Friedrich von Schmidt. Dabei erhielt die Kirche auch Fresken von Károly Lotz und Bertalan Székely, bekannte Künstler des Historismus. Finanziert wurde das gesamte Unterfangen durch die Kohlenbergwerke im Mecsek, welche ursprünglich dem Bistum gehörten.

Die Residenz des Bischofs an der Westseite des Platzes ist ein Werk des 18. und 19. Jh. 1983 platzierte Imre Varga eine Franz-Liszt-Skulptur auf einen Balkon des Palastes. Die aus dem späten 15. Jh. stammende **Barbakane** [2] ist der einzige erhaltene Torturm der mittelalterlichen Stadtbefestigung, deren Reste die Nord- und Westseite der Innenstadt umschließen. Hinter dem Palast befindet sich auch der bischöfliche Weinkeller.

Die eigentlichen Highlights des Dóm tér liegen jedoch unterhalb des Pflasters. Während der Römerzeit befand sich dieses Gebiet nämlich außerhalb der Stadt und wurde von der frühchristlichen Gemeinde im 3./4. Jh. als Friedhofsareal benutzt. Die meisten

INS GELOBTE LAND – DEUTSCHE EINWANDERER

Fünfkirchen (Pécs), Wieland (Villány), Ofen (Pest) oder Ödenburg (Sopron) – deutschsprachige Ortsnamen sind in Ungarn keine Seltenheit. Sie zeugen von der langen Geschichte deutscher Einwanderer, die oftmals pauschal als ›Donauschwaben‹ bezeichnet werden.

Schon im Mittelalter wurden deutsche Siedler ins Land geholt. Auf dem Gebiet des heutigen Ungarn sind davon aber praktisch keine Spuren mehr zu finden. Fast das gesamte 18. Jh. hindurch strömten vor allem aus Baden-Württemberg und Bayern Hunderttausende Menschen die Donau abwärts ins ›gelobte Land‹. Die Gründe für die Einwanderung lagen in der schlechten wirtschaftlichen Lage in den Heimatländern. Gleichzeitig versprachen die Anwerber paradiesische Zustände in Ungarn. Doch das Land aus Milch und Honig erwies sich als verlassene Ödnis. So scheiterte die erste große Anwerbeaktion daran, dass man den Siedlern keinerlei Unterstützung gewährte. Aus den Fehlern ihres Vorgängers klug geworden, gewährte Maria Theresia 1762 deshalb umfassende Vergünstigungen. Die neuen Bestimmungen waren von so durchschlagendem Erfolg, dass sich alsbald die Autoritäten in Bayern über die unkontrollierte Abwanderung ihrer ›Untertanen‹ beschwerten.

Im heutigen Ungarn wohnen die ›Donauschwaben‹ schwerpunktmäßig in der Region um Budapest und in der südungarischen Baranya bei Pécs. Dieser Landstrich erhielt im 18. Jh. den Beinamen ›Schwäbische Türkei‹. Es entstanden komplett deutsche Dörfer, selbst Pest war bis weit ins 19. Jh. noch deutsch geprägt. Damals waren 10 % der ungarischen Bevölkerung deutschsprachig.

Mit dem Erwachen des ungarischen Nationalismus wuchs jedoch der Assimilationsdruck. Unheil brachte das Hitler-Regime, das im Zweiten Weltkrieg über 100 000 Männer zur Waffen-SS einziehen ließ. Nach dem Krieg wurden dann rund 200 000 Deutschungarn ausgesiedelt. Über den Umfang der Kollaboration mit den Nazis und die ungarische Verantwortung für die Vertreibung gibt es selbst heute noch intensive Diskussionen.

Probleme zwischen Donauschwaben und Ungarn gibt es aber schon lange nicht mehr. Deutschsprachige Schulen, Kulturvereine und politische Selbstverwaltungen sind Zeichen für die neue Förderung der eingesessenen Minderheit. Ungeachtet der offiziellen Förderung und der zweisprachigen Ortsschilder ist die Minderheit allerdings im Verschwinden begriffen. In zweisprachigen Familien wird z. B. Deutsch von Ungarisch abgelöst. Die Abwanderung aus den strukturschwachen ländlichen Gebieten tut ihr Übriges.

Doch gibt es seit 1989 eine neue Einwanderungswelle aus Deutschland und Österreich. In Budapest, am Balaton und in Westungarn lassen sich zunehmend neue Ungarnfans nieder. Noch immer übt das ›gelobte Land‹ seine magische Wirkung aus.

Südtransdanubien

Grabkammern

Die **Krug-** sowie die **Peter-und-Paul-Grabkammer (Korsós-, Péter és Pál sírkamra)** ③ sind wegen ihrer Wand- und Deckenfresken besonders sehenswert (beide Di–So 10–18 Uhr). Eine weitere Kammer wird derzeit für die Besichtigung vorbereitet. In der Grabkammer des **Frühchristlichen Mausoleums (Ókeresztény mauzóleum)** ④ sind ein Marmorsarkophag und Wandgemälde zu besichtigen (April–Okt. Di–Sa 10–18, So 10–16 Uhr). Weitere Reste der frühchristlichen Gräberstadt sind in der Apáca utca 8 und 14 ausgestellt.

dieser Mausoleen waren zweistöckig angelegt: Oben befand sich eine Grabkapelle, unten die Grablege. In späteren Jahrhunderten dienten die Kapellen sogar als Wohnstätte. Außerhalb von Italien sind zwar einige ähnliche frühchristliche Mausoleen bekannt, doch nirgends sind so viele erschlossen und zugänglich wie in Pécs.

Káptalan utca

Wir verlassen die Welt der Toten und widmen uns im **Csontváry Múzeum** ⑤ einem ungewöhnlichen Künstlergenie. Tivadar Csontváry Kosztka (1853–1919) machte sich als Autodidakt mit seinen farbenfrohen visionären Gemälden einen Namen. Er finanzierte sein Schaffen durch den Betrieb einer Apotheke und ließ sich durch himmlischen Beistand leiten. Eine göttliche Erscheinung hatte ihm angeblich verheißen, dass seine Werke bedeutender als die von Raffael würden. Csontváry verarbeitete u. a. seine Mittelmeerreisen, doch aufgrund seiner Exzentrik wurde er zeitlebens nicht richtig ernst genommen, sodass er völlig verarmt in Budapest starb (Janus Pannonius utca 11, Mai–Okt. Di–Sa 10–18, So 10–16, sonst Di–So 10–16 Uhr).

Die malerische **Káptalan utca** ist eine einzige Museumsstraße mit bedeutenden Kunstsammlungen. Am Durchgang zum Dóm tér sind im **Dómmúzeum** Baureste des ursprünglichen Doms zu sehen. Wenige Meter weiter kann man sich in herrschaftlichen Häusern mit der abstrakten Kunst von **Ferenc Martyn**, dem Surrealisten **Endre Nemes** sowie der Installation ›Die Straße‹ von **Erzsébet Schaár** vertraut machen. Wertvoll sind auch die Werke der **Modern Magyar Képtár (Galerie der modernen ungarischen Kunst)** ⑥, welche die ungarische Malerei ab 1880 thematisiert. Vertreten sind u. a. Károly Ferenczy, József Rippl-Rónai und János Kmetty (alle April–Okt. Di–Sa 10–18, So 10–16 Uhr).

Dem bekanntesten Künstlersohn der Stadt ist in der Káptalan utca 3 das **Vasarely-Múzeum** ⑦ gewidmet. Victor Vasarely (1908–97) wurde in diesem Haus geboren, emigrierte 1930 nach Paris und wurde als ›Vater der Op-Art‹ bekannt (April–Okt. Di–Sa 10–18, So 10–16, sonst Di–So 10–16 Uhr). Unter dem Gebäude ist in den langen Stollengängen aus der Türkenzeit, welche die ganze Altstadt untertunneln, ein interessantes **Bergwerksmuseum**

In der Jakováli-Moschee in Pécs

(Mecseki Bányászati Múzeum) eingerichtet (April–Okt. Di–So 10–17 Uhr).

Schräg gegenüber treffen wir auf das **Zsolnay Múzeum** [8]. Hier wird die Entwicklung der berühmten Porzellanfabrik anhand prächtiger Ausstellungsstücke anschaulich vorgeführt. Die 1853 gegründete Firma erlangte unter Vilmos Zsolnay Weltruhm. Vor allem die Baukeramiken für die Jugendstilbauten, welche mit dem 1895 erfundenen Pyrogranit in Verbindung stehen, können noch heute an vielen Stellen in Ungarn bewundert werden. Dazu kamen natürlich die klassischen Porzellanprodukte. Das Haus selbst wurde übrigens bereits im Jahr 1324 das erste Mal erwähnt und ist damit das älteste erhal-

Südtransdanubien

Atlas: S. 237

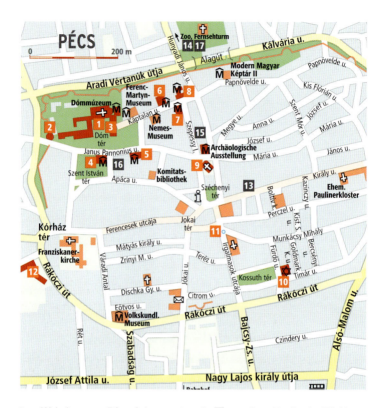

tene Wohnhaus von Pécs. Sehenswert sind die gotischen Sitznischen und die Renaissancefenster (April–Okt. Di–Sa 10–18, So 10–16, sonst Di–So 10–16 Uhr). Die Zsolnay-Fabrik kann nach Voranmeldung besichtigt werden (Infos bei Tourinform).

Rund um den Széchenyi tér

Auf dem Hauptplatz der Bürgerstadt, dem Széchenyi tér, ist die ehemalige **Moschee Gázi Kászim pasa dzsámija** 9 aus dem 16. Jh. der Blickfang. »Sie wurde scheinbar von der Hand eines himmlischen Kunsthandwerkers geschaffen«, berichtete 1664 der türkische Reisende Evlia Celebi. Nach dem Abzug der Türken wurde die Moschee im Inneren zu einer katholischen Kirche umgestaltet. Das Äußere blieb erhalten. Oberhalb des grünen Kuppeldaches wurde das Kreuz einfach auf den türkischen Halbmond aufmontiert. Vor allem abends herrscht vor dem Hintergrund der beleuchteten Moschee eine

Sehenswürdigkeiten

1. Kathedrale und Bischofspalast
2. Barbakane
3. Krug-, Peter-und-Paul-Grabkammer
4. Frühchristliches Mausoleum
5. Csontváry-Museum
6. Modern Magyar Képtár
7. Vasarely-Museum und Bergwerksmuseum
8. Zsolnay-Múzeum
9. ehem. Moschee Gázi Kászim pasa dzsámija
10. Synagoge
11. Zsolnay-Brunnen
12. Moschee Jakováli Hasszán pasa dzsámija

Übernachten

13. Hotel Palatinus
14. Valcsics Villa
15. Centrum Kishotel

Essen und Trinken

16. Pezsgőház
17. Tettye Vendéglő

---

sehr südländische Atmosphäre auf dem Platz. Nirgends ist der Balkan in Ungarn näher.

Die schicke Fußgängerzone Király utca ist im Sommer eine lebendige Café- und Restaurantmeile mit dem Nationaltheater als kulturellem Mittelpunkt. Bemerkenswert ist die herrliche **Synagoge** 10 am Kossuth tér. Sie wurde 1865–69 u. a. von Frigyes Feszl im romantischen Stil für die neologische Gemeinde entworfen. Hier wurde die erste Orgel der Firma Angster installiert.

Auf dem Rückweg zum Széchenyi tér passieren wir den berühmten **Zsolnay-Brunnen** 11 vor der historischen Granatapfel-Apotheke.

Umgebung

Hoch über der Stadt bietet sich vom **Fernsehturm (TV-torony)** auf dem Misina (535 m) an klaren Tagen ein fantastischer Rundblick über das Mecsek-Gebirge und bis nach Kroatien. Allerdings erkennt man auch deutlich die Narben, die der Bergbau in den Bergen hinterlassen hat. Im Turm befindet sich ein sympathisches Café und Restaurant (tgl. 9–22, im Winter tgl. 9–18 Uhr). Ein schöner Wanderweg führt durch die Wälder zum 611 m hohen Gipfel Tubes (gelb markierter Pfad).

Der Ort **Szigetvár** wurde durch den Widerstand von Miklós Zrinyi gegen die türkische Belagerung 1566 bekannt. Im Heerlager vor der Stadt starb auch Sultan Süleiman der Prächtige, der 40 Jahre lang die Eroberung Ungarns geleitet hatte. In der Stadt ist die Burg

---

Moschee

Eine echte Rarität ist in der Rákóczi utca 2 die **Moschee Jakováli Hasszán pasa dzsámija** 12 aus der zweiten Hälfte des 16. Jh. Die inklusive Minarett erhalten gebliebene Moschee wird heute wieder als muslimisches Gebetshaus genutzt und ist eines der wichtigsten Zeugnisse türkischer Baukunst in Ungarn (Do–Di 10–13, 14–18 Uhr).

Südtransdanubien

Atlas: S. 237

(Vár) die Hauptattraktion. Die ehemalige Ali-Pascha-Moschee (1589) auf dem Zrínyi tér wurde im 18. Jh. zu einer katholischen Kirche umgebaut. Außergewöhnliches bietet das **Török ház** in der Bástya utca. Im 16. Jh. befand sich in dem Gebäude eine türkische Karawanserei.

Tourinform: Széchenyi tér 9, 7621 Pécs, Tel. (06) 72/21 33 15, Fax 21 26 32, baranya-m@tourinform.hu, www.pecs.hu. Auch günstiges Internet-Café.

Hotel Palatinus 13: Király utca 5, Tel. (06) 72/88 94 00, Fax 88 94 38, www.danubiusgroup.com/palatinus. Sehr zentrales Drei-Sterne-Hotel, das mit wunderbaren Jugendstilelementen verziert ist. Vor allem der Eingangsbereich und der Frühstückssaal sind wahre Kunstwerke. Die Zimmer sind dagegen eher zurückhaltend eingerichtet. DZ 26 000–43 000 HUF.
Valcsics Villa 14: Tettye tér 2, Tel. (06) 72/51 55 06, Fax 22 26 18, www.hotels.hu/valcsicsvilla. Wunderschönes Haus, das an einem lauschigen Platz oberhalb des Stadtzentrums liegt. Viele Zimmer haben nach vorne einen Balkon. Vor dem Haus ist eine große Terrasse. DZ 9200 HUF.
Centrum Kishotel 15: Szepessy Ignác utca 4, Tel/Fax (06) 72/31 17 07, www.hotels.hu/centrum_kishotel. Günstige Unterkunft wenige Schritte vom zentralen Széchenyi tér. Alles ist streng gesichert, doch die Zimmer sind ok. DZ 18,50 € (ohne Frühstück).
Jugendherbergen: Im Sommer stehen mehrere Studentenwohnheime als JHs zur Verfügung. Adressen und Infos bei: Tourinform (s. o.).

Pezsgőház 16: Szent István tér 12, Tel. (06) 72/21 00 84, Mo–Sa 11–23, So 11–15 Uhr. Das ›Sekt-Haus‹ ist unbestritten das beste Restaurant von Pécs. Stilvoll ist das Gewölbe der traditionsreichen Pannonia Sektkellerei. Aber auch auf der Terrasse munden die internationalen Spezialitäten vorzüglich. Ca. 1500–3500 HUF.
Tettye Vendéglő 17: Tettye tér 4, Tel. (06) 72/53 27 88, So–Do 11–23, Fr–Sa 11–1 Uhr. Donauschwäbische Küche erwartet die Gäste im beliebten Ausflugslokal. Dementsprechend finden sich Gerichte mit Gänsefleisch, Bohnen oder Kohl auf der Speisekarte. Ca. 1200–1500 HUF.

Zsolnay Márkabolt: Jókai tér 2, Mo–Fr 9–17.30, Sa 9–13 Uhr. Herrliches Zsolnay-Porzellan zu günstigen Werkspreisen – eine echte Spezialität!

Rund um den Széchenyi tér ist in der Király utca und am Jókai tér abends am meisten los.
Coffein Café: Széchenyi tér 9, So–Do 10–24, Fr–Sa 10–2 Uhr. Bester Platz, um die abendliche Stimmung mit der angeleuchteten Moschee bei einem Glas Wein oder einem Cocktail zu genießen.

Pécsi Művészeti és Gasztronómiai Hetek (Pécser Wochen der Kunst und der Gastronomie): Juni. Zwei Wochen lang kulturelle Darbietungen und gastronomische Leckerbissen.
ICWiP: Aug. Die internationale Kulturwoche entstand rund um eine studentische Konferenz. Abends werden u. a. kostenlose Live-Konzerte geboten.

Bahn: Indóház tér. Züge nach Budapest, Kaposvár, Villány, Szigetvár.
Busbahnhof: Nagy Lajos király út 20. Busverbindungen u. a. ins Mecsek-Gebirge, nach Harkány, Villány, Mohács und Budapest.
Taxi: Volán Taxi, Tel. (06) 72/33 33 33.

Atlas: S. 237

Rund um Villány

Rund um Villány

Ungarn-Atlas: S. 237, E–F4
Einsam erhebt sich der Hügelzug der **Villányi-hegyek** im äußersten Süden des Komitats Baranya. Das mediterrane Klima macht vor allem die Südhänge zu einem idealen Anbaugebiet für kräftige Weine. Am Fuße der Villányi-hegyek liegen mehrere touristisch bedeutsame Orte, die alle über ein eigenes Flair verfügen. **Harkány** ist landesweit als Thermalbad bekannt.

Siklós

Ungarn-Atlas: S. 237, E4
Geschichtsträchtig geht es in Siklós zu. Die mächtige **Burg** wurde bereits 1294 urkundlich erwähnt und war bis zur Eroberung durch die Türken 1543 eine wichtige Verteidigungsanlage – allerdings nicht immer im Sinne der Krone. So belagerte der spätere Reichsverweser János Hunyadi 1440 die Burg erfolglos. Auch für die Türken und Habsburger war die Burg strategisch sehr wichtig. Deshalb blieb sie als eine der wenigen mittelalterlichen Festungen Ungarns nahezu intakt erhalten. Besonders interessant sind die mächtige Vorburg und die gotische Kapelle mit ihren Wandfresken. Erholsam ist eine Kaffeepause im Café Terasz Presszó (April–Okt. tgl. 9–18, sonst 9–16.30 Uhr, Haupttor im Sommer bis 22 Uhr offen).

Die zweite Sehenswürdigkeit des Ortes ist die **Moschee Malkocs bej dzsámija** in der Széchenyi utca. Die Moschee wurde zwischen 1543 und 1565 errichtet und wird inzwischen wieder für das Freitagsgebet genutzt. Für die gelungene Renovierung des einzigartigen Baudenkmals wurde 1993 der Europa-Nostra-Preis verliehen (Di–So 9–12, 13–17 Uhr).

Nagyharsány

Ungarn-Atlas: S. 237, F4
In Nagyharsány treffen wir auf eine reformierte Kirche. Sie weist romanische Ursprünge auf und besitzt einen gotischen Chor mit einer achteckigen Stützsäule. Die Blumenfresken stammen aus dem 18. Jh.

An der Straße nach Villány geht es links den Berg hinauf zu einem alten Steinbruch. Seit 1968 wuchs hier ein bedeutender **Skulpturenpark (Szoborpark)**, denn jeder Künstler, der hier im Rahmen der Baranya-Kunst-Werkstätten arbeitete, sollte eine Skulptur hinterlassen. Im weiten Umkreis sind die modernen Skulpturen aufgestellt. Nach einer zehnjährigen Pause soll die Bildhauerei nun wieder aufleben.

Villány

Ungarn-Atlas: S. 237, F4
Unbestrittenes Zentrum des regionalen Weinanbaus ist Villány. Der schmucke Ort mit seinen adrett renovierten Weinkellern hat seit 1991 allein vier ungarische ›Winzer des Jahres‹ hervorgebracht. 1989 machten sich gleich mehrere Privatwinzer daran, die Qualität des Weinanbaus zu steigern. Das Ergebnis lässt sich eindeutig an den vielen Medaillen und Auszeichnungen ablesen, die Ede Tiffán und seine Kollegen József Bock, Zoltán Polgár und Attila Gere erhalten haben. Wer unga-

Südtransdanubien

Atlas: S. 237

rische Weine kennen lernen möchte, darf an Villány nicht vorbeifahren.

Die ursprünglich serbische Gegend wurde im 18. Jh. stark von deutschen Einwanderern besiedelt. Ihre Geschichte und die des Weinanbaus dokumentiert das **Bormúzeum (Weinmuseum)** (Di–So 10–16 Uhr).

Ormánság

Ungarn-Atlas: S. 237, D–E4

In den kleinen Orten westlich von Harkány sind vor allem die reformierten Kirchen mit ihren wunderbar bemalten Holzdecken sehenswert. Besondere Aufmerksamkeit verdienen die Dorfkirchen in **Kórós** und **Drávaiványi**. Das Kiss Géza Ormánsági Múzeum in **Sellye** vermittelt einen kleinen Einblick in die Kultur dieser heute sehr ärmlichen Region (Di–So 10–16 Uhr). Typisch für die hiesige Baukunst waren die Sockelhäuser. Wenn man Rollen unterschob, konnte man das Haus leicht versetzen. Eines dieser traditionellen Häuser ist im Garten des Museums ausgestellt.

Tourinform: Kossuth utca 2/a, 7815 Harkány, Tel. (06) 72/47 96 24, Fax 47 99 89, harkany@tourinform.hu, www.harkany.hu.
Felszabadulás utca 3, 7800 Siklós, Tel. (06) 72/57 90 90, Fax 57 90 91, siklos@tourinform.hu, www.siklos.hu.

In Villány und Harkány findet man viele Pensionen und Privatvermieter.
Polgár Panzió: Villány, Hunyadi utca 19, Tel./Fax (06) 72/49 21 94, www.polgarpince.hu. Sehr angenehme Pension beim Winzer des Jahres 1996. Der schöne Innenhof wird für Verkostungen genutzt. DZ 11 300–12 800 HUF.

Paprika Vendégház: Harkány, Petőfi Sándor utca 6, Tel./Fax (06) 72/48 00 21. Sympathische Apartments mit Balkon. Auch gutes ungarisches Restaurant. DZ 5400 HUF.

Camping:
Thermal-Camping: Harkány, Bajcsy-Zsilinszky utca 6, Tel./Fax (06) 72/48 01 17 (im Winter: 47 89 30). Auch Bungalows und Hotel.

Oportó: Villány, Baross Gábor utca 33, Tel./Fax (06) 72/49 25 82, tgl. 10–22 Uhr. Im Sommer sitzt man unter einem begrünten Terrassendach und kann traditionelle ungarische Küche genießen, dazu einen guten Tropfen Villány-Rotwein.

Wein: Zu den beliebtesten Rotweinen von Villány gehören der Blaue Portugieser (*kékoportó*), der Blaufränkische (*kékfrankos*) sowie der Merlot. Im Westen und in der Mitte des Höhenzugs wird auch Weißwein angebaut, wie z. B. der traditionelle ungarische Lindenblättrige (*hárslevelű*). Viele Gastbetriebe haben sich zur Weinstraße Villány-Siklósi Borút zusammengeschlossen. Infos: Villány, Deák Ferenc utca 22, Tel. (06) 72/49 21 81, www.borut.hu.

Vörösborfesztivál (Rotweinfestival): Villány, Okt. Zum Saisonabschluss wird der Rebensaft gebührend zelebriert.

Baden: Gyógyfürdő, Harkány, Kossuth Lajos utca 7, tgl. 9–22 Uhr, Thermalbad 9–18 Uhr (im Winter kürzer). Großer Badekomplex mit Thermal-, Hallen- und Freibad.

Züge von Villány nach Pécs. **Busse** von Harkány, Siklós und Villány nach Pécs. Zwischen Harkány und Stuttgart wöchentliche Verbindung.

Von Mohács nach Szekszárd

Am 29. August 1526 fand die tragischste ungarische Schlacht statt. Eine türkische Armee unter Sultan Suleiman vernichtete die ungarischen Truppen, König Lajos II. starb auf dem Schlachtfeld. Der König hatte sich in völlig aussichtsloser Lage in den Kampf begeben und alles verloren. Auch wenn die Türken das Land nicht sofort besetzten, war Ungarns Selbstständigkeit langfristig verloren. Fortan wurde das Land zum Spielball türkischer und österreichischer Interessen. Nur Siebenbürgen konnte sich eine gewisse Eigenständigkeit bewahren.

Die Schlacht von Mohács wurde zum nationalen Trauma. Auf dem Schlachtfeld beim heutigen **Sátorhely** (Zeltplatz) wurde der **Historische Gedenkpark (Törénelmi Emlékhely)** eingerichtet, wo die dramatischen Ereignisse von damals anschaulich nachgezeichnet werden.

Mohács

Ungarn-Atlas: S. 237, F4
Mohács (20 000 Einw.) ist ein sympathisches Städtchen an der Donau. Hier verkehrt Ungarns südlichste Fähre über den Fluss. Im Zentrum fällt die **Votivkirche** am Széchenyi tér durch die monumentale Kuppel sofort ins Auge (Aladár Árkay, 1926–40). Sie soll an die Schlacht von Mohács erinnern.

In Mohács lebt ein jahrhundertealtes Ritual fort, mit dem die Vertreibung des Winters eingeläutet wird: der **Buscho-Gang** *(busójárás).* Jedes Jahr im Februar verkleiden sich die Männer mit Schafswollkostümen und holzgeschnitzten Masken. Höhepunkt ist ein bunter Umzug durch die Stadt. Angeblich soll die hier lebende kroatische Minderheit der Schokatzen mit ihren Furcht einflößenden Masken 1687 sogar die Türken aus Mohács vertrieben haben. Mit dem lokalen Kunsthandwerk und den Buscho-Masken befasst sich die **Volkskundliche Sammlung** (Néprajzi Kiállítások) (Deák tér 2, Di–So 10–18 Uhr). Zahlreiche originale Buscho-Kostüme stellt das **Busóház** aus (Kossuth Lajos utca 54, b. Mátyás Kulutác klingeln). Der Präsident des Buscho-Clubs hat die Kostüme selbst hergestellt.

Nach Norden

Ungarn-Atlas: S. 238, A3
Hinter Pörböly beginnt der **Gemencierdő (Gemencer Wald)**. Das flussnahe Auengebiet des Sárköz war bis zur

---

Blaufärberkunst

János Sárdi und sein Enkel Andor Auth bewahren in **Nagynyárád** (südwestlich von Mohács) ein vom Aussterben bedrohtes Kunsthandwerk. Die Blaufärberei war einst in ganz Ungarn verbreitet und findet erst heute wieder neue Abnehmer. Der sympathische alte Herr arbeitet in seiner Werkstatt mit z. T. über 100 Jahre alten Maschinen. Vor Ort u. a. Verkauf von wunderbaren Tischdecken. Adresse: Dózsa György utca 5, Tel. (06) 69/37 41 42.

Südtransdanubien

Atlas: S. 238

Mit Buscho-Masken lehren die Einwohner von Mohács den Winter das Fürchten

Begradigung des Flusses natürliches Überflutungsareal der sich windenden Donau. Eine gemütliche Schmalspurbahn fährt durch den Wald, der heute als Teil des Nationalparks Duna-Dráva vor weiteren menschlichen Eingriffen geschützt ist.

Ein Abstecher führt zum abgelegenen **Kloster Gráboc**, das idyllisch in die grüne Hügellandschaft eingebettet liegt. Seit 1580 bestand hier ein serbisch-orthodoxes Männerkloster. Nach mehreren Plünderungen wurde es 1736–38 neu erbaut. Ende des 20. Jh. schien das Aus schon besiegelt, doch momentan leben drei Nonnen im Kloster (tgl. 10–17 Uhr).

In **Decs** ist das Sárközi Babamúzeum (Puppenmuseum) ein echtes Kleinod. Frau Farkas stellt rund 150 ihrer Puppen in Trachten aus, für die sie mehrere Auszeichnungen erhielt (Kossuth utca 8, ca. Mo–Sa 9–17 Uhr, einfach klingeln).

Szekszárd

Ungarn-Atlas: S. 238, A3
Die wichtigsten Sehenswürdigkeiten von Szekszárd (37 000 Einw.) liegen um den Béla tér verstreut. Das ehemalige **Komitatshaus** wurde 1828–33 von Mihály Pollack im klassizistischen Stil errichtet. Innen wird die Welt der Obergespane (frühere Verwaltungschefs eines Komitats) wieder zum Leben erweckt. Interessant ist auch die Franz-Liszt-Ausstellung, der viermal in Szekszárd war. Baron Antal Augusz war ein begeisterteter Förderer des Komponisten. Deshalb widmete Liszt seine Ungarischen Rhapsodien dem Baron (April–Sept. Di–So 9–17, sonst Di–Sa 9–15 Uhr).

Die im Zopfstil 1802–05 errichtete römisch-katholische **Kirche** auf dem Platz soll die größte einschiffige Kirche Mitteleuropas sein.

Tourinform: Széchenyi tér 1, 7700 Mohács, Tel./Fax (06) 69/50 55 04, mohacs@tourinform.hu, www.mohacs.hu.
Tourinform: Garay tér 18, 7100 Szekszárd, Tel./Fax (06) 74/51 12 64, szekszard@tourinform.hu, www.szekszard.hu.

Halászcsárda: Mohács, Szent Mihály tér 5, Tel. (06) 69/32 25 42, tgl. 11–23 Uhr. Die Fischertscharda ist natürlich ganz auf Fisch eingestellt. Unter der Terrasse strömt die Donau gemächlich nach Süden. Besonders lecker ist die Fischsuppe, die es mit oder ohne Nudeln gibt. Ca. 900–1900 HUF.
Promenád Étterem: Szekszárd, Garay tér 18, Tel. (06) 74/51 12 93, tgl. 11–23 Uhr. Solides Restaurant mit viel Huhn und Rind auf der Speisekarte, auch leckere und frische Salate. Hauptgerichte: ca. 800–1300 HUF.

Buscho-Masken: Mohács, Antal Englert, Kígyó utca 7/A. Der freundliche Kunsthandwerker fertigt meisterlich gearbeitete Buscho-Masken und zeigt gerne seine Werkstatt.
Wein: Szekszárd, Vesztergombi Borház, Béla tér 7, Mo–Fr 10–12, 13–17, Sa 9–12 Uhr. Ferenc Vesztergombi war 1993 Winzer des Jahres. Für die Weinregion Szekszárd ist der rote Kadarka eine sehr typische Rebsorte. Man sagt, dass sich Franz Schubert von dem Wein zu seinem Forellenquintett inspirieren ließ.

Deutsche Bühne Ungarn: Garay tér 4, Tel. (06) 74/31 67 22. Das Theater existiert seit 1983. Es handelt sich um das einzige deutschsprachige Theater Ungarns.

Buscho-Gang *(busójárás)*: karnevalsähnlicher Umzug im Februar.

Gemencer Wald: Herrlich entspannend ist eine Fahrt mit der **Kleinbahn** durch den Gemencer Wald. Bahnhöfe sind bei Pörböly und am Gemenci Kirándúló Központ (6 km östlich von Szekszárd).

Züge von Mohács nach Villány und Pécs sowie von Szekszárd nach Budapest und Baja.
Busse auch nach Siófok, Szeged und Kecskemét.

Budapest und Umgebung

Kettenbrücke
mit Parlament

Ungarn-Atlas S. 232, A–B2–4

Budapest

Atlas: S. 232

BUDAPEST – DIE METROPOLE

Die ungarische Hauptstadt ist der unbestrittene Mittelpunkt des Landes. Oft wird die Donaumetropole als ›Paris des Ostens‹ bezeichnet, doch Budapest hat diesen Vergleich nicht nötig. Denn neben stilvollen Kaffeehäusern, exzellenten Theatern und renommierten Museen ist Budapest auch die Stadt des Jugendstils, der türkischen Bäder sowie der Höhlen. Diese Vielseitigkeit macht jeden Besuch zu einer Entdeckungsreise.

Ungarn-Atlas: S. 232, A/B 3

Budapest kann man schnell verfallen. Wer einmal das spektakuläre Panorama auf der Pester Donaupromenade genossen hat, wird es so schnell nicht vergessen. Imposant ist das riesige Schloss, majestätisch die Kettenbrücke und markant der Gellértberg mit der Zitadelle. Und wenn abends alles festlich angestrahlt wird, zeigt sich Budapest von seiner glanzvollsten Seite.

Stadtgeschichte

Seit rund 4000 v. Chr. ist die Budaer Donauseite ständig besiedelt. Um 400 v. Chr. wandern keltische Erawisken ein. Sie nennen die Gegend *Ak ink* (wasserreich). Die Römer machen ihre Legionärsstadt Aquincum (heute: Óbuda) 106 n. Chr. zur Hauptstadt der Provinz Unterpannonien. Damals leben rund 60 000 Menschen dort. Auf der Pester Donauseite errichten sie das Lager Contra Aquincum, die Keimzelle des heutigen Pest. Nach dem Abzug der Römer verlieren beide Siedlungen an Bedeutung.

Nach dem Tatarensturm 1241/42 lässt König Béla IV. auf dem Budaer Burgberg eine Festung errichten. Buda wird im Laufe der nächsten 200 Jahre zur Hauptstadt des Reiches, während Pest durch Handel an Reichtum gewinnt. Eine Blütezeit erlebt Buda unter dem Renaissance-König Matthias im späten 15. Jh.

Unter der 145-jährigen Türkenherrschaft entstehen prächtige Bäder. 1686 erobern die Habsburger Buda, wobei die Stadt fast vollständig verwüstet wird. Das 18. Jh. ist für Pest und Buda deshalb das Jahrhundert des Wiederaufbaus. Ab 1849 ist die Kettenbrücke die erste feste Verbindung zwischen beiden Städten.

Der politische Ausgleich 1867 und die Vereinigung von Pest, Buda und Óbuda 1873 zur Hauptstadt Ungarns führen zu einer beispiellosen Gründerzeit. Mit Blick auf das Millennium der Landnahme 1896 entstehen die Prachtstraße Andrássy út, der Große Ring,

Cityplan S. 116/117

Der Burgberg

das Parlament, die erste U-Bahn des Kontinents sowie neue Donaubrücken.

Der Erste Weltkrieg markiert auch in Budapest das Ende der Gründerzeit. 1944 werden Tausende jüdische Budapester im Ghetto ermordet, während Hitler die Stadt zur Festung erklärt. Zurück bleiben Schutt und Asche.

1949 erhält Budapest durch Eingemeindungen seine jetzige Größe. 1956 kommt es zur Revolution, und sowjetische Panzer richten bei schweren Straßenkämpfen große Schäden an. Nur langsam erholt sich Budapest von den Folgen.

Seit 1990 herrscht wieder Gründerzeit. Durch die Öffnung der Grenzen weht ein neuer Wind durch Budapest. Der tief greifende Wandel zu einer modernen Metropole bringt allerdings starke soziale Unterschiede mit sich.

Stadtrundgang

Der Burgberg

Cityplan-Ausschnitt s. S. 112
Das beschauliche Burgviertel und das mächtige Schloss sind die gute Stube der Hauptstadt. Malerische Gassen und monumentale Architektur schaffen eine kontrastreiche Atmosphäre. Begeisternd ist der Ausblick über die Donau. Das Viertel und das Donau-Panorama wurden 1987 von der UNESCO zum Weltkulturerbe erklärt.

Am stimmungsvollsten ist die Auffahrt mit der 1870 gebauten **Standseilbahn (Sikló)** 1 vom Clark Ádám tér an der Kettenbrücke (s. auch S. 114). Oben angelangt, sehen wir auf dem Szent György tér rechts das **Sándor-Palais**, das 1867–1944 Sitz der Ministerpräsidenten war und seit 2002 Sitz des Staatspräsidenten ist. Zur Linken erhebt sich das mächtige **Burgschloss (Budavári palota)** 2, das in mehreren Bauphasen immer wieder erweitert wurde. Der jetzige Monumentalpalast geht auf die Arbeit von Miklós Ybl und Alajos Hauszmann zurück, welche fast 30 Jahre bis 1904 tätig waren. Ein König hat hier allerdings nie residiert.

Das Schloss beherbergt heute verschiedene Museen: Besonders sehenswert ist die **Ungarische Nationalgalerie (Magyar Nemzeti Galéria)** (Flügel B–D) mit den gotischen Flügelaltären und der Sammlung ungarischer Malerei des 19. und 20. Jh. Neben patriotischen Geschichtswerken ragen die Gemälde von Mihály Munkácsy, Pál Szinyei Merse, József Rippl-Rónai und Tivadar Csontváry Kosztka heraus. Höhepunkte sind die düsteren Genrebilder von Munkácsy, das ›Frühstück im Freien‹ (1873) von Szinyei Merse sowie das Riesengemälde ›Die Ruinen des griechischen Theaters in Taormina‹ (1904/05) von Csontváry (Di–So 10–18 Uhr).

Vorbei am Matthias-Brunnen geht es durch das Löwentor in den Innenhof der Schlossanlage. Das **Budapester Historische Museum (Budapesti Történeti Múzeum)** (Flügel E) dokumentiert die Geschichte der drei Städte Pest, Buda und Óbuda. Außerdem zeigt es die wiederhergestellten Teile des mittelalterlichen Palastes. Unter diesem Flügel liegt die Keimzelle der Anlage (Mitte Mai–Mitte Sept. tgl. 10–18, März–Mitte Mai/Mitte Sept.–Okt. Mi–Mo 10–18, Nov.–Feb. Mi–Mo 10–16 Uhr).

Budapest

Atlas: S. 232

Vom Dísz tér (Paradeplatz) gelangen wir nun in die verkehrsberuhigte Bürgerstadt. Hauptattraktion des Viertels ist die **Matthiaskirche** 3 am Szentháromság tér. Gegen 1250 wurde die Kirche für die sehr einflussreiche deutsche Gemeinde dreischiffig errichtet. Damals hieß sie Liebfrauenkirche. Ende des 14. Jh. folgte ein gotischer Umbau und im 15. Jh. war die Kirche der Schauplatz zweier Hochzeiten von König Matthias. Heute trägt sie seinen Namen. Ihren größten Tag erlebte die Matthiaskirche am 8. Juni 1867, als hier Kaiser Franz Joseph und Kaiserin Elisabeth (›Sissi‹) zum König und zur Königin von Ungarn gekrönt wurden. Franz Liszt schrieb dazu die Krönungsmes-

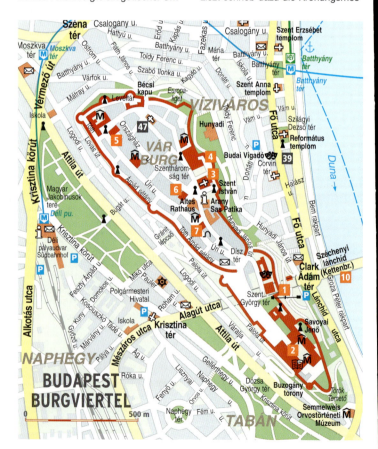

Cityplan S. 116/117

Der Burgberg

se. Frigyes Schulek leitete 1873–95 den radikalen Umbau der Kirche nach dem gotischen Vorbild. Bertalan Székely und Károly Lotz schufen die Fresken im Innenraum. Die letzte Krönung fand 1916 statt, als der österreichische Kaiser Karl I. zum ungarischen König Karl IV. gekrönt wurde.

Zur Donau hin wird der Platz von der verspielt-romantischen **Fischerbastei (Halászbástya)** 4 (1895–1902) abgeschlossen, ebenfalls ein Werk von Frigyes Schulek. Vor allem abends entfaltet sie ihren Reiz, wenn die Scheinwerfer die Anlage in mystisches Licht tauchen. Davon völlig unberührt sitzt Staatsgründer König Stephan auf seinem Pferd (Alajos Stróbl, 1906).

Die malerischen Gassen Táncsics Mihály utca, Fortuna utca und Úri utca sollte man bei einem gemütlichen Bummel durchstreifen. Hinter den barocken Fassaden verbergen sich oft mittelalterliche Fundamente.

In der Táncsics Mihály utca ist vom mittelalterlichen jüdischen Viertel nur noch ein Gebetshaus in Nr. 26 erhalten. Am Bécsi kapu tér (Platz am Wiener Tor) erreichen wir den nördlichen Ausgang der Burg. Das Tor wurde 1936 errichtet, um den 250. Jahrestag der Rückeroberung Budas von den Türken zu feiern. In Haus Nr. 7 wohnte der Zuckerfabrikant und Literaturförderer Lajos Hatvany. U. a. der damals schon im Exil lebende Thomas Mann war 1935–37 dreimal sein Gast.

Am Kapisztrán tér steht der **Maria-Magdalenen-Turm (Mária-Magdolna-torony)** 5, einziger Rest der mittelalterlichen Kirche der ungarischen Gemeinde. Erst 1439 konnte sich die ungarische Bürgerschaft dieselben Rechte wie die deutsche Oberschicht sichern. Unter den Türken durften in Buda für lange Zeit nur hier christliche Gottesdienste abgehalten werden. Deshalb mussten sich Katholiken und Protestanten die Kirche teilen.

In der Úri utca (Herrengasse) 64–66 ist die deutsche Botschaft untergebracht. In dieser ruhigen Gasse treffen wir auf besonders viele gotische Baureste. In den Eingangsbereichen mehrerer Häuser finden sich typische Sitz-

Wohnzimmer-Café

Das **Ruszwurm** 6 ist Ungarns ältestes Café und eine kleine Biedermeier-Oase. Schon seit 1827 werden die Besucher mit herrlichen Leckereien verwöhnt, die in der kleinen und ansprechenden Gaststube serviert werden. Wohl dem, der einen Platz ergattert!

Burglabyrinth

In der Úri utca 9 führt eine steile Treppe in die Unterwelt des Burgbergs. Die natürlichen Hohlräume unter der Oberfläche wurden ab dem Mittelalter miteinander verbunden. Während des Zweiten Weltkrieges erfolgte der großflächige Ausbau der mehrere Kilometer langen Gänge. Das **Budavári Labirintus** 7 führt mit mystischer Musik durch die Burghöhle und zeigt Szenen der ungarischen Geschichte (tgl. 9.30–19.30 Uhr).

Budapest

Atlas: S. 232

nischen, wie z. B. in Nr. 40, 36 und 32. In Nr. 36 ist die Sitznische sogar teilweise noch romanisch.

Von der Wallpromenade Tóth Árpád sétány bietet sich ein schöner Ausblick in die Budaer Berge.

Budaer Donauufer – Gellért-Berg

Cityplan s. S. 116/117

Vom Rosenhügel bis zum Gellért-Berg reichen die Hügel sehr nah an die Donau heran. Der schmale Uferstreifen ist als Bädermeile Budapests bekannt.

Der **Rosenhügel** verdankt seinen Namen dem türkischen Derwisch Gül Baba. Der ›Vater der Rosen‹ starb 1541 kurz nach der Eroberung Budas durch die Türken und wurde bald darauf zum Schutzheiligen der Stadt. Oberhalb der pittoresken Gül Baba utca befindet sich das **Gül-Baba-Grabmal (Gül Baba türbe)** [8]. Das Mausoleum wird noch heute von der türkischen Regierung gepflegt.

Auf die türkische Zeit geht auch das **Király-Bad** [9] in der Fő utca 82–84 zurück. Um 1570 wurde es vom damaligen Pascha erbaut, weil er unbedingt ein Bad innerhalb der Stadtmauern haben wollte. Die Stimmung unter der düsteren Kuppel ist einmalig. Zu Anfang des 19. Jh. erweiterte die Familie König (ungar. Király) das Bad im klassizistischen Stil und gab ihm ihren Namen. Die Badetage sind für Frauen und Männer getrennt.

Unterhalb des Burgberges erstreckt sich die **Wasserstadt (Víziváros)**. Eine sehr schöne Promenade führt zur **Kettenbrücke (Lánchíd)** [10]. Diese markante Brücke ist seit 1849 die erste feste Verbindung zwischen Pest und Buda. Wie so viele Bauvorhaben des Reformzeitalters kam sie auf Betreiben des Grafen István Széchenyi zustande. Dieser hatte 1820 beim Tod seines Vaters tagelang auf eine Passage über die Donau warten müssen. Daraufhin wurde der Bau der Brücke zu seiner Lebensaufgabe. Die Pläne lieferte der englische Ingenieur Tierney William Clark, die Bauleitung übernahm der Schotte Adam Clark.

Unumstritten war der Bau der Kettenbrücke nicht. Zunächst monierten die Adligen, dass sie für die Nutzung der Brücke eine Maut bezahlen sollten. Es handelte sich um die erste Abgabe dieser Art für die Oberschicht – für viele Adlige eine Zumutung. Kurz vor der Fertigstellung der Brücke brach in Ungarn die Revolution aus, und es drohte die Sprengung des Bauwerkes aus militärischen Gründen. Leider taten dies 1945 deutsche Truppen tatsächlich. Doch die Budapester bauten die Kettenbrücke umgehend wieder auf. Denn sie steht wie kein anderes Bauwerk für die Einheit der Stadt. Erst ihr Bau ermöglichte die Vereinigung der Städte Pest und Buda und den Aufschwung zur glanzvollen Metropole.

Adam Clark baute übrigens auch den **Burgtunnel (Alagút)**. Die Budapester witzeln, dass er dazu diene, die teure Brücke bei Regen ins Trockene zu schieben. Am Clark Ádám tér befindet sich die **Talstation** der Standseilbahn Sikló. Davor steht der Nullkilometerstein. Von hier aus werden alle Entfernungen in Ungarn gemessen.

Budaer Donauufer/Gellert-Berg

Cityplan S. 116/117

Cityplan s. S. 116/117
Sehenswürdigkeiten

1. Sikló (Standseilbahn)
2. Budavári palota (Burgschloss)
3. Matthiaskirche
4. Halászbástya (Fischerbastei)
5. Maria-Magdalenen-Turm
6. Café Ruszwurm
7. Budavári Labirintus (Burglabyrinth)
8. Gül-Baba-Grabmal
9. Király-Bad
10. Kettenbrücke
11. Rudas-Bad
12. Zitadelle
13. Gellért-Heilbad
14. Café Gerbeaud
15. Innerstädtische Pfarrkirche
16. Kaffeehaus Centrál
17. Große Markthalle
18. Ungarisches Nationalmuseum
19. Große Synagoge und Raoul-Wallenberg-Gedenkpark
20. Vigadó
21. Parlament
22. Ethnografisches Museum
23. ehem. Postsparkasse
24. St.-Stephans-Basilika
25. Ungarische Staatsoper
26. Café Eckermann
27. Haus der Ungarischen Fotografen
28. Haus des Terrors
29. Franz-Liszt-Gedenkmuseum
30. Millenniumsdenkmal
31. Museum der Bildenden Künste
32. Vajdahunyad-Burg
33. Széchenyi-Bad
34. Kunstgewerbemuseum
35. Holocaust-Gedenkmuseum
36. Nationaltheater
37. Palast der Künste / Ludwig-Museum

Übernachten

38. Four Seasons Hotel Gresham Palace
39. Art'otel
40. Andrássy Hotel
41. IBIS Budapest Centrum
42. Ábel Panzió
43. Boulevard City Pension & Apartments
44. Yellow Submarine

Essen und Trinken

45. Spoon Café & Lounge
46. Premier Étterem
47. Café Pierrot
48. Jazz Garden
49. Alhambra Restaurant
50. Wabisabi
51. Café New York
52. Teaház A Vörös Oroszlánhoz

Am Fuß des Gellért-Berges entspannten sich im fantastischen **Rudas-Bad** 11 schon die Paschas. Das Thermalbad von 1566 ist leider nur Männern zugänglich. Oberhalb des Bades streckt Bischof Gellért seine Hand missionierend über die Stadt aus. Gellért war ein venezianischer Priester und wurde von König Stephan als Missionar und Bischof nach Ungarn geholt. Nach Stephans Tod starb Gellért 1046 bei einem antichristlichen Aufstand. Der Überlieferung nach wurde er vom Gellért-Berg

Budapest

Cityplan

116

Cityplan

Budapest

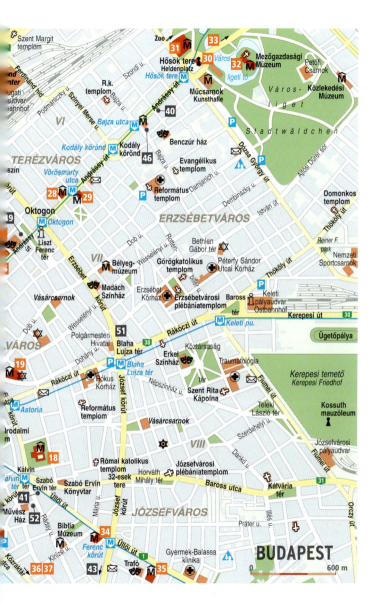

Budapest

Atlas: S. 232

mit einer Karre oder einem Fass in die Tiefe gestürzt.

Der Berg hieß ab dem Mittelalter auf Deutsch auch Blocksberg, und bis ins 18. Jh. kam es hier zu Hexen-Prozessen. Später baute man an den Hängen Wein an, während die Habsburger nach dem niedergeschlagenen Freiheitskampf 1848/49 oben ihre **Zitadelle** 12 errichteten, um die Stadt besser kontrollieren zu können. Als die Stadtverwaltung 50 Jahre später die Anlage kaufte, sprengte sie symbolisch einen Teil der Mauer. Heute gibt es in der Festung eine kleine Ausstellung und den besten Panoramablick von Buda (April–Sept. 8–20, sonst 9–16 Uhr).

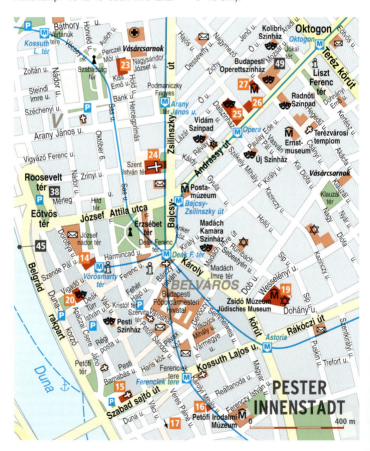

118

Die 14 m hohe **Freiheitsstatue** wurde 1947 errichtet. Von hier geht es steile Treppchen hinunter zum Gellért tér. Die **Felsenkapelle (Sziklakápolna)** entstand 1926 in einer natürlichen Höhle.

Hauptsehenswürdigkeit am Platz ist das grandiose **Gellért-Heilbad** [13] im Jugendstil. Die Architektur ist großzügig luftig, und im Sommer öffnet auch ein Freibad seine Tore. Das Hotel selbst wurde 1918 als letzter großer Jugendstilbau der Stadt eröffnet.

Pester Innenstadt (Belváros)

Cityplan-Ausschnitt s. S. 118
Ist Buda durch Hügel und Thermalbäder gekennzeichnet, so betritt man im flachen Pest das Geschäftszentrum der Hauptstadt. Hier schlägt auch das politische und kulturelle Herz Budapests. Zentraler Platz der Innenstadt (Belváros) ist der **Vörösmarty tér**; rundum herrscht zu jeder Jahreszeit buntes Treiben.

Eine fixe Adresse ist das berühmte **Café Gerbeaud** [14]. Schon 1858 eröffnete Henrik Kugler ein Café, bevor 1884 der Genfer Emile Gerbeaud das Haus übernahm. Er machte es zum Treffpunkt der High Society. Die Preise sind auch heute für Budapest enorm hoch.

Direkt vor dem Café ist die Endstation der **Földalatti**, der ersten Untergrundbahn auf dem europäischen Kontinent. Mit ihr erreicht man bequem die Andrássy út (s. S. 124) und den Heldenplatz (s. S. 125).

Am südlichen Ende des Platzes beginnt die **Váci utca**, Ungarns teuerste Shopping-Meile. Am besten lässt man sich einfach Richtung Markthalle am anderen Ende der Straße treiben.

Zwischendurch empfehlen sich einige kleine Abstecher. An der Elisabeth-Brücke steht die **Innerstädtische Pfarrkirche (Belvárosi plébániatemplom)** [15]. Die Kirche entstand schon im 12. Jh., wurde aber beim Tatarensturm 1241/42 völlig zerstört und danach gotisch wiederaufgebaut. Die Türken nutzten sie als Moschee. Im rechten Chorbereich ist eine seltene türkische Gebetsnische (Mihrab) aus dieser Periode erhalten. Im 18. Jh. erfolgte ein barocker Umbau, sodass die Kirche heute einen interessanten Stilmix bietet.

Von den Mühen des Sightseeing kann man sich im traditionellen **Kaffeehaus Central** [16] hervorragend erholen. Das 1887 eröffnete Café war bis zum Zweiten Weltkrieg wichtiger Treffpunkt der ungarischen Literaturszene. Nicht weniger als drei Literaturzeitschriften wurden hier redigiert. So strömten fast alle bekannten Schriftsteller jener Tage in das Centrál, um über Gott und die Welt zu plaudern und ihre Manuskripte einzureichen.

Konsumtempel der Gründerzeit

Den Abschluss der Váci utca bildet die **Große Markthalle (Nagy vásárcsarnok)** [17], ein luftiger Genusstempel aus Stahl und Glas. Gebaut wurde sie, um die sanitären Bedingungen der Märkte zu bessern. 1897 weihte man sie ein. Paprika und Salami, Obst und Gemüse, Fleisch und Fisch – hier wird alles feilgeboten, was das Umland produziert.

JUGENDSTILSTADT BUDAPEST

Gegen Ende des 19. Jh. befand sich die frisch vereinigte Hauptstadt im Bauboom. An allen Ecken und Enden entstanden neue repräsentative Bauten. Bevorzugt wurden dabei Zitate historischer Bauwerke, angesagt waren ›Neo‹-Stile. Nicht alle Architekten waren jedoch zufrieden mit dieser Wiederauflage althergebrachter Formen und begaben sich auf die Suche nach neuen Stilmöglichkeiten.

Ödön Lechner (1845–1914) fand sie in einem bunten Gemisch aus indischen und orientalischen Vorlagen, die er in Großbritannien kennen gelernt hatte, sowie in mystisch angehauchten volkstümlichen Formen. Er verknüpfte diese Motive mit den damals modernsten Mitteln der Baukunst: Stahlträger und bunte Zsolnay-Ziegel für die Dächer schufen eine Leichtigkeit, wie sie vordem nicht erreicht worden war. Drachenköpfe, bunte Bemalungen und verspielte Formen – Lechners Stil war eigensinnig und revolutionär. Er wurde damit zum Begründer des ungarischen Jugendstils. Sein Bemühen, eine ›ungarische Architektur‹ zu schaffen, hob ihn von seinen Kollegen deutlich ab.

In nur zehn Jahren hinterließ er der Stadt ein Vermächtnis, das noch heute zu Recht Bewunderung hervorruft. Sein Hauptwerk ist das **Kunstgewerbemuseum** (s. S. 125) an der Üllői út, welches er 1893–96 zusammen mit seinem Partner Gyula Pártos errichtete. Auffällig sind das grün-gelbe Dach aus Pyrogranitziegeln sowie der große Lichthof. Die formvollendete Schönheit des Designs ist mindestens genauso sehenswert wie das Museum selbst.

Dieselbe Verspieltheit begegnet auch an der ehemaligen **Postsparkasse** in der Hold utca (1900/01) sowie am **Geologischen Landesmuseum** in der Stefánia út (1896–99). Auffällig ist hier das blaue Dach, gekrönt von der Weltkugel. Auch die geschwungenen Formen der Inneneinrichtung geben ein gutes Bild von Lechners Ideenwelt.

Während der Meister heute als ›Vater der nationalen Architektur‹ gefeiert wird, kam er zu Beginn des 20. Jh. aus der Mode, weil sein Stil angeblich nicht nationalistisch genug war. Vielen seiner Zeitgenossen waren die Formen wohl zu leicht und nicht ernst genug. Er bekam keinerlei große Aufträge mehr.

Doch der Jugendstil wirkte noch bis zum Ersten Weltkrieg in anderen Formen weiter. So schufen Zsigmond Quittner und die Gebrüder Vágó 1905–07 den **Gresham Palast** am Roosevelt tér. Weitere schöne Beispiele sind das ehemalige **Pariser Modehaus** an der Andrássy út 39 (Zsigmond Sziklai, 1908–11), die **Reformierte Kirche** am Városligeti fasor 7 (Aladár Árkay, 1912–13), die von Lechner entworfene **Sipeki-Balázs-Villa** an der Hermina út 47 (1904/05) sowie das **Blindeninstitut** in der Ajtósi Dürer sor 39 (Sándor Baumgarten/Zsigmond Hercegh, 1899–1904). Ein letzter baulicher Triumph des Jugendstils in Budapest war das berühmte, 1918 eröffnete **Hotel Gellért**, das 1918 nach Plänen von Ármin Hegedűs, Izidor Sterk und Artúr Sebestyén errichtet wurde.

Kleiner Ring

Cityplan s. S. 116/117

Die Innenstadt wird vom Kleinen Ring fast vollständig umschlossen. Er folgt der alten Stadtmauer, die an der Ecke Veres Pálné utca / Bástya utca in Resten noch zu erkennen ist. Die verkehrsberuhigte **Ráday utca** wird gesäumt von Cafés und Restaurants und ist eine der wichtigsten Adressen für das Budapester Nachtleben.

Der Múzeum körút wird vom klassizistischen **Ungarischen Nationalmuseum (Magyar Nemzeti Múzeum)** [18] dominiert. Der Bau wurde von Mihály Pollack entworfen und zwischen 1837 und 1847 errichtet. Er symbolisierte das neu erwachte ungarische Nationalbewusstsein und spielte bei der Revolution 1848 eine große Rolle. Auf der Treppe soll am 15. März der Dichter Sándor Petőfi sein berühmt gewordenes Nationalgedicht vorgetragen und damit die revolutionäre Stimmung richtig angeheizt haben (s. S. 153).

Das Museum selbst beleuchtet die ungarische Geschichte von der Urzeit bis 1990. Sehenswert sind vor allem das römische Lapidarium mit herrlichen Bodenmosaiken sowie der ungarische Krönungsmantel. Schon der Aufgang über die Prunktreppe mit Fresken von Károly Lotz und Mór Than ist beeindruckend gestaltet (Di–So 10–18 Uhr).

Die elegante **Große Synagoge (Nagy zsinagóga)** [19] im maurisch-byzantinischen Stil wird durch die beiden markanten Zwiebeltürme zu einer harmonischen Einheit geformt. Entworfen wurde die Synagoge von Ludwig Förster und 1854–59 für rund 3000 Personen gebaut, heute ist sie die größte Synagoge Europas. Die Innenausstattung gestaltete Frigyes Feszl. Die Emporen sind traditionell für Frauen reserviert. Aufsehen erregte die Orgel, auf der auch Franz Liszt spielte. Das **Jüdische Museum (Zsidó Múzeum)** im Nachbarhaus zeigt religiöse Kultgegenstände und dokumentiert den Holocaust (April–Okt. Mo–Do 10–17, Fr, So 10–14, sonst Mo–Do 10–15, Fr, So 10–14 Uhr).

Um die Ecke, in der Wesselényi utca, begann 1944/45 das jüdische Ghetto. Mehrere 10 000 Menschen waren hier dem Terror der faschistischen Pfeilkreuzler ausgeliefert. In jenen dramatischen Wintertagen kämpfte u. a. der schwedische Diplomat Raoul Wallenberg für das Überleben der jüdischen Gemeinde. Er organisierte Schutzpässe und Schutzhäuser, um die Menschen vor dem sicheren Tod zu retten. Nach dem Ende der Kämpfe geriet er in sowjetische Gefangenschaft und verschwand unter mysteriösen Umständen. Die jüdische Gemeinde ehrt seinen Einsatz in der Wesselényi utca im **Raoul-Wallenberg-Gedenkpark**. Zentrales Element ist hier der ›Baum des Lebens‹, den der Bildhauer Imre Varga 1990 schuf. Die Trauerweide symbolisiert die im Holocaust ermordeten Menschen.

Am Deák Ferenc tér ist das Ende des Rings sowie der Schnittpunkt der drei Metrolinien erreicht.

Leopoldstadt

Die Leopoldstadt (Lipótváros) ist die erste systematisch geplante Vorstadt

Budapest

Atlas: S. 232

Cityplan S. 116/117

Leopoldstadt

von Pest. Ende des 18. Jh. lag der heutige Vörösmarty tér schon außerhalb der Stadtmauern. Es sollten 100 Jahre vergehen, bevor man das Gebiet bis zum Großen Ring vollständig bebaut hatte. Deshalb zeigen die Bauten eine stilistische Entwicklung vom Klassizismus bis zum Jugendstil.

Der Weg führt zunächst zum **Donaukorso (Dunakorzó)**, vorbei an der prächtigen Pester Redoute **Vigadó** [20] (1859–65). Vom Donaukorso bietet sich ein atemberaubendes Panorama über den Fluss hinweg zum Burgberg. Oben thront das majestätische Schloss, zur Rechten überspannt die Kettenbrücke würdevoll die Donau. Links ragt der Gellért-Berg steil vom Flussufer empor. Abends wird diese spektakuläre Szenerie festlich angestrahlt.

An der Kettenbrücke und dem luxuriösen Four Seasons Hotel Gresham Palace vorbei geht es mitten durch die Leopoldstadt zum politischen Zentrum des Landes. Das pompöse neogotische **Parlament (Országház)** [21] am Donauufer ist das größte Parlamentsgebäude weltweit. 17 Jahre benötigte man für den Bau, und der Architekt Imre Steindl starb kurz vor der offiziellen Einweihung 1902. Mit dem Parlament wollte man die nationale Selbstständigkeit Ungarns demonstrieren und den eigenen Großmachtanspruch untermauern. Seit dem Ersten Weltkrieg ist das Gebäude für das zum Kleinstaat gewordene Ungarn schlicht überdimensioniert. Zudem hat das Parlament nur noch eine Kammer, sodass ein Flügel des Palastes eigentlich funktionslos ist. Dafür ist die Regierung mit eingezogen.

> ### Besuch im Parlament
> Im Inneren sind die Prunktreppe, die Kuppelhalle sowie die Krönungsinsignien glanzvolle Höhepunkte. Die Deckenfresken im Treppenbereich stammen von Károly Lotz, die bunten Glasfenster von Miksa Róth (dt. Führungen tgl. um 11 Uhr, Juli–Sept. auch 15 Uhr).

An dem Platz steht auch das **Ethnografische Museum (Néprajzi Múzeum)** [22]. Früher war das Gebäude Sitz des Obersten Gerichtshofs, der hier wieder einziehen möchte. Was dann mit dem interessanten Museum geschehen soll, ist unklar (Di–So 10–18 Uhr).

Ödön Lechner errichtete 1900/01 in der Hold utca ein Gebäude für die damalige **Postsparkasse** [23]. Die recht nüchterne Jugendstilfassade geht in ein verspielt gestaltetes Dach mit farbenfrohen Pyrogranitziegeln über.

Die **St.-Stephans-Basilika (Szent István Bazilika)** [24] wurde 1906 nach 55-jähriger Bauzeit eingeweiht. Nicht weniger als drei Architekten hatten sich an dem sakralen Großbau versucht. Vollendet wurde die Basilika von József Kauser. Nach einer umfassenden Restaurierung erstrahlt die mächtige Kuppel wieder in altem Glanz. In der Kirche wird die wertvollste Reliquie Ungarns aufbewahrt, die Heilige Rechte. Dabei soll es sich um die rechte

Im Ethnografischen Museum

123

Budapest

Hand von Staatsgründer König Stephan handeln.

Von der Panoramaplattform bietet sich ein fantastischer Blick über die Dächer der Stadt bis in die Budaer Berge (April–Okt. tgl. 10–18 Uhr).

Andrássy út

Der Prachtboulevard der Hauptstadt verbindet die Innenstadt mit dem Stadtwäldchen. Die fast 2,5 km lange Allee wurde 1870–85 erbaut, um die Verkehrslage in diesem Stadtviertel zu verbessern und Raum für herrschaftliche Häuser und Villen zu schaffen. Unter dem Boulevard verkehrt seit 1896 die gelbe U-Bahn Földalatti. Seit 2002 ist die Andrássy út Weltkulturerbe.

Im ersten Abschnitt bis zum Oktogon durchqueren wir das Theaterviertel Budapests. Höhepunkt ist die **Ungarische Staatsoper (Magyar Állami Operaház)** 25. Nach Plänen von Miklós Ybl und mit Zuschüssen aus der Schatulle von Kaiser Franz Joseph entstand 1875–84 eines der schönsten Bühnenhäuser Europas. An der Innenausstattung wirkten auch Károly Lotz, Mór Than und Bertalan Székely mit Fresken mit. Der Besuch einer Aufführung ist Höhepunkt eines jeden Budapest-Besuches, aber auch eine Besichtigung ist empfehlenswert. So erfährt man z. B., dass Kaiserin Elisabeth von ihrer Loge besser das Publikum als die Bühne beobachten konnte.

Der ›Pester Broadway‹ genannte Abschnitt der Straße ist reich an Attraktionen. Gemütliche Kaffeehäuser wie das **Café Művész** oder, gegenüber, das **Eckermann** 26 in den Räumen des Goethe-Institutes laden zu einer kürzeren oder längeren Pause ein.

In der Nagymező utca 20 zeigt das **Haus der Ungarischen Fotografen (Magyar Fotográfusok Háza)** 27 sehenswerte Ausstellungen in einem 100 Jahre alten Foto-Atelier (Mo–Fr 14–19, Sa–So 11–19 Uhr).

Der **Liszt Ferenc tér** mit seiner bunten Café-Szene eignet sich bei schönem Wetter für einen Zwischenstopp. Mit seinen hohen Bäumen ist der verkehrsberuhigte Platz atmosphärisch wohl der schönste in Budapest.

Am **Oktogon** schneidet die Andrássy út den **Großen Ring**. Dieser wurde ab 1872 in 35-jähriger Bauzeit rund um die wachsende Innenstadt gezogen. Der Große Ring bewahrt eine erstaunliche bauliche Einheit. Am belebtesten sind die Abschnitte zum Westbahnhof und Richtung Blaha Lujza tér.

Hinter dem Oktogon weitet sich die Andrássy út merklich. Sofort ins Auge fällt das **Haus des Terrors (Terrorház)** 28 mit einer heftig umstrittenen Ausstellung zur Geschichte der faschistischen Pfeilkreuzler und der stalinistischen Geheimpolizei, die hier ihren Sitz hatten. Der Terror der Pfeilkreuzler wird vergleichsweise nur kurz angerissen (Di–So 10–18 Uhr).

Das **Franz-Liszt-Gedenkmuseum** 29 befindet sich in der Alten Musikakademie, die Liszt 1875 gründete (heute liegt sie am Liszt Ferenc tér). Im Museum sind die Wohnung von Franz (Ferenc) Liszt sowie sein Piano zu sehen (Mo–Fr 10–18, Sa 9–17 Uhr).

Am Kodály körönd erreichen wir den dritten und letzten Abschnitt des Boulevards. Nun endet die durchge-

Heldenplatz/Franzensstadt

Cityplan S. 116/117

hende Bebauung, einzelne Villen beherrschen das Bild. Wir spüren deutlich, dass wir das Stadtzentrum verlassen haben.

Heldenplatz und Stadtwäldchen

Fixpunkt am Horizont ist die 36 m hohe Säule des **Millenniumsdenkmals** 30 auf dem **Heldenplatz (Hősök tere)**, in den die Andrássy út mündet. Auf der Spitze thront der Erzengel Gabriel, rund um den Fuß sind die entschlossen dreinblickenden landnehmenden Stammesfürsten postiert. An der Spitze sitzt Fürst Árpád hoch zu Pferde. Mit der Gestaltung der im Halbrund platzierten Kolonnaden dauerte es rund drei Jahrzehnte. Bis dahin waren die Habsburger politisch längst out, und sie wurden durch ungarische Größen ersetzt. So reicht die Ahnengalerie heute von König Stephan bis Lajos Kossuth, den Ministerpräsidenten von 1848/49.

Széchenyi-Bad

Im herrlichen **Széchenyi-Bad** 33 findet man echte Entspannung. Das Thermalwasser wurde in 970 m Tiefe gefunden und speist seit Anfang des 20. Jh. die Becken des prachtvollen Komplexes. Mittlerweile wurden Spaßbadelemente beigefügt, doch die Schachspieler analysieren im bis zu 38° C warmen Wasser noch immer ungestört die Situation – ein Muss!

Zu den Höhepunkten des **Museums der Bildenden Künste (Szépművészeti Múzeum)** 31 gehören die Sammlung ägyptischer Mumien sowie Meisterwerke von Rubens, Raffael, Dürer, Rembrandt, El Greco, Goya und Tizian. Der Museumsbestand geht auf die Sammlung der Fürsten Esterházy zurück, die ihre Werke 1870 an den ungarischen Staat verkauft hatten. Hinzugekommen sind auch exemplarische Werke des 19. und 20. Jh. So sind u. a. Chagall, Toulouse-Lautrec, Monet und Cézanne vertreten.

Jenseits des Heldenplatzes erstreckt sich das **Stadtwäldchen (Városliget)**, das im Mittelalter ein königliches Jagdrevier war. Die **Vajdahunyad-Burg** 32 im künstlichen See Városligeti-tó geht auf die Millenniumsausstellung 1896 zurück. Die ursprüngliche Holzkonstruktion sollte alle Baustile Ungarns in einer gewagten Mischung präsentieren. Weil die Burg ein Publikumsrenner wurde, baute man sie später in Stein dauerhaft auf.

Besonders sehenswert sind auch der **Zoo** (Állatkert) (Mai–Aug. 9–19, April u. Sept. 9–18, März u. Okt. 9–17, sonst 9–16 Uhr) sowie das palastartige **Széchenyi-Thermalbad** 33 (s. Tippkasten).

Franzensstadt

Die südlich des Kleinen Rings gelegene Franzensstadt (Ferencváros) hat sich in den letzten Jahren immer stärker zu einem kulturell lebendigen Stadtteil entwickelt. Das **Kunstgewerbemuseum (Iparművészeti Múzeum)** 34 ist einer der schönsten Jugendstil-

125

Budapest

Atlas: S. 232

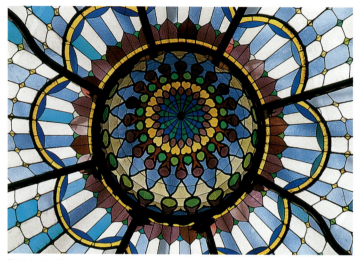

Blick in die Glaskuppel des Kunstgewerbemuseums

bauten Ungarns (s. S. 120). Der Schwerpunkt der Ausstellung liegt auf europäischen Jugendstilwerken vom Beginn des 20. Jh. (Üllői út 33–37, März–Okt. Di–So 10–18, sonst 10–16 Uhr).

Das 2004 eröffnete **Holocaust-Gedenkmuseum (Holokauszt Emlékközpont)** 35 in der Páva utca 39 erinnert an den Massenmord an den jüdischen Ungarn im Zweiten Weltkrieg (Di–So 10–18 Uhr).

An der südlichen Donaubrücke Lágymányosi híd ist ein neues Kulturzentrum entstanden. 2002 eröffnete dort das neue **Nationaltheater (Nemzeti Színház)** 36 die Pforten. Viele Kritiker loben zwar das Äußere, halten aber den Innenraum für wenig gelungen. Nebenan wurde 2005 im **Palast der Künste** 37 der riesige Nationale Konzertsaal eingeweiht. Im selben Gebäude ist auch das **Ludwig Museum – Museum für Zeitgenössische Kunst** untergebracht. Das Museum entstand 1991 auf Anregung des deutschen Sammler-Ehepaars Ludwig und war bis 2005 im Burgschloss beheimatet. Es zeigt zum einen Werke internationaler Stars wie Warhol, Picasso oder Lichtenstein, zum anderen Exponate junger ungarischer und osteuropäischer Künstler (Komor Marcell utca 1, Di–So 10–18 Uhr).

Margareteninsel und Óbuda

Die Margareteninsel (Margit-sziget) ist die grüne Inseloase der Hauptstadt. Auf den Wiesen treffen sich im Sommer die Budapester zu Picknick und Ballspielen, die Freilichtbühne am denk-

Margareteninsel und Óbuda

Cityplan S. 116/117

malgeschützten **Wasserturm** bietet Kultur, und die ausgegrabenen Reste des **Dominikanerinnen-Klosters** zeugen von der Vergangenheit.

In Óbuda stehen römische Reste und barocke Kleinstadtidylle in harschem Kontrast zu den Plattenbauten des Realsozialismus. Am Szentlélek tér stellt das **Vasarely Múzeum** rund 400 Werke von Victor Vasarely (1908–97) aus. Der in Pécs geborene ›Vater der Op-art‹ wanderte nach Paris aus, wo er bekannt wurde (Di–So 10–17.30 Uhr).

Ein wenig vom alten Flair der zur Kleinstadt geschrumpften Keimzelle Budapests erleben wir auf dem Fő tér (Hauptplatz). In der Laktanya utca ist die kleine **Imre-Varga-Sammlung (Varga Imre Kiállítóház)** untergebracht. Der Bildhauer Imre Varga hat es zu internationalem Ruf gebracht (s. S. 33). Die Statuengruppe ›Menschen mit Schirmen‹ in der Gasse stammt ebenfalls von ihm (Di–So 10–18 Uhr).

Budapester Tourismusamt: Liszt Ferenc tér 11, Tel. (06) 1/322 40 98, Fax 342 93 90, liszt@budapestinfo.hu, www.budapestinfo.hu, Mai–Okt. tgl. 9–19, sonst 10–18 Uhr.
Infobüro Burgviertel: Szentháromság tér (Burgberg), Tel. (06) 1/488 04 75, Fax 488 04 74.
Sütő utca 2, Tel. (06) 1/438 80 80, Fax 356 19 64, tgl. 8–20 Uhr. Im Hinterhof befindet sich die angeschlossene Zimmervermittlung Best Hotel Service (www.besthotelservice.hu).
Weitere Büros: am Flughafen Ferihegy 2 und im Westbahnhof Nyugati pu.
Das Budapester Tourismusamt hilft auch bei der Zimmersuche und vertreibt die Budapest Card, die für 48 bzw. 72 Stunden freie Fahrt mit dem Nahverkehr und viele Vergünstigungen bei Museen und anderen Sehenswürdigkeiten bietet.

Zimmervermittlung: Bei der Zimmersuche hilft das Budapester Tourismusamt oder Best Hotel Service (www.besthotelservice.hu). Hinweis: Während der Formel I (Aug.) ist Budapest oft komplett ausgebucht, deshalb früh buchen!
Four Seasons Hotel Gresham Palace 38: Roosevelt tér 5-6, Tel. (06) 1/268 60 00, Fax 268 50 00, www.fourseasons.com/budapest. Das eleganteste Hotel Ungarns wurde 2004 in einem glänzend renovierten Jugendstilpalast an der Kettenbrücke eröffnet. Von der Donauseite herrlicher Panoramablick zum Schloss – Budapest de luxe! DZ ab 300 €.
Art'otel 39: Bem rakpart 16–19, Tel. (06) 1/487 94 87, Fax 487 94 88, www.artotel.com. Gelungene Mischung aus renovierten Barockgebäuden und modernem Hotel direkt an der Donau. Die Innenausstattung stammt vom amerikanischen Künstler Donald Sultan. DZ ab 158 €.
Andrássy Hotel 40: Andrássy út 111, Tel. (06) 1/462 21 00, Fax 462 21 95,

Römerstadt Aquincum

Nördlich des Óbudaer Zentrums befindet sich die ehemalige römische Bürgerstadt **Aquincum**. Das Freilichtmuseum führt durch die Gassen und Handwerksviertel der Siedlung. Der riesige Ruinengarten bietet nur einen kleinen Ausschnitt der ehemaligen Stadt. In einem Museum sind wertvolle Funde zu sehen, darunter eine Wasserorgel aus dem Jahr 228 n. Chr. (April–Okt. Di–So 9–17 Uhr).

Budapest

FRIEDHÖFE – SPIEGEL DER GESCHICHTE

Es gibt kaum Orte, an denen sich die ungarische Geschichte der letzten 150 Jahre so verdichtet darstellen lässt wie auf den großen Friedhöfen der Stadt. So führt ein Spaziergang über den 1847 eröffneten weitläufigen **Kerepesi Friedhof** (Kerepesi temető, VIII., Fiumei út) zu den Nationalhelden des 19. Jh. Große Mausoleen sind dem ersten Ministerpräsidenten der Revolution von 1848, Lajos Batthyány, dem Anführer des folgenden Freiheitskampfes, Lajos Kossuth, und dem ›Vater des Ausgleichs‹ mit Österreich, Ferenc Deák, gewidmet. Diese drei Staatsmänner stehen für den erwachenden ungarischen Nationalismus im 19. Jh.

100 Jahre später entstand auf dem Friedhof auch ein ›Pantheon der Arbeiterbewegung‹, das von der ›unverbrüchlichen Bruderschaft‹ mit der Sowjetunion kündet. Der langjährige kommunistische Partei- und Staatschef János Kádár liegt auf dem Friedhof ebenso begraben, wie der erste freigewählte Ministerpräsident der Nachwende-Zeit, József Antall.

Die Opfer des Aufstandes 1956 gegen den Großen Bruder wurden jedoch im äußersten Winkel des **Neuen Zentralfriedhofs** (Új köztemető, X., Kozma utca) anonym begraben. Niemand sollte die Grabstätten des hingerichteten Ministerpräsidenten Imre Nagy, seiner engsten Mitstreiter und der vielen Hundert Hingerichteten finden können.

Erst 30 Jahre später endete dieses Versteckspiel. In einer feierlichen Gedenkveranstaltung wurden am 16. Juni 1989 Imre Nagy und seine Getreuen vor 200 000 Menschen auf dem Heldenplatz aufgebahrt und auf Parzelle 301 offiziell beigesetzt. Diese Neu-Beerdigung symbolisierte gleichzeitig das Ende der kommunistischen Herrschaft. Denn mit der Anerkennung von Imre Nagy als legitimen Vertreter des Aufstandes brach die ideologische Basis des Systems zusammen. Die Grabstellen der Aufständischen sind heute ein Nationalheiligtum.

Ein weiteres dunkles Kapitel der ungarischen Geschichte begegnet uns auf dem benachbarten **Jüdischen Friedhof** (Izraelita temető, X., Kozma utca). 1944 wurden Hunderttausende jüdische Ungarn nach Auschwitz verschleppt und dort ermordet. Die Holocaust-Gedenkstätte ist ein bewegendes und erschütterndes Mahnmal an diesen Massenmord, den deutsche und ungarische Behörden Hand in Hand ausführten. In endlosen Reihen sind die Namen derer aufgeführt, die Auschwitz nicht überlebten.

Die z. T. prächtigen Mausoleen auf dem Friedhof zeugen davon, dass die jüdische Bevölkerung an der Wende zum 20. Jh. voll in die Gesellschaft integriert war. Ein schönes Beispiel ist das Jugendstil-Grabmal der Familie Schmidl (Ödön Lechner / Béla Lajta, 1902/03).

Als Künstlerfriedhof ist der **Farkasréti temető** (XII., Némtvölgyi út) bekannt. U. a. Béla Bartók liegt hier begraben. Beachtenswert ist die Aussegnungshalle von Imre Makovecz.

Cityplan S. 116/117

Budapest

www.andrassyhotel.com. In dem noblen Hotel im Bauhaus-Stil stiegen einst auch sowjetische Größen wie Gorbatschow und Breschnew ab; großzügige Suiten im ehemaligen Gästehaus der ungarischen Regierung. DZ ab 150 € (plus Frühstück).
IBIS Budapest Centrum 41: Ráday utca 6, Tel. (06) 1/456 41 00, Fax 456 41 16, www.ibis-centrum.hu. Sympathisches Stadthotel am Beginn der verkehrsberuhigten Café-Meile Ráday utca. DZ 65–75 € (plus Frühstück).
Ábel Panzió 42: Ábel Jenő utca 9, Tel. (06) 1/381 05 53, Fax 209 25 37, www.travelport.hu/abel. Freundliche Atmosphäre, angenehme Zimmer und eine Terrasse mit Garten sind das Markenzeichen der beliebten Pension. DZ 60–70 € (bei Barzahlung minus 10 €).
Boulevard City Pension & Apartments 43: Angyal utca 13, Tel. (06) 1/214 62 62, Fax 214 62 60, www.boulevardcity.hu. Geschmackvolle Zimmer in einem ruhigen Neubau in der Nähe des Großen Ringes. DZ 40–64 €.
Yellow Submarine 44: Teréz körút 56, Tel./Fax (06) 1/331 98 96, www.yellowsubmarinehostel.com. 40 Betten für Rucksacktouristen in gemütlicher und lockerer Atmosphäre. Bett ab 2500 HUF.

Camping:
Camping Niche: Zugligeti út 101, Tel./Fax (06) 1/200 83 46. Kleiner, idyllischer Campingplatz in den Budaer Bergen an der Talstation des Sesselliftes.

Spoon Café & Lounge 45: Vigadó tér 3 (Schiffsanleger), Tel. (06) 1/411 09 33, tgl. 12–17, 18–2 Uhr. Auf einem Schiff wird bei herrlichstem Donaupanorama internationale Küche mit vielen Akzenten serviert – sehr sympathisch. Ca. 1900–4000 HUF.
Premier Étterem 46: Andrássy út 101, Tel. (06) 1/342 17 68, tgl. 10–23 Uhr. Exzellentes Jugendstil-Restaurant. Kreative Fleisch-, Fisch- und vegetarische Gerichte. Ca. 2000–3500 HUF.
Café Pierrot 47: Fortuna utca 14, Tel. (06) 1/375 69 71, tgl. 11–24 Uhr. Eines der elegantesten und stilvollsten Restaurants der Stadt. Raffinierte Küche, Spitzenweine und dezente Klaviermusik runden den Genuss im Burgviertel ab. Ca. 1800–4200 HUF.
Jazz Garden 48: Veres Pálné utca 44/a, Tel. (06) 1/266 73 64, Di–So 18–24 Uhr. Reizvolle Verbindung zwischen Restaurant und Jazz-Club. Ab 20.30 Uhr begleitet Live-Musik das anspruchsvolle Essen. Ca. 1900–3000 HUF, im Konzertzimmer 700–1000 HUF extra.
Alhambra Restaurant 49: Jókai tér 3, Tel. (06) 1/354 10 68, Mo–Sa 12–24, So 18–24 Uhr. Ein Hauch von Orient empfängt die Besucher. Couscous, Minztee und andere marokkanische Spezialitäten. Ca. 1200–2600 HUF.
Wabisabi 50: Visegrádi utca 2, Tel. (06) 1/412 04 27, Mo–Sa 11–24 Uhr. Fernöstliche meditative Atmosphäre mit der Möglichkeit, seinen Tee im Liegen einzunehmen, aber auch ›normale‹ Tische. Vegetarische und vegane Küche wird auch in Budapest immer beliebter – Top-Tipp für Vegetarier! Ca. 1000–2500 HUF.

Veranstaltungshinweise

Die deutschsprachigen Wochenzeitungen **Pester Lloyd** (www.pesterlloyd.net) und **Budapester Zeitung** (www.budapester.hu) veröffentlichen Veranstaltungstipps. Das kostenlose ungarischsprachige Wochenheft **Pesti est** (www.est.hu) liefert die umfassendste Übersicht über das Geschehen, inkl. komplettem Kinoprogramm.

Budapest

Atlas: S. 232

Die schönsten Kaffeehäuser
Café Centrál 17: Károlyi Mihály utca 9, Tel. (06) 1/266 21 10, tgl. 8–24 Uhr.
Café New York 51: Erzsébet körút 9-11. Das traditionsreiche Literatencafé sollte im Juni 2005 wieder eröffnen.
Ruszwurm Cukrászda 6: Szentháromság utca 7, Tel. (06) 1/375 52 84, tgl. 8–20 Uhr (s. Tippkasten S. 113).
Eckermann 28: Andrássy út 24, Tel. (06) 1/269 25 42, Mo–Fr 8–22, Sa 9–21 Uhr. Vorwiegend junges Publikum kommt in das nette Literatur-Café unterhalb des Goethe-Instituts. Lesungen und deutsche Zeitungen runden das Angebot ab.
Teaház A Vörös Oroszlánhoz 52: Ráday utca 9, Tel. (06) 1/215 21 01, Mo–Sa 11–23, So 15–23 Uhr. Tee ist in Budapest im Kommen. Rund 80 Teesorten stehen zur Auswahl – meist junges Publikum.

Die Einkaufsgewohnheiten der Budapester haben sich in den letzten Jahren stark verändert. Riesige Shopping-Center, wie das **Westend City Center** am Westbahnhof, locken mit ihren umfassenden Freizeitangeboten immer mehr Kunden aus der Innenstadt weg.

Galerienmeile

In der **Falk Miksa utca** zwischen Parlament und Großem Ring hat sich eine lebendige Galeristenszene entwickelt, die zum Herzstück des ungarischen Kunstmarktes geworden ist. Zu den Größen des Geschäftes gehören die Galerien Kieselbach, Mű-Terem, Nagyházi und Haas. Bei den regelmäßig stattfindenden Auktionen erzielen ungarische Gemälde oft Rekordpreise.

Doch noch immer ist die **Váci utca** in der Pester Innenstadt die zentrale Shopping-Meile. Hier finden sich auch viele touristische Souvenirläden. Kleinere Geschäfte gibt es entlang des **Großen Rings**, während sich am **Kleinen Ring** eine Reihe von guten Antiquariaten niedergelassen haben. Die Kunstszene hat ihren Sitz in der **Falk Miksa utca** (s. Tippkasten). Ein Genuss für Gaumen und Auge ist die **Große Markthalle** (s. Tippkasten S. 119).
Központi Antikvárium: Múzeum körút 13–15, Mo–Fr 10–18, Sa 10–14 Uhr. Eines der schönsten Antiquariate. Neben historischen Karten auch einige deutsche Bücher.
Westend City Center: Váci út 1–3, So–Do 8–24, Fr–Sa 8–2 Uhr. Der beliebteste postmoderne Konsumtempel Budapests. Neben der bunten Ladenwelt gibt es ein Kino, viele Restaurants und Cafés, und vom Dach startet ein Panoramaballon.

Vass Schuhe: Haris köz 2, Mo–Fr 10–18, Sa 10–13 Uhr. Das beste Schuhgeschäft des Landes. László Vass verkauft erstklassige handgefertigte Lederschuhe.

Die bunte Palette an Kneipen und Cafés bietet für nahezu jeden Geschmack etwas. An Wochenenden öffnen Diskotheken bis in die Nacht ihre Pforten. In den verkehrsberuhigten Straßenzügen entstanden sofort lebendige Kneipenviertel, die vom Frühjahr bis in den Herbst auch draußen servieren.
In der verkehrsberuhigten **Ráday utca** hat sich eine Art Szeneviertel entwickelt, das sehr bunt und vielfältig ist. Die Topadresse in Budapest ist zweifelsohne der **Liszt Ferenc tér**. Unter hohen Bäumen ergattert man abends nur schwer einen der lauschigen Sitzplätze draußen. In der Nähe finden sich auch in der **Jókai utca**, der **Nagymező utca** und der **Hajós utca** nette Lokale. Im sechsten und siebten

Budapest

Cityplan S. 116/117

Bezirk sind zudem einige der besten Diskos und Adressen für Live-Musik.
Auf der anderen Donauseite gibt es auf dem **Budaer Burgberg** einige wenige sympathische Cafés. Auf der Budaer Seite der **Petőfi-Brücke** hat sich ein neues Nightlife-Viertel etabliert.
Café Vian: Liszt Ferenc tér 9, tgl. 9–24 Uhr. Das Vian ist eine feste Größe auf dem Szene-Platz. Unter hohen Bäumen ver-

Typisch für Budapest: die Kaffeehauskultur

Budapest

Atlas: S. 232

geht ein Abend wie im Flug – rundherum viele weitere Cafés.

Múzeum Cukrászda: Múzeum körút 10, tgl. 0–24 Uhr. Wer die Nacht zum Tag macht, bekommt in dem gemütlichen kleinen Café rund um die Uhr einen *eszpressó*.

Café Paris, Texas: Ráday utca 22, Mo–Fr 10–3, Sa 12–3, So 13–3 Uhr. Geschmackvoll eingerichtete Kneipe. Italienische Küche.

Old Man`s Music Pub: Akácfa utca 13, tgl. ab 15 Uhr bis zur Morgendämmerung. Ab 21 Uhr gibt es in dem stimmungsvollen Kellerlokal Live-Musik, bei freiem Eintritt!

A 38: Petőfi híd (Budaer Seite), tgl 11–4 Uhr. Das Partyboot schlechthin! Konzerte, Disko, Restaurant und Café auf drei Etagen. Super Stimmung!

Zöld Pardon: Goldmann György tér. Den ganzen Sommer über spielen auf der Open-Air-Bühne bekannte und weniger bekannte ungarische Bands (kostenlos!).

Veranstaltungsorte

Budapesti Operettszínház (Budapester Operettentheater): Nagymező utca 17, Tel. (06) 1/269 38 70. Wunderbar renoviertes Theater mit Musicals und Tanzvorführungen.

Nemzeti Színház (Nationaltheater) 36: Bajor Gizi park 1, Tel. (06) 1/476 68 00. Das neue Nationaltheater wurde 2002 eingeweiht. Die Innenarchitektur ist bei den Budapestern umstritten.

Ungarische Staatsoper (Magyar Állami Operaház) 25: Andrássy út 22, Tel. (06) 1/353 01 70. Prachtvoller Opernbau und Ensemble von europäischem Rang.

Budapester Frühlingsfestival (Ende März):
zwei Wochen lang Oper, Theater, Jazz, Tanz (www.festivalcity.hu).

Budafest (Juli–Mitte Aug.): Musikfestival mit Oper, Ballett, Symphoniekonzerten und Jazz (www.viparts.hu).

Sziget Fesztivál (Anfang Aug.): größtes Jugendfestival Mitteleuropas! Die Óbudaer Insel verwandelt sich in ein Zeltdorf, eine Woche lang Musik von Pop und Rock bis Blues, Reggae und World Music (www.sziget.hu).

Formel I (Mitte Aug.): Schumi und Konkurrenz düsen über den Hungaro-Ring – Ungarn im Rennsportfieber (www.hunga roring.hu).

Sankt Stephanstag (20. Aug.): Nationaler Feiertag zum Gedenken an Staatsgründer König Stephan. Feuerwerk auf dem Gellért-Berg.

Budapest Parade (Mitte/Ende Aug.): Hunderttausende tanzen in Anlehnung an die Love-Parade durch die Stadt.

Jüdisches Sommerfest (Anfang Sept.): eine Woche jüdische Kultur (www.jewish festival.hu).

Bäder

Gellért Gyógyfürdő 9: Kelenhegyi út 2–4, tgl. 6–19 Uhr (Juli/Aug. auch Fr–Sa 20–24 Uhr).

Király Gyógyfürdő 14: Fő utca 82–84; Mo, Mi, Fr 7–18 Uhr (nur Frauen), Di, Do, Sa 9–20 Uhr (nur Männer).

Rudas Gyógyfürdő 12: Döbrentei tér 9; Mo–Fr 6–20, Sa/So 6–13 Uhr (Thermalbad nur für Männer!)

Széchenyi Gyógyfürdő 37: Állatkerti körút 11, tgl. 6–19 Uhr (Juli/Aug. Mo u. Sa nur Frauen, Di u. Do nur Männer).

Panoramaballon

Vom Dach des Westend City Center steigt der Panoramaballon 150 m am Standseil in die Höhe und bietet einen fantastischen Rundblick über die Stadt (Váci út 1–3, Mo–Fr 10–22, Sa–So 10–24 Uhr).

Pálvölgyi-Höhle

Im Nordwesten Budapests wurde 1904 die längste Tropfsteinhöhle der Stadt entdeckt. 500 m sind bei konstant 9–10° C mit Führungen zugänglich. (Szépvölgyi út

Cityplan S. 116/117

Budapest

162, Di–So 10–16 Uhr, Bus 86 ab Batthyány tér bis Kolosy tér, dann Bus 65 bis Pálvölgyi Cseppkőbarlang).

Stadtwäldchen
Vajdahunyad-Burg, Széchenyi-Bad, Vergnügungspark (Vidám Park), Großzirkus und der 1866 eröffnete Zoo (Állatkert) machen das Stadtwäldchen zu einem echten Familien-Freizeitgelände.

Schiffstouren
Von den Anlegern vor der Pester Donaupromenade legen regelmäßig Ausflugsschiffe ab. Romantisch sind die abendlichen Touren. Eine reizvolle Alternative sind die Linienschiffe (April–Sept.) nach Szentendre, Vác und Visegrád.

Stadtrundfahrten
Die Preise für Stadtrundfahrten liegen bei ca. 3300–6000 HUF (Dauer 2–3 Std.). Die bekanntesten Veranstalter sind Program Centrum Tel. (06) 1/318 44 46, Budatours Tel. (06) 1/353 05 58, Barbie Bus Tel. 06 30/922 21 11 sowie Cityrama Tel. (06) 1/302 43 82.

Flugzeug: Viele Billigflieger landen in Ferihegy 1 (20 km südöstlich), Linienflüge auf dem internationalen Flughafen Ferihegy 2 (24 km südöstlich; Terminal 2 A: MALÉV, Terminal 2 B: ausländische Fluglinien). Flugauskunft: Tel. (06) 1/296 70 00, 296 96 96. Transfer in die Stadt: Die Airport-Minibusse (für Rollstuhlfahrer geeignet) verkehren als günstige Sammeltaxis zwischen Ferihegy 1 und 2 und allen Budapester Adressen (bei der Ankunft am Airport-Minibus-Schalter melden). Für den Rückflug telefonische Bestellung: Tel. (06) 1/296 85 55. Taxis in die Innenstadt kosten rund 20 €.

Bahn: Von drei Fernbahnhöfen geht das Schienennetz des Landes strahlenförmig aus: Keleti pályaudvar (Ostbahnhof), Nyugati pályaudvar (Westbahnhof) und Déli pályaudvar (Südbahnhof). Alle drei Bahnhöfe sind durch die Metro gut miteinander verbunden.

Bus: Die wichtigsten Fernbusbahnhöfe liegen am Népstadion (Kerepesi út/Hungária körút), am Etele tér, am Széna tér, an der Váci út/Róbert Károly út (Busbahnhof Árpád híd) sowie am Népliget (Üllői út), wo die Busse aus Westeuropa ankommen.

Stadtverkehr: Drei Metrolinien, zahlreiche Straßenbahnen, Busse und O-Busse fahren zwischen 4.30 und 23.15 Uhr jeden Bereich der Stadt in oft kurzen Abständen an. Ab 23.30 Uhr verkehren auf 17 Linien Nachtbusse. Einzelfahrscheine müssen vor Fahrtantritt gekauft (an Metrostationen oder am Automaten) und entwertet werden. Sie sind nur für eine Fahrt ohne Umstieg gültig. Für Touristen empfehlen sich daher Tageskarten (*napijegy*) oder Karten für 3 bzw. 7 Tage. Sie erlauben unbegrenzte Fahrten.

Taxi: Die Höchsttarife sind gesetzlich festgelegt, doch vor allem bei längeren Strecken oder nachts sollte man den Fahrpreis vorher aushandeln und vor allem den Taxameter kontrollieren. Bekannte Firmen sind:
Főtaxi Tel. (06) 1/222 22 22; City Taxi Tel. (06) 1/211 11 11; Budataxi Tel. (06) 1/233 33 33.

Polizei: Im Bedarfsfall hilft das Beschwerdebüro des Budapester Polizeipräsidiums rund um die Uhr, Juni–Aug. sogar mit deutsch- und englischsprachigen Mitarbeitern. Adresse: Teve utca 6, Tel. (06) 1/443 52 59.

Krankennotdienst: Notarzt: Falck SOS Hungary, Margit körút 43–45, Tel. (06) 1/200 01 00, tgl. 0–24 Uhr. Not-Zahnarzt: SOS Dent Kft., Király utca 14, Tel. (06) 1/269 60 10, 267 96 02, tgl. 24-Std.-Service.

AUSFLÜGE VON BUDAPEST

Das Budapester Umland hat viele Attraktionen zu bieten. Ob die grünen Budaer Berge, das Königsschloss von Gödöllő, die archäologischen Ausgrabungen von Százhalombatta, das Brunszvik-Schloss von Martonvásár mit seiner Beethoven-Verbindung oder die serbische Kirche von Ráckeve – schnell entkommt man der hektischen Großstadt.

Die Budaer Berge (Budai-hegység)

Ungarn-Atlas: S. 232, A2–3
Im Westen der Stadt erhebt sich ein langer bewaldeter Hügelzug, der als Naherholungsgebiet für Budapest dient. Bis zu 527 m ragen die Budaer Berge empor, was im Winter sogar für ein kleines Skigebiet reicht. Mit der **Zahnradbahn (Fogaskerekű)** geht es vom Városmajor zum **Széchenyi-hegy** hinauf. Von hier kann man zu Fuß zum **János-hegy** laufen, dem höchsten Punkt der Budaer Berge. Vom 1910 errichteten Elisabeth-Turm bietet sich bei schönem Wetter ein herrlicher Rundblick über die bewaldeten Hügel und die Hauptstadt.

Alternativ kann man vom Széchenyi-hegy mit der **Kindereisenbahn (Gyermekvasút)** gemütlich durch die Berge zockeln. Die Bahn wurde früher von jugendlichen ›Pionieren‹ betrieben, und noch heute erledigen Jugendliche die meisten Arbeiten.

Am Haltepunkt János-hegy sollte man aussteigen und zu Fuß zum János-hegy mit dem Elisabeth-Turm laufen. Zum Abschluss winkt eine Fahrt mit dem **Sessellift (Libegő)**, der vom János-hegy ins Tal schwebt. Noch einmal entfaltet sich das ganze Panorama der Hauptstadt, bevor es mit Bus 158 zurück zum Moszkva tér geht.

Nach Süden

Nagytétény

Ungarn-Atlas: S. 232, A3
Am südlichen Stadtrand von Budapest liegt das **Barockschloss Nagytétény**. Wahrscheinlich stand hier schon eine römische Villa, bevor die Familie Tétény im 13. Jh. einen gotisch geprägten Landsitz errichtete. Die Téténys waren ein altes Fürstengeschlecht aus der Árpádenzeit. Während der Türkenzeit erlitt die Burg schwere Schäden und wurde im 18. Jh. im Barockstil wieder aufgebaut. Vorbild war das damals neue Schloss von Gödöllő (s. S. 137).

Im **Kastélymúzeum** ist eine hervorragende Ausstellung über europäische Möbel und Kleider von der Gotik bis

Százhalombatta/Martonvásár

Atlas: S. 232

zum Biedermeier zu sehen (April–Okt. Di–So 10–18, sonst Di–So 10–16 Uhr).

Százhalombatta

Ungarn-Atlas: S. 232, A3
Százhalombatta war schon in der Bronzezeit besiedelt. Der **Archäologische Park** (Régészeti Park) in der István király utca 4 am Ortsrand bringt das Leben der Bronze- und Eisenzeit dem Publikum näher. Im näheren Umfeld des Freilichtmuseums stehen zahlreiche Hügelgräber, von denen eines rekonstruiert wurde. Die sehr interessanten Gräber werden der Hallstein-Kultur zugerechnet (ca. 2700 v. Chr.) (April–Okt. Di–So 10–18, sonst Di–Fr 10–17, Sa–So 13–17 Uhr). Sehenswert ist auch die im organischen Stil erbaute Kirche am Szent István tér. Die Entwürfe stammen vom Star-Architekten Imre Makovecz (1996).

Martonvásár

Ungarn-Atlas: S. 232, A3
Beethoven in Ungarn und dann auch noch verliebt? Beethoven war seit 1799 für die Familie Brunszvik als Klavierlehrer tätig und soll in Josefine von Brunszvik (1779–1821) unsterblich verliebt gewesen sein. Das Ganze war jedoch eine ziemlich unglückliche Beziehung, weil Josefine gleich zweimal anderweitig verheiratet wurde. Immerhin verdanken wir Beethovens Aufenthalten in Martonvásár mehrere Kompositionen. Letzte Beweise für die Theorie, dass die Brunszvik-Tochter tatsächlich Beethovens ›unsterbliche Geliebte‹ war, fehlen allerdings, was die Sache ja nur spannender macht. Das kleine Museum im **Schloss Brunszvik** leistet bei der Spurensuche aufschlussreiche Hilfe – für Beethoven-Fans ist Martonvásár ein Muss (April–Okt. Di–Fr 10–12, 14–16, Sa–So 10–18 Uhr, sonst Di–Fr 10–12, 14–16, Sa–So 10–16 Uhr).

Josefines Schwester Therese eröffnete 1828 in Budapest übrigens den ersten ungarischen Kindergarten. Sie war mit dem berühmten Pädagogen Pestalozzi bekannt. Das benachbarte **Kindergartenmuseum (Óvoda Múzeum)** widmet sich diesem Thema (Mo–Fr 10–14, Sa–So 11–18 Uhr).

Züge nach Martonvásár ab Déli pu.
Bus: Nagytétény erreicht man mit dem Bus 3 ab Móricz Zsigmond körtér (Haltestelle Petőfi Sándor utca). Nach Százhalombatta fahren Busse vom Budapester Etele tér.

Skulpturenpark

An der südwestlichen Stadtgrenze von Budapest, an der Ecke Balatoni út/Szabadkai utca, liegt das einzigartige Freilichtmuseum **Szoborpark (Skulpturenpark)**. Hier sind zahlreiche kommunistische Statuen ausgestellt, die bis 1989 öffentliche Plätze zierten. Bewacht werden sie von den Herren Marx, Engels und Lenin, und es ertönt kommunistische Musik. Der weite Weg lohnt sich auf alle Fälle, denn andernorts wurden die realsozialistischen Denkmäler einfach entsorgt (tgl. 10 Uhr bis Einbruch der Dunkelheit, Anfahrt ab Etele tér mit gelbem Bus nach Diósd/Érd).

Ausflüge von Budapest

Atlas: S. 232

> **Fotomuseum**
>
> Südlich von Ráckeve ist in **Szigetbecse** dem Pionier der Fotografie, André Kertész (1894–1985), ein kleines Museum gewidmet. Es zeigt sehr ausdrucksstarke Schwarz-Weiß-Fotos aus den Jahren 1910–35. Kertész wurde in Budapest geboren und musste als Jude in die USA emigrieren, wo er auch starb (Mai–Sept. Sa–So 10–17 Uhr, sonst Schlüssel im Bürgermeisteramt, Petőfi Sándor utca 34).

Ráckeve

Ungarn-Atlas: S. 232, A4

Die Kleinstadt Ráckeve liegt am südlichen Ende der Csepel-Insel und war seit 1440 ein Zentrum serbischer Siedler, die sich hierher vor den auf dem Balkan vorrückenden Türken flüchteten. Schon der Namensteil ›Rác‹ (Raizen) weist auf die serbische Besiedlung hin. Sehenswert sind die Fresken in der serbisch-orthodoxen Kirche (Viola utca 1). Einige Fresken in der spätgotischen Kirche stammen noch aus dem 15. Jh. Jedes Jahr finden an wichtigen Tagen des serbisch-orthodoxen Kalenders Prozessionen im Ort statt.

Der als Bezwinger der Türken in Westeuropa gefeierte Prinz Eugen von Savoyen ließ sich in Ráckeve zu Anfang des 18. Jh. ein Schloss bauen, nachdem er die gesamte Csepel-Insel erworben hatte. Gewohnt hat er in dem von Johann Lukas von Hildebrandt entworfenen Schloss allerdings nicht. Mitte des 18. Jh. wurde das Schloss noch einmal erweitert. Heute sind in der Anlage ein nettes Hotel und Restaurant untergebracht.

Tourinform: Kossuth Lajos utca 51, 2300 Ráckeve, Tel./Fax (06) 24/42 97 47, rackeve@tourinform.hu, www.rackeve.hu.

Bahn: Die Vorortbahn HÉV verkehrt regelmäßig nach Budapest (End-

Barockschloss Gödöllő

haltestelle Közvágóhíd, Soroksári út). Es muss ein Extraticket für Fahrt jenseits der Stadtgrenze gelöst werden.

Nach Osten

Schloss Gödöllő

Ungarn-Atlas: S. 232, B2
30 km östlich der Hauptstadt Budapest liegt jenseits des Hungarorings eines der schönsten Barockschlösser Ungarns. Graf Antal Grassalkovich hatte 1735 mit dem Bau begonnen und die Leitung Andreas Mayerhoffer übertragen. Der Palast wurde zum Vorbild vieler weiterer Landschlösser in Ungarn. Grassalkovichs Nähe zu Maria Theresia förderten seine Karriere und seinen Wohlstand maßgeblich.

Auch wenn die beiden Nachfahren Grassalkovichs in den Fürstenstand erhoben wurden, und u. a. das Baugrundstück für das Budapester Nationalmuseum stifteten, ging es mit der Familie im 19. Jh. bergab, sodass Gödöllő 1867 zum Verkauf stand. Deshalb bot es sich als Krönungsgabe des ungarischen Staates für Franz Joseph

Ausflüge von Budapest

Atlas: S. 232

und seine Frau Elisabeth geradezu an. Vor allem die Kaiserin kam gerne hierher.

Für Sisi, wie sie sich selbst nannte, bot das Schloss Gelegenheit, dem engen Reglement des Wiener Hofes zu entfliehen. Auf Jagden suchte die passionierte Reiterin Zerstreuung, denn mit zunehmendem Alter zog sie sich immer mehr aus dem öffentlichen Leben zurück. Ein Gedenkzimmer für Elisabeth lässt den Sisi-Kult wieder aufleben.

Nach dem Ende der Habsburgermonarchie nutzte Reichsverweser Horthy das Schloss als Sommerresidenz, bevor es 1944/45 von deutschen und sowjetischen Truppen verwüstet wurde. Seit 1994 wird die Anlage Stück für Stück liebevoll renoviert.

Das U-förmige Hauptgebäude mit den prunkvollen kaiserlichen Räumen steht als **Museum** zur Verfügung. Zu sehen ist auch das Maria-Theresia-Zimmer, das die Kaiserin bei ihrem Besuch 1751 bewohnte. Prächtig ist die barocke **Schlosskapelle.**

Das 2003 wieder eröffnete **Burgtheater** ist eine Rarität, denn es gibt nur zwei weitere intakte barocke Theaterbühnen in Europa. Erbaut wurde das Theater um 1783, doch Kaiserin Sisi wandelte das Gebäude in Wohnungen um. Seit der gelungenen Rekonstruktion gibt es gelegentlich Vorführungen.

Im Schloss-Innenhof finden im Sommer klassische Konzerte statt. Empfehlenswert ist das stilvolle Café (April–Okt. Di–So 10–18, sonst Di–So 10–17 Uhr).

Jászberény

Ungarn-Atlas: S. 232, C3

In der Kleinstadt Jászberény (48 km östlich von Gödöllő) birgt das **Jász-Múzeum** ein wahres Kleinod: Das so genannte Lehel-Horn steht mit einer alten Legende in Verbindung. Nach der Niederlage bei Augsburg 955 soll der ungarische Heerführer Lehel vor Kaiser Konrad gebracht worden sein. Der Kaiser gewährte ihm vor der Hinrichtung noch einen letzten Wunsch. Lehel verlangte, sein Horn blasen zu dürfen, erschlug damit aber den Kaiser. Die Magyaren glaubten nämlich, dass alle von ihnen Getöteten im Jenseits zu ihren Dienern würden. Die Sage ist zwar sehr patriotisch, doch entsprang sie reinem Wunschdenken. Das Horn selbst stammt wahrscheinlich aus Byzanz und wurde im 10./11. Jh. gefertigt (Táncsics Mihály utca 5, April–Okt. Di–So 10–17, sonst Di–Fr 9–16, Sa–So 9–13 Uhr).

Das interessante Museum illustriert zudem die Geschichte der Region Jászság. Die Jazygen waren ein indoiranisches Reitervolk, das im 13. Jh. in Ungarn einwanderte. Für ihre Militärdienste erhielten sie zahlreiche Privilegien und eine eigene Verwaltung, die erst 1876 aufgelöst wurde. Jászberény war der Sitz dieser Selbstverwaltung.

Bahn: Mit der Vorortbahn HÉV ab Budapest Örs vezér tere bis Haltestelle Gödöllő Szabadság tér (Extraticket!). Züge nach Eger und Miskolc. **Busse** nach Vác und Jászberény.

DAS DONAUKNIE

Kurz vor Budapest treten bewaldete Mittelgebirgszüge dicht an die Donau heran, und der Fluss macht einen scharfen Schwenk nach Süden Richtung Hauptstadt. In diesem malerischen und geschichtsträchtigen Flussabschnitt liegen die sehenswerten Städtchen Esztergom, Visegrád, Vác und Szentendre. Die Höhenzüge laden zu schönen Ausflügen ein.

Szentendre

Ungarn-Atlas: S. 232, A2

Das idyllische Kleinstädtchen 20 km nördlich von Budapest ist als Künstlerort bekannt geworden. Beeindruckend ist die Dichte an hochkarätigen Museen und Galerien. Durch die barocken Gässchen drängen sich im Sommer viele Touristen, doch abends und außerhalb der Saison kann man den Charme des Ortes in aller Ruhe genießen.

Schon die Römer siedelten hier, aber das heutige Stadtbild wurde von den 6000 serbischen Einwanderern geprägt, die 1690 während der Türkenkriege hierhin flohen. Sie machten Szentendre zu einem Zentrum serbischer Kultur. Ebenfalls großen Einfluss auf die Entwicklung nahm die Künstlerkolonie, die 1926–28 gegründet wurde.

Mittelpunkt des Ortes ist der schmucke **Fő tér (Hauptplatz)** mit dem Pestkreuz. Wichtigstes Bauwerk ist die ehemals serbische Blagovestenszka-Kirche, die 1752–54 nach Plänen von Andreas Mayerhoffer im Barockstil erbaut wurde.

Werke der Künstlerfamilie Ferenczy sind im **Ferenczy Károly Múzeum** zu sehen. Károly Ferenczy (1862–1917) war ein wichtiger Vertreter der Künstlerkolonie von Nagybánya, einem Vorläufer der Kolonie in Szentendre (Fő tér 6, April–Okt. Di–So 10–18, sonst Di–So 10–16 Uhr).

Auf der anderen Platzseite sind Werke des Kubisten **János Kmetty** ausgestellt (Fő tér 21, Mai–Sept. Di–So 10–18 Uhr). Das bedeutendste Museum in Szentendre ist das **Kovács Margit Múzeum**. Das Museum zeigt in der ehemaligen Poststation kunstvolle Werke der bedeutenden Keramikkünstlerin (1902–77) (Vastagh György utca 1, April–Okt. tgl. 9–18, sonst Di–So 10–18 Uhr).

Schmale Gässchen führen vom Fő tér auf den Burghügel mit der katholischen Pfarrkirche. Von dort oben bietet sich ein schöner Rundblick über die Dächer der Stadt, die Donau und die Szentendre-Insel.

Wichtigstes Überbleibsel der serbischen Besiedlung ist die orthodoxe Belgrad-Kirche in der Alkotmány utca. Im benachbarten **Serbischen Kir-**

Das Donauknie

Atlas: S. 232

> ## Skanzen
>
> Ungarns größtes Freilichtmuseum Skanzen versucht, auf 50 ha die traditionelle Dorfkultur Ungarns exemplarisch zu erhalten. Aus allen Teilen des Landes werden typische Wohnhäuser, Kirchen und Mühlen hierhin gebracht, doch in der Realität ist diese bäuerliche Welt leider schon ausgestorben. Der Skanzen bietet ein vielfältiges Kulturprogramm, u. a. mit Tanzveranstaltungen und Kunsthandwerksmärkten zu Ostern und Pfingsten (ca. 3 km nordwestlich von Szentendre, Sztaravodai utca, April–Okt. Di–So 9–17 Uhr).

chengeschichtlichen Museum sind kostbare Ikonen und Kultgegenstände der serbischen Gemeinde ausgestellt (Pátriárka utca 5, März–Okt. Di–So 10–18, sonst Fr–So 10–16 Uhr).

Pilis-Gebirge und Visegráder Berge

Nordwestlich von Szentendre erstreckt sich ein beliebtes Naherholungs- und Wandergebiet der Budapester. Höchster Berg des bewaldeten Mittelgebirges im Nationalpark Duna-Ipoly ist der **Pilis** mit 756 m. Vom **Dobogó-kő** bietet sich ein herrlicher Blick ins Donauknie.

Manche Orte, wie **Pilisvörösvár**, gehen auf deutsche Siedler zurück, deren Nachfahren noch heute ihre Kultur bewahren. In **Piliscsaba** wurde die katholische Pázmány-Péter-Universität nach den Plänen von Imre Makovecz im organischen Stil errichtet.

Tourinform: Dumtsa Jenő utca 22, 2000 Szentendre, Tel./Fax (06) 26/31 79 65, szentendre@tourinform.hu, www.szentendre.hu.

Camping Pap-Sziget: Pap-Sziget, Tel. (06) 26/31 06 97, www.papsziget.hu, Mai–Mitte Sept. Nördlich der Innenstadt liegt die kleine ›Priester-Insel‹. Auch Motel, Pension und Bungalows.

Promenade Vendéglő: Futó utca 4, Tel. (06) 26/31 26 26, tgl. 12–24 Uhr. Direkt auf der Donaupromenade liegt dieses einladende Restaurant mit großer Sommerterrasse; ansehnliche Speisekarte mit ungarischen und internationalen Gerichten. Ca. 1100–3000 HUF.

Radfahren: Schöner und beliebter Radweg entlang der Donau nach Budapest. Räder können auch in der HÉV transportiert werden (Extrafahrschein!).
Wandern: ab den beschaulichen Bergorten Pilisszentkereszt oder Pilisszentlászló sowie ab Dobogó-kő zahlreiche gute Ausflugsmöglichkeiten.

Bahn: Regelmäßige Verbindung nach Budapest (Batthyány tér) mit der Vorortbahn HÉV (Extraticket!).
Busse ab HÉV-Station nach Budapest (Árpád híd), Visegrád, Esztergom und Vác. Ab Budapest Árpád híd Busse ins Pilis-Gebirge.
Linienschiffe nach Budapest und Visegrád legen etwas nördlich von Szentendre an.

Vác (Waitzen)

Ungarn-Atlas: S. 232, B2
Schon König Stephan I. gründete am Ausgang des Donauknies einen Bischofssitz, doch geprägt wird Vác (34 000 Einw.) durch Bauaktivitäten in der zweiten Hälfte des 18. Jh. Die erste ungarische Eisenbahn fuhr 1846 von Pest bis nach Vác. Berüchtigt war das Gefängnis von Vác, in dem politische Gefangene einsaßen, u. a. nach 1956 der spätere Staatspräsident Árpád Göncz.

Zentrum des Ortes ist der beschauliche **Március 15. tér**, der im Mittelalter als Marktplatz diente. Heute ist er das einzige geschlossene Barock-Ensemble in Ungarn.

Religiöser Mittelpunkt von Vác ist der **Dom** am Konstantin tér. Erbaut wurde er 1761–77 von Isidore Canevale, der damit in Ungarn den Übergang zum Klassizismus einleitete. Am Platz steht auch der Bischofspalast.

12 km südöstlich liegt in **Vácrátót** ein wunderbarer Botanischer Garten (Botanikus kert). Der Garten wurde im 19. Jh. als englischer Landschaftsgarten angelegt (April–Okt. tgl. 7–18, sonst 7–16 Uhr).

Tourinform: Március 15. tér 16–18, 2600 Vác, Tel. (06) 27/31 61 60, Fax 31 64 64, vac@tourinform.hu, www.vac.hu.

MoMo: Tímár utca 9, Tel. (06)/27 30 67 77, tgl. 12–23 Uhr. Auf der schönen Terrasse an der Donaupromenade wird viel Fisch serviert, aber auch Schwein, Kalb und Rind. Das beste Restaurant der Stadt. Ca. 800–2000 HUF.

Züge nach Budapest Nyugati pu. und Szob.
Busse ab Busbahnhof Szent István tér auch nach Vácrátót und Gödöllő; nach Szentendre ab Autofähre.
Schiff: Linienschiffe nach Budapest und Visegrád. Autofähre auf die Szentendre-Insel.

Memento Mori

Unter der ehemaligen Dominikanerkirche in Vác fanden 1731–1808 Beerdigungen in einer Krypta statt. Die Gräberstadt wurde 1994 wiederentdeckt. Die sehr ungewöhnliche und sehenswerte Ausstellung **Memento Mori** zeigt in einem 500 Jahre alten Weinkeller reich verzierte Särge, mumifizierte Leichen und religiöse Grabbeigaben aus dem 18. Jh. (Március 15. tér 19, März–Okt. Di–So 10–18 Uhr).

Börzsöny-Gebirge

Ungarn-Atlas: S. 232, A1/2
Nördlich der Donau bestimmen die bewaldeten Höhen des Börzsöny-Gebirges das Landschaftsbild. Eine Tour rund um das bis zu 938 m hohe Mittelgebirge ist für Naturliebhaber und Wanderfreunde ein reizvoller Ausflug. Der Börzsöny ist seit 1997 Teil des Nationalparks Duna-Ipoly.

In **Nagymaros** ist die Kirche am Szent Imre herceg tér sehenswert. Im Vorraum mit dem gotischen Rippengewölbe ist ein Wandgemälde angebracht. Es zeigt Nagymaros und Vise-

Das Donauknie

grád nach der kurzzeitigen Befreiung von den Türken 1595.

Zebegény schmiegt sich an die steilen Berghänge. Im Ortszentrum ist die römisch-katholische Pfarrkirche eine Besonderheit. Károly Kós und Béla Jánszky lieferten die Pläne für die Jugendstilkirche und Aladár Körösfői Kriesch gestaltete die prachtvollen Wandgemälde im Inneren. Ein Unikum ist das Schifffahrtsmuseum (Hajózási Múzeum). Der ehemalige Kapitän Vince Farkas zeigt eine bunte Sammlung von Mitbringseln aus aller Welt, darunter Totempfähle, Galionsfiguren und Schiffsmodelle (Szőnyi utca 9, April–Okt. tgl. 9–18 Uhr).

Das Paulinerkloster in **Márianosztra** hat eine wechselvolle Geschichte hinter sich. Es wurde bereits 1352 von König Ludwig gegründet. Ab 1948 diente es dem kommunistischen Regime als Staatsgefängnis. Heute gehört die Kirche wieder dem Orden, während das Kloster weiter ein Zuchthaus ist.

Einen weiteren Abstecher lohnt der verschlafene und idyllisch gelegene Ort **Nagybörzsöny**. Im 15.–18. Jh. wurden hier Silber und Gold abgebaut, was dem Ort zu einigem Wohlstand verhalf. Danach versank er in die Bedeutungslosigkeit. Sowohl die umfriedete romanische Kirche am Ortseingang sowie die ›Bergbau‹-Kirche (Bányásztemplom) in der József Attila utca stammen aus dem 13. Jh. Das kleine Dorfmuseum (Tájház) war das ehemalige Wirtschaftsgebäude des Bergbaus (Mi–So 10–12, 13–16 Uhr).

Blick auf das Donauknie bei Visegrád

Auf der östlichen Seite des Börzsöny war die Burgruine von **Nógrád** im Mittelalter eine bedeutende Festung, welche dem ganzen Komitat ihren Namen gab.

Kenderes Hotel: 2627 Zebegény, Dózsa György út 26, Tel./Fax (06) 27/37 01 13, www.reiseinfo.hu/hotel-kenderes. Sehr schön gelegenes Hotel und Restaurant am Donauufer. Fünf Zimmer haben Donaublick, einige reichen über zwei Etagen; auch Hallenbad und Radverleih. Sehr empfehlenswert ist ein Abendessen auf der Terrasse. Beim Blick über die Donau erlebt man Romantik pur! DZ 9000–10 000 HUF.

Wandern: Von praktisch allen Orten gibt es schöne Wandermöglichkeiten. Viele Wege sind ausgeschildert, aber eine Wanderkarte ist empfehlenswert. Lohnend ist der (z.T. steile) Aufstieg von Zebegény oder Nagymaros zum 482 m hohen Hegyes-tető (gelbe Markierung). Vom Aussichtsturm fantastischer Rundblick.

Radfahren: Entlang der Donau führt von Vác bis Szob eine ausgeschilderte Radwanderroute mit fantastischen Donaublicken. Das schönste Teilstück führt zwischen Nagymaros und Zebegény direkt an der Donau über einen eigenen Radweg. Radverleih: Coop ABC, Zebegény, Petőfi tér 15, Tel. (06) 27/37 02 73.

Züge von Budapest und Vác bis nach Szob und ab Verőce u. a. nach Nógrád. Von Kismaros und Nagybörzsöny fahren Schmalspurbahnen in das Mittelgebirge hinein.

Busse von Vác und Szob in die Dörfer rund um den Börzsöny.

Schiff: in Nagymaros und Szob Autofähren.

Visegrád

Ungarn-Atlas: S. 232, A2

Der kleine Ort liegt an der schönsten Stelle des Donautals und wird von einer mächtigen Festung dominiert. Kö-

Das Donauknie

Atlas: S. 232

nig Béla IV. legte nach dem Tatareneinfall 1241/42 die **Hochburg (Fellegvár)** über dem Ort an. Von hier konnte man das schmale Donautal gut kontrollieren. Kein Wunder, dass die Habsburger die Festung 1702 sprengen ließen, weil sie befürchteten, Aufständische könnten sie in ihre Hand bekommen. Heute genießt man von der Aussichtsplattform den Panoramablick über das Donautal (tgl. 9.30–18 Uhr).

Im Mittelalter befand sich unterhalb der Burg ein **Königspalast (Királyi palota)**, nachdem König Karl Robert 1323 den Regierungssitz nach Visegrád verlegt hatte. Auch König Matthias (1458–90) erledigte seine Regierungsgeschäfte oft hier. Er schenkte den Palast seiner Frau Beatrix von Aragon. Doch während der Türkenkriege verloren Palast und Ort ihre Bedeutung. Der Palast in der Fő utca 23 wurde teilweise wieder rekonstruiert. Vor allem der Innenhof mit der Kopie des Herkules-Brunnens sowie das Museum sind gut gelungen (Di–So 9–17 Uhr). Ebenfalls aus der Glanzzeit Visegráds stammt der **Salomonturm (Salamon torony)** aus dem 13. Jh. Er zeigt heute Funde urzeitlicher Besiedlung sowie aus der Neuzeit (Mai–Sept. Di–So 9–17 Uhr).

In jüngerer Zeit machten Visegrád und das gegenüberliegende Nagymaros durch ein umstrittenes Staustufenprojekt für die Donau von sich reden. Ende der 1980er-Jahre verhinderte breiter Widerstand der Bevölkerung den Bau. Inzwischen ist die Baustelle mit Gras überwachsen (s. auch S. 17).

Danubius Spa & Conference Hotel Visegrád: Lepencevölgy, Tel. (06) 26/80 19 00, Fax 80 19 18, www.danubiushotels.com/visegrad. Topmodernes Vier-Sterne-Hotel 3 km westlich von Visegrád mit eigenem Thermalbad direkt an der Donau. DZ ab 105 €.

Pereszlényi Zoltán: Mátyás király út 86, Tel. (06) 26/39 81 32. Sympathische kleine Pension am Ende des Tals mit drei Zimmern und einer Mansarde. Ruhige Lage. DZ 7000–8000 HUF (ohne Frühstück).

Nagyvillám Vadászcsárda: Nagyvillám, Tel. (06) 26/39 80 70, Mitte März–Okt. 12–20, sonst 12–16 Uhr. Von der Terrasse des Wildrestaurants hat man einen schönen Panoramablick auf Donau und Burg. Empfehlenswerte Wild- und Pilzspezialitäten. Ca. 1200–2800 HUF.

Rodelbahn: Nagyvillám, Tel. (06) 26/39 73 97, März–Nov. 10–17, sonst 12–16 Uhr. Zwei 700 m lange Abfahrten unweit der Hochburg.

Busse nach Budapest, Szentendre und Esztergom.
Linienschiffe nach Budapest, Szentendre, Esztergom und Vác.
Autofähre über die Donau nach Nagymaros.

Esztergom (Gran)

Ungarn-Atlas: S. 232, A2

Wuchtig erhebt sich die mächtige **Basilika** über dem Steilufer der Donau. Die Grenzstadt (30 000 Einw.) lebt ganz im Schatten der katholischen Kirche, für die Esztergom das religiöse Zentrum des Landes ist. Der Erzbischof von Esztergom-Budapest ist traditionell auch Primas von Ungarn. Vor 1000 Jahren war Esztergom der Krönungsort des ersten ungarischen Königs Ste-

Esztergom (Gran)

phan I., doch im Mittelalter verlagerte sich die weltliche Macht nach Visegrád und später nach Buda.

Die klassizistische Basilika auf dem Burgberg (Várhegy) ist ein imposanter Bau. Errichtet wurde die größte Kirche Ungarns nach Plänen von József Hild. Zur Einweihung 1856 führte Franz Liszt die eigens komponierte Graner Festmesse auf. Zu den Ehrengästen zählte Kaiser Franz Joseph.

Im Kircheninneren ist vor allem die Bakócz-Kapelle im Renaissancestil (1506/07) interessant. Sie ist ein wertvolles Relikt der Vorläuferkirche. 1991 wurde in der Kirche auch Kardinal József Mindszenty (1892–1975) erneut beigesetzt. Der Kardinal war ein Gegner des kommunistischen Regimes und musste nach 1956 lange in der US-Botschaft in Budapest Zuflucht suchen. Schließlich starb er im Exil in Wien und wird heute in Ungarn fast schon als Heiliger behandelt. Der Aufstieg zur Kirchenkuppel wird mit einem herrlichen Blick über die Umgebung belohnt (tgl. 9–16.30 Uhr).

Der **Königspalast (Királyi palota)** neben der Kirche wurde teilweise rekonstruiert und als Burgmuseum geöffnet. U. a. ist die Burgkapelle aus dem 12. Jh. zu sehen. Die einstige Pracht des Palastes kann man nur erahnen (Di–So 10–18 Uhr).

Unterhalb des Burgberges erstreckt sich die stimmungsvolle **Víziváros (Wasserstadt)**. Am zentralen Mindszenty hercegprímás tér liegt das Erzbischöfliche Palais mit dem **Christlichen Museum (Keresztény Múzeum)**. Kostbare gotische Flügelaltäre, Renaissance-Gemälde und Wandteppiche gehören zu der wertvollen Sammlung (Di–So 10–17.30 Uhr).

Rund um den **Széchenyi tér** lag einst der Mittelpunkt der Bürgerstadt. Das Rathaus aus dem 17. Jh., wurde später im Rokoko-Stil umgebaut.

Auf der Donauinsel Prímás-sziget steht ein neues Thermal- und Erlebnisbad. Von der **Mária-Valéria-Brücke,** die in die Slowakei führt, genießt man den besten Blick auf die mächtige Basilika. Besonders abends wird es romantisch, wenn der Prachtbau angestrahlt wird.

Gran Tours: Széchenyi tér 25, 2500 Esztergom, Tel./Fax (06) 33/50 20 01, grantours@vnet.hu, www.esztergom.hu. Zimmervermittlung, Geldwechsel, Programminfos.

Pension Ria: Batthyányi utca 13, Tel. (06) 33/31 31 15, Fax 40 14 29, www.hotels.hu/ria_panzio. Die Farnadys betreiben diese schöne Pension mit 15 Zimmern sehr familiär. Nur Nichtraucherzimmer, Radverleih für Gäste. DZ 40–61 €.
Camping:
Gran Camping: Nagy-Duna sétány 3, Tel. (06) 33/40 25 13, Fax 41 19 53, fortanex@elender.hu. Schöner Campingplatz an der Donau mit 250 Plätzen; auch Bungalows und Freibad.

Padlizsán Étterem: Pázmány utca 21, Tel. (06) 33/31 12 12, tgl. 12–23 Uhr. Das dezente Interieur und die solide Küche mit kreativen Ideen zeichnen das ›Aubergine‹ aus. Vom Hof abends Blick auf die angestrahlte Burg.

Zug: Verbindungen nach Budapest.
Busse ab Simor János utca nach Budapest, Szentendre, Visegrád und Győr. Im Sommer **Linienschiffe** nach Visegrád.

Ostungarische Tiefebene (Alföld)

Sonnenblumen in der Großen Tiefebene

Ungarn-Atlas S. 238–239

Kleinkumanien (Kiskunság)

Atlas: S. 238

KLEINKUMANIEN (KISKUNSÁG)

Weit erstreckt sich das flache Zweistromland zwischen Donau und Theiß. Hier beginnt die Große Ungarische Tiefebene, das Alföld. Geprägt wird die Region von der Landwirtschaft, von verstreut liegenden geschützten Bereichen des Nationalparks Kiskunság sowie von mehreren Kleinstädten und einsamen Einzelgehöften, die wie Inseln inmitten der Tiefebene wirken.

»Ungehindert, hoch bis zu den Wolken steigen meine Träume auf verwegen./ Von der Donau bis zum Theißstrom lächelt/ mir die grüne Ebene entgegen.« So schrieb Sándor Petőfi voller Wärme und Romantik im 19. Jh. über seine Heimat Kleinkumanien (s. S. 153 und S. 172). So trug er nicht unwesentlich zum Pusztabild heutiger Tage bei. Dabei brachte die Geschichte dieser Region lange nur Elend und Verwüstung. Im 13. Jh. entvölkerte der ›Tatarensturm‹ die Tiefebene. Danach siedelte König Béla IV. Kumanen in der Tiefebene an. Das aus Zentralasien stammende Reitervolk war selbst aus seiner Heimat vertrieben worden. Im Gegenzug für das Privileg der Selbstverwaltung leisteten die Kumanen dem König Militärdienste.

Nach den Verwüstungen der Türkenkriege erfolgte erst im 18. Jh. langsam die Wiederbesiedlung des Zweistromlandes, das 1702 an den Deutschen Ritterorden verkauft wurde. 1745 kauften sich die Nachfahren der Kumanen in einer spektakulären Aktion aus der Feudalherrschaft frei, verloren im 19. Jh. jedoch endgültig ihre privilegierte Sonderstellung.

Inmitten des Wein-, Obst- und Getreideanbaus war 1975 die Einrichtung des Nationalparks Kiskunság ein wesentlicher Schritt zur Erhaltung bedrohter Naturräume.

Kalocsa

Ungarn-Atlas: S. 238, A2
Kirche, Paprika und Stickereien – mit diesen drei Begriffen lässt sich die Kleinstadt (18 000 Einw.) unweit der Donau charakterisieren. Schon 1002 gründete König Stephan hier ein Bistum, das als Erzdiözese großen Einfluss ausübte.

Die heutige **Erzbischöfliche Residenz (Érseki palota)** am Szentháromság tér geht auf das späte 18. Jh. und Pläne von Gáspár Oswald zurück. Besonders bemerkenswert ist die Bibliothek, die von Erzbischof Patachich 1784 neu gegründet wurde. Unter den 150 000 Bänden befinden sich kostbare Kodizes und Wiegendrucke aus dem

Kalocsa

Atlas: S. 238

15. Jh. Franz Anton Maulbertsch gestaltete mehrere Räume der Residenz mit Fresken aus (Bibliotheksführungen Di–So 9–12, 14–17 Uhr). Eine Liszt-Statue an der barocken **Kathedrale** (1735–54) verweist darauf, dass der Komponist Kalocsa öfter besuchte.

Die Geschichtsabteilung der **Erzbischöflichen Schatzkammer (Érseki kincstár)** thematisiert u. a. die multikulturelle Neubesiedlung der Region im 18. Jh. durch Ungarn, Deutsche, Serben, dalmatinische Bunjewatzen und kroatische Schokatzen (Hunyadi János utca 2, April–Okt. Di–So 9–17 Uhr).

Über die berühmten Paprikaschoten informieren das **Kalocsai Paprika ház** (Kossuth Lajos utca 15, Mai–Okt. tgl. 10–16 Uhr) sowie das **Paprika Múzeum** (Szent István király út 6, April–Okt. tgl. 10–17 Uhr).

> ## Stickereien
>
> Es scheint, als sei die Kunst des Stickens den Kalocsaer Frauen in die Wiege gelegt worden. Von einfachen Farbmustern (zunächst weiß, später schwarz-rot-blau) für Kleidung und Tischdecken entwickelte sich die Kunst zu knallbunten Farben, die überall im Haus anzutreffen sind. Sogar die Wände wurden entsprechend bemalt, wie man im Bahnhof und im Haus der Volkskunst sehen kann. Diese Bemalungen nennt man *pingálás*. Kaufen kann man die Stickereien z. B. in der Kossuth Lajos utca 17.

Die farbenprächtigen Kalocsaer Stickereien kann man im **Viski Károly Múzeum** (Szent István király út 25, März–Okt. Di–So 9–17 Uhr) sowie im **Népművészeti ház (Haus der Volkskunst)** besichtigen (Tompa Mihály utca 5–7, April–Okt. tgl. 10–17 Uhr).

Ungewöhnliches bietet das **Schöffer Múzeum**: Der aus Kalocsa stammende Lichtkünstler (1912–92) schuf futuristische Konstruktionen, die surrend und quietschend surreale Lichteffekte erzeugen (Szent István király út 76, Di–So 10–17 Uhr). Eine große Installation ist am Busbahnhof zu bewundern.

Umgebung

Mehr als 1100 Weinkeller bilden das berühmte **Weinkellerdorf (Pincefalu)** bei **Hajós**. Während der Weinlese erwachen die Gassen und unzähligen Kellerstollen zu regem Leben. In der Weinregion auf dem Sand- und Lössrücken zwischen Donau und Theiß gedeihen viele Rebsorten.

Vendégház: Kossuth Lajos utca 17, Tel./Fax (06) 78/46 19 23. Mária Marosi führt ein sympathisches Gästehaus mit großem Wohnbereich, Küche und Garten. Ihre schönen Stickereien verkauft sie nebenan in einem Souvenirladen. DZ 5100 HUF (ohne Frühstück).

Béta Hotel Kalocsa: Szentháromság tér 4, Tel. (06) 78/56 12 00, Fax 56 12 12, www.hotelkalocsa.hu. Das beste Hotel am Platz in einem 200 Jahre alten historischen Palais. Auch gutes Restaurant. DZ 60 €.

Kleinkumanien (Kiskunság)

Atlas: S. 238

Wenige **Züge** nach Kiskőrös, **Busse** auch nach Baja, Kecskemét, Szeged und Budapest.

Baja

Ungarn-Atlas: S. 238, A3
Liegt Baja (40 000 Einw.) heute etwas abseits im Grenzgebiet zu Kroatien und Serbien, war es früher eine bedeutende Handelsstadt am Schnittpunkt wichtiger Fernstraßen. Geprägt wurde die Siedlung von ihrer Nähe zur Donau und von ihrer multikulturellen Neubesiedlung im 18. Jh. Ungarn, Deutsche, Kroaten und Serben lebten friedlich zusammen.

Zentraler Platz ist der überdimensionale, an drei Seiten bebaute **Szentháromság tér**. Die Stirnseite wird vom ehemaligen Grassalkovich-Palais eingenommen, dem heutigen Rathaus. Vor der offenen Frontseite fließt die Sugovica, ein kleiner Seitenarm der Donau. An ihren Ufern sorgt abends eine stimmungsvolle Kneipenmeile für Leben.

Sehenswert ist das auf zwei Gebäude verteilte **Türr István Múzeum**. In der Deák Ferenc utca 1 sind wunderbare Volkskunst und -trachten ausgestellt. Auch die Fischerei nimmt breiten Raum ein. Am Roosevelt tér 6 geht es um die Stadtgeschichte (März–Dez. Mi–So 10–16 Uhr).

Tourinform: Szentháromság tér 5, 6500 Baja, Tel./Fax (06) 79/42 07 92, baja@tourinform.hu, www.baja.hu.

Hotel Kaiser Panzió: Tóth Kálmán utca 12, Tel./Fax (06) 79/52 04 50, www.hotels.hu/kaiserpanzio. Die sehr freundlichen Kaisers betreiben eine moderne und einladende Pension mit zehn Zimmern. Vier weitere Zimmer befinden sich in einem zweiten Haus. DZ 8600 HUF.
Camping:
Camping Sugovica: Petőfi sziget, Május 1. sétány, Tel. (06) 79/32 17 55, Fax 32 31 55, www.hotelsugovica.hu. Auch Bungalows und Hotel.

Bajai Halászcsárda: Damjanich utca 1, Tel. (06) 79/32 57 88. Als ›Hauptstadt der Fischsuppe‹ hat Baja einen Ruf zu verteidigen. So steht die Bajaer Fischsuppe natürlich oben auf der Speisekarte. Traditionell wird sie hier mit Eiernudeln zubereitet. Hauptgerichte ca. 750–1400 HUF.

Fest der Fischsuppe (Halászlé ünnepe): 2. Juli-Wochenende. In mehr als 2000 Kesseln wird auf dem Szentháromság tér an der berühmtesten Speise der Stadt geköchelt. Das gigantische kulinarische Volksfest hat es bereits ins Guinness-Buch der Rekorde geschafft.

Bahnfahrt durch den Gemencer Wald: s. S. 107.

Züge nach Budapest und Kiskunhalas.
Busse ab Jelky András tér nach Budapest, Kalocsa, Hajós, Pécs, Szekszárd, Szeged und Kecskemét.

Kiskunhalas und Kiskőrös

Ungarn-Atlas: S. 238, B2
Die beiden Kleinstädte liegen im Zentrum des Zweistromlandes. Hier geht das Leben einen gemächlichen Gang.

Paprika

IM REICH DER ROTEN SCHOTEN

Kein anderes Gewürz wird so instinktiv mit Ungarn in Verbindung gebracht wie Paprika. Ob scharf, delikatess, mild oder edelsüß – Paprika dominiert die ungarische Küche und darf an keinem Gericht fehlen. 1494 erwähnte der Arzt von Kolumbus zum ersten Mal die Schoten, die er in Amerika kennengelernt hatte. Von dort sollen sie nach Indien und China gelangt sein. Daher erklärt sich auch der ursprüngliche Name ›indischer Pfeffer‹. Über das Osmanische Reich erschien Paprika an der Wende zum 17. Jh. auch in Ungarn. In einem Wörterbuch von 1604 findet sich der Eintrag *török bors* – türkischer Pfeffer.

Die Türken bewachten die wertvollen Pflanzen eifersüchtig, und auf Diebstahl oder eigenen Anbau standen schwere Strafen. So begann die eigentliche Züchtung erst im 18. Jh. Dabei schälten sich zwei sonnenreiche Gebiete heraus, die auch heute noch tonangebend sind beim Paprikaanbau. Kalocsa ist bekannt für seine milde Paprika, während Szeged auf teuflische Schärfe setzt. Beide Städte streiten sich darum, wer denn nun die Paprika-Hauptstadt sein darf.

Doch Paprika ist weit mehr als nur ein Gewürz. Zu Anfang des 19. Jh. wurde es zur Vorbeugung gegen die Cholera verwendet. Sensationell war eine bahnbrechende Entdeckung, die dem ungarischen Wissenschaftler Albert Szent-Györgyi 1937 einen Nobelpreis einbrachte: Er fand heraus, dass Paprika fünfmal soviel Vitamin C enthält wie z. B. Orangen oder Zitronen.

Kleinkumanien (Kiskunság)

Atlas: S. 238

Kiskunhalas ist für die Halaser Spitzen bekannt. Die genähten Spitzen gehen auf die Ideen von Árpád Dékáni und die Kunstfertigkeit von Mária Markovits zurück. Seit 1902 erzielten die hiesigen Spitzen, die es inzwischen in mehr als 60 Varianten gibt, auch internationale Erfolge. Im Csipkeház (Spitzenmuseum) können die Meisterwerke bewundert werden, deren Herstellung einen enormen Arbeitsaufwand bedeutet. Für manche Spitzen sind mehrere tausend Arbeitsstunden nötig. Die Stadt will die Kunst unbedingt erhalten und beschäftigt mittels einer Stiftung 15 Frauen, die im Csipkeház arbeiten (Kossuth Lajos utca 37/A, tgl. 9–12, 13–17 Uhr).

Von den ehemals zahlreichen Windmühlen ist nur noch die Sáfrik Malom in der Kölcsey utca erhalten geblieben. Sie stammt aus der Zeit zwischen 1860–70 und ist nun ein Industriedenkmal (April–Okt. Sa–So 10–18 Uhr).

Kiskőrös lebt vom Ruf seines größten Sohnes, des Nationaldichters Sándor Petőfi (1823–49, s. S. 153). In seinem Geburtshaus ist heute das Petőfi-Gedenkmuseum (Petőfi emlékmúzeum) untergebracht. Es ist fast eine Art Wallfahrtsstätte (Di–So 9–17 Uhr).

Vinum Hotel: Kiskőrös, Petőfi Sándor utca 106, Tel./Fax (06) 78/31 29 11, www.vinumhotel.hu. Modernes Drei-Sterne-Hotel und Restaurant an der südlichen Ausfallstraße, das zum Weingut Pohan-Vin gehört. DZ 8600 HUF (Restaurant Di–Sa 17–23, So 11–16 Uhr).
Camping:
Termál Camping: Kiskőrös, Erdőtelki út 17, Tel. (06) 78/31 15 24, Mai–Sept. Direkt neben dem Thermalbad gelegener Platz.

Baden: Thermalbad (Gyógyfürdő), Kiskőrös, Erdőtelki út 17, Juni–Aug. tgl. 9–19, Mai/Sept. 9–17 Uhr. Zwei Thermalbecken bieten Entspannung.
Kun-fehér-tó (14 km westlich von Kiskunhalas): Der kleine See ist Freibad und Angelsee.

Züge nach Budapest, ab Kiskőrös auch nach Kalocsa und ab Kiskunhalas nach Kiskunfélegyháza.
Busse von beiden Orten in die benachbarten Städte.

Nationalpark Kleinkumanien (Kiskunsági Nemzeti Park)

Ungarn-Atlas: S. 238, B1

Wie ein bunter Flickenteppich liegen die einzelnen Gebiete des Kiskunsági Nemzeti Park im Zweistromland verstreut. Weite Bereiche sind hermetisch abgeschottet, um Fauna und Flora in diesen bedrohten Zonen besser schützen zu können. Früher war die Gegend sehr wasserreich, nach der Regulierung von Donau und Theiß blieben nur noch so genannte Weiße Seen. Und in den letzten Jahrzehnten sind auch viele dieser flachen Gewässer ausgetrocknet.

In **Izsák** zeigt das sympathische **Pálinka Múzeum** die Herstellung der berühmten Aprikosen- und Pflaumenschnäpse. Bis 1998 wurde in der Firma noch produziert. Für den koscheren *pálinka* kam eigens der Oberrabbi zur Probe nach Izsák. Man kann den hochprozentigen Obstschnaps gleich vor Ort probieren und kaufen (Zlinszky utca 1, April–Okt. tgl 10–20 Uhr).

Sándor Petőfi

SÁNDOR PETŐFI – DER KÄMPFERISCHE NATIONALDICHTER

In Kiskőrös wurde 1823 Sándor Petrovics geboren. Der Sohn eines ungarischen Metzgers und eines slowakischen Dienstmädchens wurde Ungarns meistzitierter Dichter - er hat nicht nur die Literatur, sondern auch die ungarische Geschichte stark beeinflusst. Nach einer gescheiterten Militär- und Schauspielerkarriere schickte der ehrgeizige junge Mann seine ersten Gedichte unter dem Namen Petőfi an den berühmtesten Dichter der Reformzeit, Mihály Vörösmarty. Dieser unterstützte das junge Talent, das gegen die romantischen Traditionen auftrat.

Seine Themen nahm Petőfi aus dem alltäglichen Leben: Eine Kutschfahrt besang er mit der gleichen Leidenschaft wie einen Besuch im Elternhaus. Sein Lieblingsthema war die Puszta, ihre unendliche Weite für ihn ein Symbol der Freiheit. Seine Sprache konnten auch ungebildete Menschen verstehen. Diese literarische Revolution war zugleich sein politisches Programm: Wenn das Volk erstmal in der Literatur regiert, wird es auch bald in der Politik regieren, lautete sein Credo.

Als 1848 ein Aufstand in Wien ausgebrochen war, entfachte er am 15. März mit seinem ›Nationallied‹ auch in Pest eine Revolution. »Auf, Magyaren, Eure Heimat ruft!/ Jetzt ist die Zeit, jetzt oder nie/ Wollen wir Sklaven oder freie Menschen sein?/ Dies ist die Frage, antwortet Ihr!«

Er wurde schnell zur legendären Leitfigur der Revolution. An seinem Radikalismus scheiterte jedoch seine politische Karriere: Während die erste unabhängige ungarische Regierung sich auf Verhandlungen mit dem Habsburger Königshaus einließ, drängte er nach radikaleren Reformen. Schon frühzeitig forderte er eine Republik und lehnte alle Kompromisse ab. Er überwarf sich mit Lajos Kossuth, dem Anführer der Unabhängigkeitsbewegung, und der Batthyány-Regierung.

Nach dem Ausbruch des Freiheitskampfs meldete sich Petőfi sofort zum Militärdienst. Er wurde Major und Adjutant des polnischen Generals Bem, der mit 2700 Soldaten gegen die mehrfach überlegene russische Armee kämpfte. Mit der verlorenen Schlacht in Segesvár 1849 verschwand nicht nur der Traum eines unabhängigen Ungarn, sondern auch Petőfi selbst.

Die ungarische Nation wollte nicht nur das Verlieren des Freiheitskampfes nicht wahrhaben. Auch Petőfis Tod wurde immer wieder angezweifelt. Noch in den 1980er-Jahren wurde vermutet, dass er als Kriegsgefangener nach Russland kam und lange Zeit dort lebte. Petőfi wurde zum Symbol der ungarischen Freiheitsliebe und der 15. März ein Nationalfeiertag. Vor seiner Statue in Budapest wurde am 15. März 1942 die größte Antikriegsdemonstration veranstaltet. 1956 waren es wieder Petőfis Gedichte, aus denen der Funken der Revolution gegen die sowjetische Besatzung entflammte.

Andrea Óhidy

Kleinkumanien (Kiskunság)

Atlas: S. 238

Ein eigentümliches Landschaftsbild bieten die **Sanddünen von Fülöpháza** an der Landstraße 52. Hier gibt es bei km 20/21 einen Lehrpfad.

Das bekannteste Areal des Nationalparks liegt bei **Bugac**. Auf dem staubigen Fußweg vom Parkplatz zur Bugacpuszta erhält man eine Ahnung vom Pusztaleben früherer Tage. Inmitten der weiten, offenen Steppe steht ein einsamer Schwengelbrunnen, am Horizont grasen Graurinder, und an heißen Tagen liegt ein leichtes Flimmern in der Luft.

Die Touristen werden gemütlich mit Pferdekutschen zum **Hirtenmuseum (Pásztormúzeum)** und zum Vorführplatz für Pferdeshows gefahren. Im Museum sind typische Gegenstände des Hirtenalltags ausgestellt (März–Okt. 11–17 Uhr). Zu Fuß kann man sich am besten mit der Landschaft vertraut machen: Ein Rundwanderweg führt durch den Wacholderwald zu einem Aussichtspunkt.

Bugaci Csárda: Bugac, Tel. (06) 76/37 25 22, April–Okt. tgl. 8–20 Uhr. Im Garten des weitläufigen Gehöfts stehen lange Reihen von Holzbänken unter schattenspendenden Bäumen. Von Kesselgulasch bis Gänseleber wird deftige ungarische Hausmannskost geboten. Dazu kommt mittags Zigeunermusik – Ungarn aus dem Bilderbuch. Ca. 900–2300 HUF.

Reiten: Táltos Lovaspanzió, Bugac, Tel. (06) 76/37 26 33. Neben der Reitschule auch Unterkunftsmöglichkeit.

Kleinbahn von Bugac nach Kecskemét; ansonsten **Busse** ab Kecskemét, Kiskunfélegyháza und Kiskőrös.

Kecskemét

Ungarn-Atlas: S. 238, C1

Die Hauptstadt von Kleinkumanien (110 000 Einw.) ist das Zentrum des ungarischen Obstanbaus. *Barackpálinka*, Marillenschnaps, ist der Inbegriff für diesen Wirtschaftszweig. Schriftlich erwähnt wurde die Komitatsstadt erstmals 1368, doch war die Gegend spätestens seit der Bronzezeit besiedelt. Als ›Khas-Stadt‹ war Kecskemét während der Türkenzeit unmittelbar dem Sultan unterstellt und entkam so den Verwüstungen. Im 18. Jh. pflanzte man mehrere Millionen Bäume, um der Versteppung Einhalt zu gebieten. Es begann eine Blütezeit der Stadt, die sich in prächtigen Bauwerken aus der zweiten Hälfte des 19. Jh. dokumentiert.

Rinderhirte in der Hortobágyi Puszta

Kecskemét

Die Hauptsehenswürdigkeiten konzentrieren sich um die weitläufigen ineinander übergehenden Plätze der Innenstadt. Eigentlich ist das Stadtzentrum ein großer Park, der zum Flanieren und Verweilen einlädt. Zentrales Bauwerk am Kossuth tér ist das großartige **Rathaus (Városház)**, das 1893–97 von Ödön Lechner und Gyula Pártos im Jugendstil errichtet wurde. Es gilt als eines der schönsten Beispiele der ungarischen Sezession. Der Festsaal ist in seiner einstigen Pracht erhalten geblieben (Besichtigung nur für vorangemeldete Gruppen).

Zur Rechten erhebt sich die 1774–1806 nach Plänen von Gáspár Oswald im Zopfstil erbaute **Großkirche (Nagytemplom)**, deren Zierde die Angster-Orgel aus Pécs ist. Seit 1993 ist die Kirche die zweite Kathedrale des Erzbistums Kalocsa. Die Sankt Nikolauskirche (Szent Miklós templom) stammt aus dem 14. Jh. Ursprünglich war sie Teil des Franziskaner-Klosters, in dem heute eine Ausstellung über den berühmten Musikpädagogen Zoltán Kodály zu sehen ist (Mo–Fr 12–13, 16–18, Sa–So 10–18 Uhr).

Hinter dem Katona-József-Schauspielhaus der Wiener Theaterarchitekten Hellmer und Fellner sind im liebevoll eingerichteten **Museum der Ungarischen Fotografie (Magyar Fotográfiai Múzeum)** am Katona József tér 12 interessante Fotoausstellungen zu sehen (Mi–So 10–16 Uhr).

Eines der bedeutendsten Gebäude der Stadt ist der **Cifra-Palota (Verzierter Palast)** am Szabadság tér. Das Meisterwerk des Jugendstils fällt durch seine verspielte Leichtigkeit ins Auge (Géza Márkus, 1902/03). In seinen Räumen ist die **Kecskeméter Bildergalerie (Kecskeméti Képtár)** mit Werken bedeutender ungarischer Maler untergebracht, wie József Rippl-Rónai, Károly Ferenczy oder József Egry. Der

Kleinkumanien (Kiskunság)

Atlas: S. 238

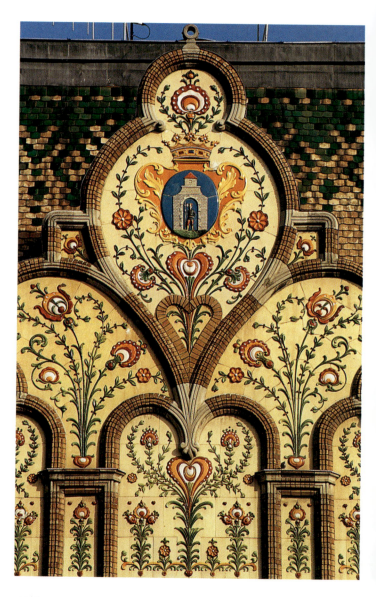

Kiskunfélegyháza

Prunk- oder Pfauensaal mit acht Pfauen als Wanddekoration ist eine Sehenswürdigkeit in sich (Di–Sa 10–17, So 13.30–17 Uhr).

Etwas außerhalb des Stadtzentrums liegt die bemerkenswerte **Bozsó-Sammlung (Gyűjtemény)**. János Bozsó (1922–98) sammelte Keramiken, kunstvolle Schnitzereien und Kleidertruhen, Gemälde und Porzellan aus Herend und Zsolnay (Klapka utca 34, Fr–So 10–18 Uhr).

Ungewöhnlich ist auch das **Museum für Naive Kunst (Magyar Naív Művészek Múzeuma)**. Im ›Storchenhaus‹ aus dem 18. Jh. sind die Werke verschiedener Amateurkünstler ausgestellt. Sie liefern einen guten Einblick in das dörfliche Leben (Gáspár András utca 11, Di–So 10–17 Uhr).

Kiskunfélegyháza

Ungarn-Atlas: S. 238, C2
In dieser beschaulichen Kleinstadt der Tiefebene 28 km südlich von Kecskemét regierten ab 1753 die ›Kumanenkapitäne‹. Sie waren bis zur Auflösung der Hauptmannschaft 100 Jahre lang für die Selbstverwaltung der Kumanen und Jazygen verantwortlich.

Der ehemalige Sitz der stolzen Kapitäne ist heute das interessante **Kiskun Múzeum**. Im Mittelpunkt stehen die Ortsgeschichte sowie das ungarische Gefängniswesen bis 1918. Zu sehen sind auch eine typische Windmühle aus dem 19. Jh. sowie die Gefängniskapelle (Dr. Holló Lajós utca 9, Mitte März–Okt. Mi–So 9–17 Uhr).

Rathausgiebel in Kiskunfélegyháza mit farbenprächtigen Jugendstil-Ornamenten

Dass es seit der Neugründung des Ortes 1743 durch jazygische Familien steil bergauf ging, dokumentiert vor allem das **Rathaus** in der Kossuth Lajos út 1. Der mächtige und eigentlich nüchterne Jugendstil-Bau wurde nach Plänen von József Vas und Nándor Morbitzer 1909–11 erbaut und glänzt durch ungewöhnliche Blumenverzierungen am Giebel.

Tourinform: Kossuth tér 1, 6000 Kecskemét, Tel./Fax (06) 76/48 10 65, kecskemet@tourinform.hu, www.kecskemet.hu.

Hotel Apolló: Tatay utca 1/b, Tel. (06) 76/41 26 20, Fax 50 50 62, www.hotels.hu/apollo. 25 moderne Zimmer in ruhiger, aber zentraler Lage. Das große Frühstücksbüfett ist ein weiteres Plus. DZ 10 100 HUF.
Fábián Panzió: Kápolna utca 14, Tel. (06) 76/47 76 77, Fax 47 71 75, www.hotels.hu/fabian. Schöne Zimmer in dieser sympathischen Pension. Im Innenhof sicheres Parken. DZ 8400 HUF.
Camping:
Autós Camping: Csabay Géza körút 5, Tel. (06) 76/32 93 98, Fax 32 95 98, Mitte April–Mitte Okt.

Liberté: Szabadság tér 2, Tel. (06) 76/32 86 36, tgl. 9–22 Uhr. Traditionsreiches Kaffeehaus und Restaurant auf dem lauschigen Platz. Neben Kaffee und Kuchen ungarische Küche auf hohem Niveau. 1200–2100 HUF.

Nyári Fesztivál (Sommerfestival): Mitte Aug., u. a. internationale Folk-Musik und Kunstmarkt; **Hírős Hét Fesztivál:** Ende Aug., eine Woche lang Kultur.

Kleinkumanien (Kiskunság)

Atlas: S. 238–239

Erlebnisbad: Csabay Géza körút 3–4, Mai–Sept. tgl. 9–19 Uhr.

Bahn: vom Bahnhof (Kodály Zoltán tér) nach Budapest, Kiskunfélegyháza und Szeged. Eine Kleinbahn fährt von der Halasi út zur Bugacpuszta.
Busse: vom Busbahnhof (Noszlopy park) u. a. Richtung Kalocsa und in die umliegenden Orte.

Entlang der Theiß

Ungarn-Atlas: S. 238–239, C1–D2
Gerne wird sie der ›ungarische Strom‹ genannt, die gemächlich nach Süden fließende Theiß. Einige Altarme des Urstroms sind als Auenlandschaft erhalten geblieben und Teil des Nationalparks Kiskunság. Bei **Lakitelek** führen Spazierwege am wildromantischen Altarm entlang in den Auwald.

Vom Kirchhügel in **Tiszaalpár** bietet sich ein schöner Rundblick über die Auenlandschaft. Unterhalb des Hügels wurde eine Lehmhüttensiedlung aus der Árpádenzeit (11.–13. Jh.) rekonstruiert (Szent István utca 1, April–Okt. Di–So 10–17 Uhr).

Die Struktur eines Fischerdorfes aus dem 18. Jh. blieb in **Csongrád** (25 000 Einw.) erhalten. Gegenüber der Körös-Mündung wohnten in der Altstadt Belsőváros früher Fischer, Müller und Schiffer. Noch heute sind ca. 20 Häuser reetgedeckt und ducken sich hinter dem hohen Deich.

In der modernen Innenstadt lohnt das Tari László Múzeum einen Besuch.

Erinnerung an die Landnahme der Magyaren: Gedenkpark bei Ópusztaszer

Entlang der Theiß

Atlas: S. 238–239

Vor allem die Ausstellung mit bronzezeitlichen Funden, wie z. B. menschlichen Skeletten, verdient Aufmerksamkeit. Daneben wird das Leben entlang der Theiß anschaulich dokumentiert (Iskola utca 2, Di–Fr 13–17, Sa 8–12, So 8–12, 13–17 Uhr). Die Theißquerung Richtung Csépa erweist sich als kleines Abenteuer: Über eine einspurige Pontonbrücke rumpelt man im Schleichtempo über den Fluss.

Vom einstigen Glanz der ehemaligen Komitatsstadt **Szentes** ist wenig geblieben. Sehenswert ist das Koszta József Múzeum am Freibad. József Koszta (1861–1949) kam über die Künstlerkolonien Nagybánya und Szolnok schließlich nach Szentes (Di–So 13–17 Uhr). 1944 war übrigens Heinrich Böll eine Zeit lang in einem hiesigen Lazarett untergebracht.

Über die kleine romantische Theißfähre bei Mindszent gelangen wir in den historischen Kultort **Ópusztaszer**. Der Überlieferung nach versammelten sich hier die ungarischen Stammesfürsten nach der erfolgreichen Landnahme 896, um das eroberte Land unter sich aufzuteilen. Zunächst diente Ópusztaszer auch als Ort der Gesetzgebung. Der Nationale Historische Gedenkpark (Nemzeti Történeti Emlékpark) beschwört die sagenumwobene Ankunft der Magyaren mit dem monumentalen Feszty-Panorama. Das 360°-Rundgemälde wurde ursprünglich 1894 zur 1000-Jahres-Feier der Landnahme in Budapest ausgestellt.

Ein schmuckes Museumsdorf zeigt, wie man in den letzten 200 Jahren in der südlichen Tiefebene lebte (April–Okt. tgl. 9–18, sonst tgl. 9–16 Uhr).

Tourinform: Szentháromság tér 8, 6640 Csongrád, Tel./Fax (06) 63/48 10 08, csongrad@tourinform.hu, www.csongrad.hu.

Erdei Vendégház: Ópusztaszer, Erdei Ferenc utca 60, Tel. 06 30/303 41 95, Fax 25 92 14, www.maganszallashely.hu/opusztaszer_erdei_vendeghaz. Komfortable und einladende Pension mit mehreren Häusern rund um eine Wiese. Hier ist Entspannung pur garantiert. DZ 7800 HUF (ohne Frühstück).
Centrum Vendégház: Csongrád, Szentháromság tér 19, Tel. 06 30/229 80 00, centrumvendeghaz@freemail.hu. Acht freundliche Zimmer, eine kleine Küche und ein sicherer Parkplatz in zentraler Lage. DZ 6000 HUF (kein Frühstück).
Camping:
Körös-toroki Kemping: Csongrád, Körös-torok, Tel. (06) 63/48 11 85, Fax (06) 63/48 36 31, Mitte Mai–Mitte Sept. Campen direkt am grünen Theißufer.

Kert Vendéglő: Csongrád, Dózsa György tér 6, Tel. (06) 63/48 31 99, So–Fr 11–22, Sa 11–24 Uhr. Etwas versteckt hinter den Häusern liegt das sehr populäre Gartenrestaurant. Große leckere Portionen Fisch, Ente oder Kalb locken das Publikum. Hauptgerichte ca. 700–1500 HUF.

Baden: Sowohl in Lakitelek wie in Csongrád gibt es Badestrände an der Theiß und ihren Altarmen.
Reiten: Pejkó Lovarda és Panzió: Csongrád, Szántói major, Tanya 95, Tel. (06) 63/48 34 60. Reiterhof und Pension.

Züge von Csongrád nach Kiskunfélegyháza und Szentes.
Busse in alle Orte der Umgebung und nach Budapest, Szeged und Hódmezővásárhely.

Südöstliche Tiefebene

Atlas: S. 239

SÜDÖSTLICHE TIEFEBENE

Im Dreieck zwischen Theiß, Körös und rumänischer Grenze erstreckt sich die weite Tiefebene. Entlang der Flüsse hat sich etwas vom Reichtum der früheren Vegetation erhalten. Szeged bietet großstädtisches Flair, kleinere Städte wie Gyula oder Békescsaba setzen kulturelle Akzente. Und nirgendwo scheint in Ungarn die Sonne öfter als im Südosten.

Szeged

Ungarn-Atlas: S. 239, D3

Die großzügige Gestaltung der Innenstadt und die sehr reizvollen Plätze geben Szeged eine einladende südländische Atmosphäre. Obwohl die Universität recht klein ist, bringt sie jugendliches Flair in die Stadt mit ihren 175 000 Einwohnern.

Erstmals schriftlich erwähnt wurde Szeged 1183, doch erst mit dem Burgbau durch König Béla IV. Mitte des 13. Jh. begann der Aufstieg zu einem regionalen Zentrum. Als direkt dem Sultan unterstellte ›Khas-Stadt‹ entging man während der Türkenzeit größeren Verwüstungen. Habsburger-Truppen holten dies zu Anfang des 18. Jh. nach, weil Szeged sich am Rákóczi-Aufstand beteiligt hatte. Das 19. Jh. brachte nicht nur Aufschwung. Am 12. März 1879 brachen die Theiß-Dämme, und die Innenstadt wurde fortgeschwemmt. Rund 60 000 Menschen wurden obdachlos, 151 Einwohner starben. Eine beispiellose europäische Hilfsaktion führte zu raschem Wiederaufbau.

Dank seiner Lage an der neuen EU-Außengrenze im Dreiländereck zu Serbien und Rumänien positioniert sich Szeged heute als weltoffenes ›Tor Europas‹. Bekannt ist die Stadt für Paprikapulver und Salami.

Im Zentrum

Der weitläufige **Széchenyi tér** ähnelt eher einem Park, und unter den Platanen findet sich immer ein schattiges Plätzchen. Rundum sind repräsentative Gebäude versammelt, die den städtebaulichen Ehrgeiz der Stadtväter nach dem Hochwasser von 1879 klar vor Augen führen. Auf der Nordseite des Platzes befindet sich das gelbe **Rathaus** [1] mit dem schlanken Turm und dem grünen Dach. Dieses neobarocke Frühwerk der späteren Jugendstil-Architekten Ödön Lechner und Gyula Pártos (1883) ist durch die eigens für einen Besuch von Kaiser Franz Joseph errichtete ›Seufzerbrücke‹ bekannt geworden.

Über die fesche und lebendige Fußgängerzone **Kárász utca** sind es

Cityplan **Szeged**

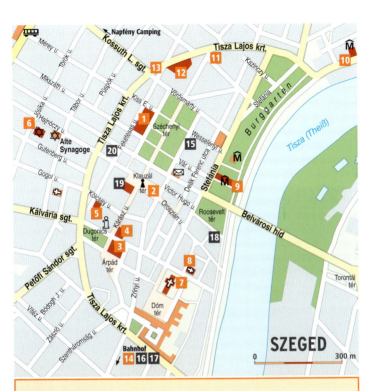

Sehenswürdigkeiten

1. Rathaus
2. Klauzál tér mit Kossuth-Denkmal
3. Universität
4. Ungár-Mayer-Haus
5. Reök-Palais
6. Neue Synagoge
7. Dom
8. Serbisch-orthodoxe Kirche
9. Móra Ferenc Múzeum
10. Pick Múzeum
11. Gróf-Palais
12. Thermalbad
13. Anna-Brunnen
14. Unterstädtische Pfarrkirche

Übernachten

15. Hotel Tisza
16. Marika Panzió
17. Mátyás Panzió

Essen und Trinken

18. Roosevelt téri Halászcsárda
19. Arany Oroszlán
20. Bécsi Kávéház

Südöstliche Tiefebene

Atlas: S. 239

nur wenige Schritte zum Schmuckstück der Innenstadt, dem **Klauzál tér**. Dieser außerordentlich sorgfältig restaurierte Platz ist von Cafés gesäumt und so etwas wie die gute Stube von Szeged. Für die Renovierung wurde 2004 der Europa-Nostra-Preis verliehen. Das **Kossuth-Denkmal** [2] dominiert die Platzmitte. Der Revolutionsführer von 1848/49 hielt vom Balkon des **Kárász-Hauses** (Nr. 5) im Juli 1849 seine letzte öffentliche Rede in Ungarn, bevor er ins Exil ging.

Die Fußgängerzone führt uns weiter zum **Dugonics tér**. Unter den Bäumen rund um den Brunnen sitzen zumeist Studenten. Das gelbe Hauptgebäude der **Universität** [3] bietet eine ansprechende, aber leicht bröckelnde Kulisse.

Beeindruckend ist das **Ungár-Mayer-Haus** [4] (Ede Magyar, 1911). Der Jugendstilbau sticht durch seine ungewöhnliche Turmkuppel hervor. Magyar schuf in seiner kurzen Schaffensperiode auch das **Reök-Palais** [5] (1907).

Lipót Baumhorn fertigte die Pläne für die **Neue Synagoge (Új Zsinagóga)** [6] (1900–03). Er schuf eine beeindruckende Kombination aus maurischer Architektur und Jugendstil. Baumhorn hatte zuvor auch mit Ödön Lechner gearbeitet. Die künstlerischen Verzierungen im Inneren der neologen Synagoge gehen auf Rabbi Immanuel Löw zurück, und die bunten Glasfenster wurden in der Werkstatt von Miksa Róth gefertigt. Sie illustrieren jüdische Feiertage.

Die Universität in Szeged

Zur Theiß

Nach dem Hochwasser 1879 schworen die Stadtväter, zum Gedenken an die Katastrophe eine große Kirche zu errichten. Mit der Verwirklichung der guten Vorsätze dauerte es allerdings rund 50 Jahre. Der **Dom** 7 konnte erst 1930 geweiht werden. Die letztlich ausgeführten Entwürfe stammen von Ernő Foerk. Sehenswert in dem Monumentalbau ist das Bild der Madonna über dem Hochaltar. Sie trägt hier regionaltypische rote Pantoffeln und einen Fellmantel.

Vor dem Dom steht der Turm **Dömötör-torony**, der letzte Rest der alten Demetrius-Kirche, die für den Neubau abgerissen wurde. Der **Dóm tér** dient im Sommer den Szegeder Freilichtspielen als großartige Bühne. Unter den Laubengängen der Uni reiht sich ein Pantheon ungarischer Berühmtheiten. Einzige Nicht-Ungarn: Maria Theresia und der Erbauer der Budapester Kettenbrücke, der Schotte Adam Clark. Reizvoll ist das **Glockenspiel** oberhalb des Laubenganges auf der Platz-Südseite. In den Uni-Gebäuden rundum wirkte Albert Szent-Györgyi, der 1937 für seine Vitamin-C-Forschung den Medizin-Nobelpreis erhielt.

Die **serbisch-orthodoxe Kirche (Szerb templom)** 8 (1773–78) mit ihrer kostbaren Ikonostase ist ein letzter Hinweis auf die einst große Rolle der Serben im Stadtleben (Schlüssel gegenüber im Haus).

Am Roosevelt tér erreichen wir den Schicksalsstrom der Stadt. Ruhig gleitet die Theiß Richtung Süden, wo sie bald die serbische Grenze passiert. Im repräsentativen **Móra Ferenc Múzeum** 9 sind die Kunstsammlungen Szegeds untergebracht. Eine Ausstellung zu den Awaren vermittelt einen guten Einblick in das Leben dieses Reitervolkes, das vom 6. bis 8. Jh. in Ungarn herrschte. In der Gemäldegalerie sind Werke von Rippl-Rónai, Szinyei-Merse und auch das berühmte Monumentalgemälde von Mihály Munkácsy, ›Die Landnahme‹ (1887), zu sehen. Später malte er es ein zweites Mal für das Budapester Parlament (Juli–Sept. Di–So 10–18, sonst 10–17 Uhr).

In der Nähe des **Gróf-Palais** 11, einem weiteren sehenswerten Jugendstilgebäude, erreichen wir das **Thermalbad** 12. Wenige Meter weiter sprudelt das Thermalwasser aus dem **Anna-Brunnen (Anna kút)** 13. Zu jeder

---

Pick-Salami

Mit Szeged sind unweigerlich Salami und der Name Pick verbunden. Die Firma geht auf Markus Pick zurück, der 1869 mit einem Getreidegeschäft begann, doch schon bald mit Paprika und Salami handelte. Er und sein Sohn Jenő machten die Salami zu einem bekannten Markenprodukt. In der Firma sind eine interessante Ausstellung zu Geschichte und Produktion der Salami, eine Bierstube und ein Werksgeschäft untergebracht (**Pick Múzeum** 10, Felső Tiszapart 10, Di–Fr 15–18, Sa 13–16 Uhr).

Südöstliche Tiefebene

Atlas: S. 239

Tageszeit kann man sich hier das kostenlose Heilwasser selbst abfüllen.

Die Unterstadt (Alsóváros)

Die **Unterstädtische Pfarrkirche (Alsóvárosi templom)** 14 auf dem Mátyás király tér wurde 1503 fertig gestellt und ist das größte mittelalterliche Gebäude der Tiefebene. Zu Beginn des 18. Jh. erfolgte ein barocker Umbau. In der Nyíl utca stehen ungewöhnliche ›Sonnenstrahlhäuser‹ Die strahlenförmigen Holzgiebel mit einem ›Auge Gottes‹ finden sich an mehreren Häusern der Alsóváros und weisen auf einen vorchristlichen Sonnenkult hin.

Tourinform: Dugonics tér 2, 6720 Szeged, Tel./Fax (06) 62/48 86 90, szeged@tourinform.hu, www.szegedvaros.hu. Auch Radverleih.

Hotel Tisza 15: Wesselényi utca 6 / Széchenyi tér 3, Tel./Fax (06) 62/47 82 78, www.tiszahotel.hu. Etwas vom alten Glanz weht durch das Tisza, vor allem im prächtigen Spiegelsaal. Neben recht einfachen Zimmern auch Apartments im Kolonialstil. DZ 13 800–22 000 HUF.
Marika Panzió 16: Nyíl utca 45, Tel./Fax (06) 62/44 38 61, www.tiszanet.hu/kronikaspark. Freundliche Pension in einem ›Sonnenstrahlhaus‹ der Unterstadt Alsóváros. DZ 8500 HUF.
Mátyás Panzió 17: Dobó utca 47, Tel./Fax (06) 62/44 51 64, www.extra.hu/matyaspanzio. Sieben angenehme Zimmer bei Gabriella Tamás in ruhiger Gartenvorstadt. Nr. 5 und 6 haben Blick auf die Unterstädtische Pfarrkirche. Sicheres Parken im Hof. DZ 6600 HUF.
Jugendherbergen: Im Juli/Aug. stehen mehrere **Studentenwohnheime** als kostengünstige Unterkunft zur Verfügung. Infos bei Tourinform.
Camping:
Napfény Camping: Dorozsmai út 4, Tel. (06) 62/42 18 00, Fax (06) 62/46 75 79, www.hotels.hu/napfenyszeged, ganzjährig. 80 Stellplätze.

Roosevelt téri Halászcsárda 18: Roosevelt tér 14, Tel. (06) 62/42 41 11, Mo–Do 10–24, Fr 10–2, Sa 12–2, So 12–24 Uhr. Kein Besuch in Szeged wäre komplett ohne eine Fischsuppe. In der ›Fischertscharda‹ gibt es allein sieben schmackhafte Sorten. Ca. 900–2700 HUF.
Arany Oroszlán 19: Klauzál tér 5, Tel. (06) 62/55 06 27, So–Do 10–24, Fr–Sa 10–1 Uhr. Sehr günstige ungarische Küche in einem baumbestandenen Innenhof. Spezialität ist die Bohnensuppe *Jókai bableves*. Auf dem wunderbaren Klauzál tér lockt die Sommerterrasse mit kühlen Drinks. Ca. 800–1600 HUF.
Bécsi Kávéház 20: Feketesas utca 19–21, Tel. (06) 62/55 07 25, Mo–Do 7–23, Fr–Sa 7–2, So 9–23 Uhr. Günstiges Frühstück und leckerer Kuchen in ansprechendem Ambiente mit Jugendstilplakaten. Abends sympathische Kneipe.

Szeged: Széchenyi tér 9, Mo–Do 8–23, Fr 8–24, Sa 10–1, So 10–22 Uhr. Gelungene Mischung aus Bar, Restaurant und Kaffeehaus. Die Sommerterrasse am parkähnlichen Platz ist abends wunderbar.
London Pub: Dugonics tér 2, tgl. 10–24. Die Tische im stilvoll restaurierten historischen Innenhof versprechen einen gemütlichen Abend. Auch Restaurant und Kaffeehaus.

Szegeder Freilichtspiele (Szabadtéri Játékok): Juli/Aug. Hochkarätige Aufführungen auf dem Domplatz. Infos: www.nemzetiszinhaz.szeged.hu.

Atlas: S. 239

Hódmezővásárhely

 Bahn: ab Hauptbahnhof (Indóház tér) nach Kecskemét, Budapest und Hódmezővásárhely.
Busse: ab Busbahnhof (Mars) tér auch nach Ópusztaszér, Békéscsaba, Debrecen, Baja und Mohács.
Taxi: Tempo (06) 62/49 04 90.

Hódmezővásárhely

Ungarn-Atlas: S. 239, D2
Von der kleinstädtischen Idylle vergangener Tage ist im Ort mit dem zungenbrecherischen Namen nur wenig zu spüren. Dafür sorgen die zahlreichen Plattenbauten. Dabei ist die Gegend schon seit ca. 6000 Jahren besiedelt. Davon zeugen spektakuläre Funde verschiedener Ausgrabungen im **Tornyai János Múzeum**. Highlights sind eine Fruchtbarkeitsgöttin (ca. 3800 v. Chr.), ein sitzender Gott mit Gesichtsmaske und Sichelschwert (ca. 2700 v. Chr.) sowie die ›Venus von Kökénydomb‹ (ca. 2600 v. Chr.) (Szántó Kovács János utca 16, Di–Mi 10–16, Do–So 10–17 Uhr).

Um den zentralen Kossuth tér gruppieren sich einige sehr schöne Bauten aus der Gründerzeit. Besonders am Abend strahlt der Platz viel Flair aus. Die **Alföldi Galéria (Galerie der Tiefebene)** zeigt eine repräsentative Werkauswahl von regionalen Künstlern. Schwerpunkt sind das späte 19. und das frühe 20. Jh. (Kossuth tér 8, Di–Mi 10–16, Do–So 10–17 Uhr).

Umgebung

Makó ist die Stadt der Zwiebel. Die Geschichte der schmackhaften Makó-Zwiebeln wird im József-Attila-Múzeum nachgezeichnet (Megyeházi utca 4, Di–So 9–17 Uhr). Ebenfalls ganz auf das regionale Hauptprodukt abgestimmt ist das 1998 errichtete Kulturzentrum Zwiebelhaus (Hagyma ház) des Stararchitekten Imre Makovecz (Posta utca 4).

Székkutas steht für das Ungarn-Bild der Nachkriegszeit schlechthin. Dies ist das legendäre *Hódmezővásárhelykutasipuszta* aus dem Klassiker ›Ich denke oft an Piroschka‹, der mit Liselotte Pulver verfilmt wurde. Autor Hugo Hartung verbrachte als Student seine Ferien 1921/22 hier. Die Piroschka aus dem Buch hieß aber eigentlich Katalin und war die Tochter des Apothekers. Für echte ›Piri‹-Fans dürfte der Bahnhof einen Stopp lohnen, auch wenn niemand mehr ›Signal macht‹.

Ganz im Zeichen der Pferdezucht steht **Mezőhegyes**. Das Gestüt wurde 1784 als königliches Gut gegründet und züchtete die Nonius-Rasse. Zu dem parkähnlichen Komplex gehören die älteste Reithalle Ungarns, die frei zugänglichen historischen Stallungen sowie ein Hotel und Restaurant (Kozma Ferenc utca 32). Das angeschlossene Kutschenmuseum zeigt historische Gespanne (Mai–Okt. Sa–So 10–12.30, 13–15.30 Uhr).

Tourinform: Szegfű utca 3, 6800 Hódmezővásárhely, Tel./Fax (06) 62/24 93 50, hodmezovasarhely@tourinform.hu, www.hodmezovasarhely.hu.

Kenguru Panzió: Szántó Kovács János utca 78, Tel. (06) 62/53 48 41, Fax (06) 62/53 48 40, www.kenguru.vasarhely.hu. Komfortable Pension mit Pool

Südöstliche Tiefebene

Atlas: S. 239

und Sauna. Die Zimmer sind klimatisiert. DZ 6700–7600 HUF (ohne Frühstück).

Bandula Kisvendéglő: Pálffy utca 2, Tel. (06) 62/24 42 34, So–Do 11–23, Fr–Sa 11–24 Uhr. Sehr geschmackvoll und dezent eingerichtetes Restaurant mit hervorragender ungarischer Küche. Pizza und Pasta gelten als Konzession an die modernen Zeiten. Hauptgerichte: ca. 600–2500 HUF.

Töpferhaus (Fazekasház): Lánc utca 3. In der Werkstatt von Ambrus Sándor kann man dem freundlichen Meister über die Schultern schauen und seine Produkte erwerben.

Baden: Strandfürdő, Ady Endre út 1, tgl. 8–20 Uhr. Thermal- und Freibad.

Züge und **Busse** nach Szeged, Makó, Békéscsaba und Debrecen.

Gyula

Ungarn-Atlas: S. 239, F2
Hart an der rumänischen Grenze erstreckt sich im Schatten einer roten Ziegelburg der sympathische Kurort Gyula (34 000 Einw.). Die Stadt wurde u. a. durch die Zuwanderung aus Deutschland und Rumänien geprägt, deren Siedler in eigenen Vorstädten lebten.

Zentrales Bauwerk ist die **Burg (Vár)** in einem kleinen Park am Thermalbad. Die Verteidigungsanlage geht auf das frühe 15. Jh. zurück und hat eine wechselvolle Geschichte hinter sich. Die Lage im ehemaligen Überschwemmungsgebiet der Weißen (Fehér) Körös bot eine ideale Verteidigungsposition. Die wuchtig-rechteckige Anlage ist die einzige intakt erhaltene Ziegelstein-Burg Ungarns. Heute dient sie als prächtige Kulisse für hochkarätige Kulturveranstaltungen auf der Seebühne (Di 13–17, Mi–Sa 9–17, So 9–13 Uhr).

Neben der **Százéves Cukrászda** (s. Tippkasten) wird im **Ladics-ház** die großbürgerliche Welt des 19. Jh. bewahrt. Die Familie Ladics gehörte zu den einflussreichsten Familien der Stadt (Di 13–17, Mi–Sa 9–17, So 9–13 Uhr).

Dem Komponisten der ungarischen Nationalhymne und Begründer der ungarischen Oper, Ferenc Erkel (1810–93), ist in seinem Geburtshaus **Erkel Ferenc Emlékház (Gedenkhaus)** eine interessante Ausstellung gewidmet (Apor Vilmos tér 7, Di 13–17, Mi–Sa 9–17, So 9–13 Uhr).

Gleich um die Ecke wohnte im 15. Jh. die Familie Ajtósi. Aus ihr ging der berühmte Maler Albrecht Dürer hervor (Ajtó = Tür). Dürers Vater war nach Nürnberg ausgewandert.

> ### Café-Nostalgie
> Seit 1840 wird im gemütlichen Biedermeier-Wohnzimmerstil der **Százéves Cukrászda** Kaffee und Kuchen serviert. Stilgerecht sind der grüne und blaue Salon eingerichtet. Es gibt sogar ein kleines Bäckermuseum Erkel tér 1, Gyula, Tel. (06) 66/36 20 45, tgl. 10–22 Uhr.

Atlas: S. 239

Békécsaba

Békéscsaba

Ungarn-Atlas: S. 239, F2
Dem vielleicht größten ungarischen Maler begegnen wir in der benachbarten Komitatsstadt Békéscsaba. Mihály Munkácsy (1844–1900) verbrachte hier mehrere Kindheitsjahre bei seinem Onkel, bevor er in Budapest, München und Paris lebte. Im **Munkácsy Emlékház (Gedenkhaus)** wird sein künstlerischer Reifungsprozess dokumentiert. Besonders eindrucksvoll sind seine pointierten Genrestudien, wie z. B. ›Der Lump‹ (Gyulai út 5, April–Sept. Di–Fr 9–17, Sa–So 10–16 Uhr, sonst Di–Fr 9–16, Sa–So 10–14 Uhr).

Unweit des Gedenkmuseums befindet sich das **Munkácsy Mihály Múzeum**. Auch hier sind mehrere Bilder des Meisters ausgestellt. Daneben ist auch die ethnografische Ausstellung über die zahlreichen Volksgruppen der Region sehr sehenswert (Széchenyi utca 9, April–Sept. Di–Fr 9-17, Sa-So 10-16, sonst Di–So 10–16 Uhr).

Umgebung

Östlich von Kétegyháza liegt am Rand des Körös-Maros-Nationalparks ein liebevoll hergerichtetes **Gehöftmuseum (Tanyamúzeum)** mit alten Gerätschaften (tgl. 9–17 Uhr, Anfahrt s. Reiten). Von dem idyllisch gelegenen Gehöft kann man ausreiten, und es werden einfache Gerichte serviert. Oder man macht einen Spaziergang über die Steppen-Wiese zu dem typischen Schwengelbrunnen. Wenn hier die Pferde zur Tränke kommen, ist die Puszta-Idylle perfekt.

Tourinform: Kossuth Lajos utca 7, 5700 Gyula, Tel./Fax (06) 66/56 16 80, bekes-m@tourinform.hu, www.gyula.hu.

Corvin Hotel: Jókai utca 9–11, Tel. (06) 66/36 20 44, Fax 36 21 58, www.corvinhotel.hu. Freundliches Hotel im Stadtzentrum mit dem ideenreichen Restaurant ›Jazz Garden‹ (tgl. 8–23 Uhr). DZ 10 000-12 000 HUF, Hauptgerichte ca. 1100–2600 HUF.
Napsugár Panzió: Csabai út 7, Tel./Fax (06) 66/46 88 75. Moderne, geschmackvoll eingerichtete Zimmer mit sehr freundlichem Service. Bei dem stimmigen Preis-Leistungsverhältnis stört auch die benachbarte Tankstelle nicht. DZ 4500 HUF (ohne Frühstück).
Camping:
Thermal Camping: Szélső utca 16, Tel./Fax (06) 66/46 35 51, thermalcamping@bhn.hu. Etwas außerhalb gelegener Campingplatz mit Motel. Wird u. a. vom ADAC empfohlen.

Gyulai und **csabai kolbász** gehören zu den landesweit berühmtesten Wurstsorten.

Internationales Volkstanzfestival (Néptáncfesztivál): Mitte Aug. Fünf Tage lang werden auf der Seebühne vor der Burg erstklassige Volkstänze aus zahlreichen Ländern aufgeführt. Besonders abends sehr stimmungsvoll.

Baden: Várfürdő, Várkert 1, Mai–Sept. tgl. 8–20, sonst 8–18 Uhr. Schön im Burgpark gelegenes Thermal- und Freibad.
Reiten: Galopp Kft., Szabadka 32 (ca. 9 km Richtung Kétegyháza, dann rechts abbiegen und 3 km fahren, ab Hauptstraße ausgeschildert), Tel. (06) 66/46 30 32 (s. Gehöftmuseum/Tanyamúzeum).

Südöstliche Tiefebene

Atlas: S. 239

 Bahn: Züge nach Békéscsaba und zweimal tgl. nach Budapest.
Bus: regelmäßige Verbindungen nach Békéscsaba, Szeged, Szarvas, Kecskemét und Debrecen.

Szarvas und der Körös-Maros-Nationalpark

Ungarn-Atlas: S. 239, E1
Weit verstreut liegen im Südosten Ungarns die geschützten Flächen des **Körös-Maros-Nationalparks**. Der 1997 gegründete Nationalpark deckt den Einzugsbereich der beiden großen Nebenflüsse der Theiß ab und umfasst ca. 420 km^2 Schutzfläche. Durch die Regulierung der Flüsse änderte sich die Landschaft dramatisch und verkam teilweise zur Kultursteppe, die den landwirtschaftlichen Erfordernissen angepasst wurde.

Ein markantes Beispiel für positiven menschlichen Einfluss ist das **Arboretum** von **Szarvas**. Auf 42 ha Fläche entwarf Graf Pál Bolza einen herrlichen Landschaftspark nach englischem Vorbild, der sich bis zum Ufer eines Altarmes der Körös hinunterzieht. Nach dem Kosenamen des Grafen wird er auch Pepi-Garten genannt (Arborétumi út, tgl. 8–18.30 Uhr).

Szarvas wird durch seine Lage am Wasser geprägt. Wie ein grünes Band schlängelt sich die Holt-Körös (Altarm) am westlichen Rand entlang. Mehrere Parks bieten sich für Spaziergänge an, Wassersport wird groß geschrieben.

Ganz unbescheiden sieht sich der Ort als ›Venedig der Tiefebene‹.

In die Welt der Buchdruckkunst entführt das **Kner Nyomdaipari Múzeum** in **Gyomaendrőd**. Die Familie Kner war für kunstvoll gedruckte Bücher bekannt, bevor ihre Mitglieder 1944/45 als Juden entweder ermordet oder in die Emigration gezwungen wurden. Zu sehen sind alte Druckmaschinen und einige der Bücher (März–Nov. Di–So 9–15, sonst Di–Fr 9–15 Uhr).

Die Großtrappen sind die Attraktion des **Nationalpark-Puszta-Hofes Réhely** zwischen Dévaványa und Ecsegfalva. Von den rund 1300 ungarischen Trappen (auch ›europäische Strauße‹ genannt) leben gut ein Drittel in der weiten Pusztalandschaft des Nationalparks. Außer einigen Trappen in einem Freigehege sind Hausbüffel, Zackel-

Fähre über den Körös-Fluss bei Szarvas

Körös-Maros-Nationalpark

schafe, Graurinder und andere typische Tiere der Puszta zu sehen. Im August taucht die Ungarische Salzblume *(magyar sóvirág)* die Salzsteppe in ein herrliches Lila (April–Okt. Di–So 9–17 Uhr).

Tourinform: Kossuth tér 3, 5540 Szarvas, Tel./Fax (06) 66/31 11 40, szarvas@tourinform.hu, www.szarvas.hu/turizmus.

Liget Kemping és Panzió: Szarvas, Erzsébet liget, Tel./Fax (06) 66/31 19 54, www.ligetpanzio.hu. Schön am Fluss gelegener Campingplatz mit großer Freizeitanlage. Komfortable Pension, Strandbad, Rad- und Kanuverleih sowie Tennisplätze runden das Angebot ab. DZ 10 600–14 000 HUF.

Halászcsárda: Szarvas, I.ker. 6, Vízparti, Tel. (06) 66/31 11 64, tgl. 9–23 Uhr. In der ›Fischertscharda‹ am Flussufer steht Fisch natürlich im Vordergrund, doch auch die Truthahnbrust ist nicht zu verachten. Zum Abschluss kann man einen koscheren *pálinka* probieren. Auch angenehme Pension. Hauptgerichte ca. 850–2000 HUF (DZ 8700 HUF).

Radtouren ab Naturschutzhof Réhely Dort auch Kartenmaterial für Touren – die Wege sind oft nicht asphaltiert und nicht markiert, dafür aber sehr naturnah.
Reiten: Aranyménes Panzió, Szarvas, Arborétumi út, Tel. (06) 66/31 30 46. Reithof und Pension am Abzweig zum Arboretum.

Züge von Gyomaendrőd nach Békéscsaba, Szolnok, Budapest.
Busse zwischen Szarvas, Gyomaendrőd und Dévaványa sowie nach Kecskemét und Békéscsaba.

Nordöstliche Tiefebene

Atlas: S. 233

NORDÖSTLICHE TIEFEBENE

Pusztalandschaft und Obstgarten Ungarns – im ›unentdeckten‹ Osten des Landes tun sich überraschende Gegensätze auf. Hier gilt es weit mehr zu entdecken als allein die berühmte Hortobágy-Puszta: große Wälder, weite Seengebiete, attraktive Thermalbäder, dörfliche Idylle und einzigartige Dorfkirchen mit wertvollen bemalten Holzdecken.

Tiszafüred und Theiß-See

Ungarn-Atlas: S. 233, E2

Seit Anfang der 1970er-Jahre entwickelte sich mit dem Bau des Wasserkraftwerkes bei Kisköre eine für Ungarn einmalige Seenlandschaft. Mit rund 125 km^2 Fläche ist der **Tisza-tó (Theiß-See)** der zweitgrößte See Ungarns. Während der untere Bereich bei Abádszalók für Badegäste und Wassersportler freigegeben ist, dienen die oberen Bereiche als Vogelreservate. Ein Teil des oberen Sees gehört zum Nationalpark Hortobágy und steht unter strengem Naturschutz.

Zu den Vogelarten, die auf dem Theiß-See beheimatet sind, zählen Löffler, Rallenreiher, Kormorane und Schwarze Milane. Zu den besonderen Pflanzen gehört die Wassernuss (*sulyom*), die andernorts vom Aussterben bedroht ist. Hier gedeiht sie jedoch prächtig und wird in einigen Restaurants gar als Delikatesse feilgeboten.

Abádszalók ist der Hauptort des Badetourismus. Radfahrer und Naturliebhaber können den See in Ruhe entlang der Deiche erkunden. Dabei hat man eher den Eindruck, am niederländischen Ijsselmeer zu sein. Im Babamúzeum (Puppenmuseum) sind über 350 Puppen in Volkstracht gekleidet (István király utca 41, Di–Sa 9–12 Uhr).

Größter Ort am See ist **Tiszafüred** (15 000 Einw.), ein Zentrum des Kunsthandwerks. Im Kiss Pál Múzeum am Taricky sétány sind die herrlich gearbeiteten Füreder Sättel sehenswert (Di–So 9–12, 13–17 Uhr). Kunstvoll gefertigte Lederwaren werden im Bőrműves Alkotóház angeboten. Große Tradition hat die Töpferei, doch arbeiten heute nur noch wenige Töpfer im Ort.

Tourinform: Fürdő utca 21, 5350 Tiszafüred, Tel./Fax (06) 59/51 11 23, tiszafured@tourinform.hu, www.tiszafured.hu.

Hotel Hableány: Tiszaörvény, Hunyadi út 2, Tel./Fax (06) 59/35 33 33, www.vendegvaro.hu/tiszato/hotelhableany. Hervorragend geführtes Haus am Theißufer. In der ersten Etage verfügen viele Zimmer über Balkone. Das Restaurant ist das beste am See, eine Delikatesse ist z. B. Zanderfilet mit Wasser-

nuss-Soße. Auch Verleih von Angelbedarf und Rädern. DZ 9000–9800 HUF.
Camping:
Zahlreiche Plätze in Abádszalók und Tiszafüred. Infos s. Tourinform.

 Lederprodukte: Bőrműves Alkotóház, Tiszafüred, Ady Endre út 45, tgl. 9–18 Uhr;
Töpferwaren: In Tiszafüred öffnen Imre Szűcs (Belsőkersor 4/a) und Zsóka Török (Szőlősi út 27) Besuchern ihre Werkstätten.

 Radfahren: Über die Deiche kann man den See auf einem 74 km langen und sehr schönen, oft ungeteerten Rundkurs umradeln. Radverleih: Infos s. Tourinform.
Wassersport: Bei Abádszalók Surfen und Wasserski-Anlage. Auch Boots- und Kanutouren sind möglich. Zudem mehrere Badestrände. Infos: s. Tourinform.

 Züge von Debrecen, Hortobágy und Füzesabony nach Tiszafüred.
Busse zwischen Tiszafüred und Abádszalók.

Hortobágy Nationalpark

Ungarn-Atlas: S. 233, E/F 2(3
Kein anderer Teil der Tiefebene ist so berühmt wie die Hortobágy. 1973 wurde die Gegend zum Nationalpark, 1999 zum UNESCO-Weltkulturerbe. Sie gilt als Inbegriff für die Puszta schlechthin.

Angler am Theißsee

Nordöstliche Tiefebene

UNENDLICHE WEITEN - DIE PUSZTA

> »Luftige Spiegelbilder seh ich flimmern,
> seh zum Schwengelbrunnen mittags schreiten
> Kleinkumaniens große Rinderherden,
> hör melodisch ihre Glocken läuten.«
> *(Sándor Petőfi)*

Der Nationaldichter Sándor Petőfi konnte wie kein anderer die Stimmung der Puszta einfangen. Seiner heimatlichen Landschaft setzte er ein bleibendes Denkmal, immer wieder machte er die Ungarische Tiefebene (Alföld) zum Gegenstand von träumerischen Oden.

Wenn wir heute mit dem Wort Puszta romantische Bilder von Hirten, Rinder- und Schafherden, malerischen Ziehbrunnen, einsamen Gehöften, endloser Tiefebene und rustikalen Csárda-Schenken verbinden, dann ist dies nicht zuletzt Petőfi zu verdanken. In dieselbe Kerbe schlug der Klassiker ›Ich denke oft an Piroschka‹ von Hugo Hartung. Das einfache Puszta-Mädchen, filmisch verkörpert von Liselotte Pulver, die herzlichen Menschen sowie reichhaltiges Essen und Trinken haben das Image Ungarns als Land der Puszta und Bauern endgültig zementiert.

Wer die Donau überquert und sich auf die Suche nach der Puszta Petőfis und Hartungs macht, wird aber schnell enttäuscht sein. Statt endloser Steppe und traditionellen Hirten werden die meisten Straßen von riesigen Sonnenblumen-, Mais- oder Getreidefeldern gesäumt. Die eigentliche Puszta ist nur noch in den zwei Nationalparks Hortobágy und Kiskunság zu finden.

Mit Romantik hatte das Leben in der Tiefebene sowieso nichts zu tun. Nach den Türkenkriegen waren weite Landstriche zwischen Donau und Debrecen verwüstet und unbewohnbar. Von daher leitet sich der Name Puszta ab, zu Deutsch ›Ödnis‹. Ab dem 18. Jh. wurde das Land langsam wieder urbar gemacht. Ein Großteil der Bevölkerung wurde in Kleinstädten konzentriert angesiedelt, während ›draußen‹ einsame Einzelgehöfte (*tanya*) entstanden. Schwere Handarbeit und geringer Verdienst machten das Leben in der Puszta zu einem harten Brot.

Ist heutzutage vor allem die Trockenheit ein Problem, waren im 18. Jh. die Landstriche entlang von Donau und Theiß ständigen Überschwemmungen ausgesetzt. Das änderte sich erst im 19. Jh., als die beiden großen Flüsse strikt reguliert und drastisch verkürzt wurden.

So ist die berühmte Hortobágy, Inbegriff *der* Puszta überhaupt, erst durch diesen menschlichen Eingriff in die natürliche Umwelt versteppt. Durch den Bau von Kanälen versuchte man dem Prozess bis zu einem gewissen Grad entgegenzuwirken. Sogar Reis baute man versuchsweise an. Andererseits entstand durch die Versteppung eine einmalige neue Landschaft, die in Mitteleuropa ihresgleichen sucht.

Vor allem zwischen Donau und Theiß blieben von der einstigen Auenlandschaft so genannte Weiße Seen zurück. Diese sehr flachen Gewässer trocknen in re-

Die Puszta

genarmen Jahren z. T. komplett aus. Da sie recht salzhaltig sind, bilden sich weiße Krusten, die für den Namen verantwortlich sind. Für Fische und seltene Vögel sind sie geradezu ein Paradies.

Die Hortobágy diente lange Zeit übrigens der Stadt Debrecen als Weideplatz für ihre großen Viehherden, die später auf die großen Viehmärkte im Ausland getrieben wurden. Schon die landnehmenden Magyaren waren für ihre extensive Viehwirtschaft bekannt. Graurinder, Zackelschafe und Wollschweine sind typische Tierarten der Puszta. Es gab zugleich eine jahrhundertealte Tradition des Hirtenlebens, wobei Pelz und Stab sowie die Feder am Hut schon äußerlich eine genaue Rangordnung unter den Hirten demonstrierten.

In der Bugacpuszta bei Kecskemét und in der Hortobágy wird versucht, die Hirten-Tradition zu bewahren. Besonders beliebt sind Vorführungen der *csikós*, der Pferdehirten. Doch auch hier ist nicht alles Tradition, was danach aussieht. So geht der ›Koch-Fünfer‹ auf einen deutschen Maler zurück, der einen *csikós* auf fünf Pferden malte. Das Bild gefiel den Pferdehirten so, dass sie das Kunststück versuchten einzuüben – mit Erfolg, wie man heute auf jeder Reitershow erleben kann.

Wenn man etwas von dem Reiz der Puszta erleben will, sollte man sich am besten zu Fuß auf den Weg machen und ein wenig abseits der touristischen Puszta-Zentren die Stille der Landschaft genießen. Vielleicht erleben Sie dann an einem heißen Tag ja eine flirrende Fata Morgana *(délibáb)* am Horizont, für die die Puszta so berühmt war.

Nordöstliche Tiefebene

Atlas: S. 234

Wer wirklich etwas von der endlosen Steppe der Hortobágy entdecken möchte, sollte sich zu Fuß, mit der Kutsche oder auf dem Pferd von den wenigen Zugangsmöglichkeiten aus auf den Weg machen. Am schönsten sind ein Spaziergang oder eine Kutschentour von **Máta,** wo die Puszta über Pfade frei zugänglich ist.

An der Neun-Bogen-Brücke (1833) befindet sich im Ort **Hortobágy** gegenüber der historischen Csárda das **Pásztormúzeum (Hirtenmuseum).** Hier wird die Geschichte der Hortobágy anhand von historischen Kleidungsstücken und anderen Exponaten anschaulich dokumentiert (Mai–Sept. tgl. 9–18, April/Okt. 10–16, März/Nov. 10–14 Uhr). Im benachbarten **Körszín Múzeum** ist eine Dauerausstellung zur Vogelwelt des Nationalparks untergebracht (Mai–Okt. 9–17 Uhr). Auf der anderen Fluss-Seite bewahrt der **Puszta Zoo** (Pusztai Állatkert) die wichtigsten Tierrassen der Puszta.

Tourinform: Pásztormúzeum, 4071 Hortobágy, Tel./Fax (06) 52/58 93 21, hortobagy@tourinform.hu.

Hortobágyi Csárda: Petőfi tér 1, Tel. (06) 52/58 91 44, April–Okt. 7.30-22 Uhr. Der stark frequentierte Gasthof geht bereits auf das 18. Jh. zurück. Zu empfehlen sind Gerichte aus Bio-Fleisch und traditionelle deftige Hirtenspeisen wie *slambuc* (Nudeln, Kartoffeln und Speck). Hauptgerichte ca. 700–2000 HUF.

Brückenmarkt (Hídi Vásár): 20. Aug. Großer Handwerksmarkt mit vielen Ständen und farbenprächtigen Kostümen.

 Reiten: Reitmöglichkeiten in Máta. Infos s. Tourinform.

Die Hajdúság

An der Wende zum 17. Jh. kämpfte der Fürst von Siebenbürgen, István Bocskai, erfolgreich gegen Habsburger und Türken. Entscheidende Hilfe erhielt er von den ›Haiducken‹, ehemaligen Hirten und Viehtreibern, die sich militärisch organisierten. Nach einem wichtigen Sieg 1604 siedelte der Fürst die Haiducken in mehreren Freistädten an und gab ihnen zahlreiche Privilegien. Daraus entstand die Hajdúság.

Hajdúszoboszló

Ungarn-Atlas: S. 234, C4

Mehr über die Geschichte des 1606 neu gegründeten Ortes und der Haiducken erfährt man im **Bocskai István Múzeum**. Besonders interessant sind die Ausgrabungen von Siedlungen der Sarmaten und aus der Árpádenzeit sowie die Abteilung für Volkskunst (Bocskai utca 11, 12, 14 u. 21, April–Sept. Di–So 9–13, 14–18, sonst Di–So 9–13, 14–16 Uhr).

Hauptattraktion von Hajdúszoboszló ist das **Thermalbad (Gyógyfürdő)**. Ungarns größtes Freibad wurde zu einem Erlebnisbad mit Aquapark ausgebaut (Szent István park 1–3, Thermalbad: Mai-Sept. tgl. 8–19, Juli/Aug. 8–19, 20–24 Uhr; Aquapark: Juni–Aug. tgl. 10–18, Mai/Sept. Fr–So 12–16 Uhr).

Vor dem Bad ist das **Harangház (Glockenhaus)**, eine außergewöhnliche Installation von Zoltán Rácz, aufgestellt (1999). Sie besteht aus Glocken von Edit Oborzil und Tibor Jenei, die eine Methode entwickelten, Aluminiumglocken zu gießen.

Hajdúböszörmény

Ungarn-Atlas: S. 235, D3
Für die Hauptstadt der Haiducken ist die ringförmige, fast noch dörfliche Bebauung typisch. Selbstverständlich wird der Fürst von Siebenbürgen durch eine imposante Skulptur auf dem Bocskai tér gewürdigt (Barnabás Holló, 1907). Stramme Burschen sind auch die sieben Tanzenden Haiducken (István Kiss, 1986), welche die sieben Haiducken-Städte symbolisieren sollen. Im **Hajdúság Múzeum** wird das Leben der Region seit der Steinzeit anschaulich nachgezeichnet (Kossuth utca 1, Mai–Okt. Di–So 10–18, sonst Di–So 10–16 Uhr).

Tourinform: Szilfákalja 49, 4200 Hajdúszoboszló, Tel./Fax (06) 52/55 89 28, hajduszoboszlo@tourinform.hu, www.hajduszoboszlo.hu.
Kálvin tér, 4220 Hajdúböszörmény, Tel. (06) 52/56 18 51, hajduboszormeny@tourinform.hu, www.hajduboszormeny.hu.

Aqua-Sol: Hajdúszoboszló, Gábor Áron utca 7–9, Tel. (06) 52/27 33 10, Fax 27 33 15, www.hunguesthotels.hu. Modernes 4-Sterne-Hotel am Thermalbad mit eigenem Wellness-Bereich. DZ 81–96 €.
Karikás Panzió és Vendéglő: Hajdúszoboszló, Hőforrás utca 27–29, Tel./Fax (06) 52/35 92 52, www.karikaspanziohotel.axelero.net. 27 angenehme und stets gut ausgebuchte Zimmer. Dazu ein hervorragendes Restaurant mit klassisch ungarischer Küche. DZ 6900–7500 HUF (ohne Frühstück); Hauptgerichte ca. 900–2500 HUF.

Privatzimmer: In Hajdúszoboszló gibt es zahlreiche günstige Privatzimmer. Infos s. Tourinform.
Camping:
Thermál Camping: Hajdúszoboszló, Böszörményi utca 35/a, Tel./Fax (06) 52/55 85 52, www.hajduszoboszlogyogyfurdo.hu, ganzjährig. Große Campinganlage am Thermalbad.

 Von beiden Orten verkehren **Züge** und **Busse** nach Debrecen. Von Hajdúszoboszló Verbindungen auch nach Budapest, von Hajdúböszörmény nach Nyíregyháza.

Debrecen

Ungarn-Atlas: S. 235, D3
Inmitten der Überschwemmungsgebiete der nordöstlichen Tiefebene entwickelte sich im Mittelalter auf einem etwas höher gelegenen und damit trockenem Gelände die Gemeinde Debrecen.

Im Zeitalter erbitterter Kämpfe zwischen Türken, Habsburgern und den Fürsten von Siebenbürgen konnte sich die Stadt im 16./17. Jh. ihre Unabhängigkeit am Schnittpunkt der drei Einflussbereiche sichern. Gleichzeitig entwickelte sich Debrecen durch das Reformierte Kollegium zum kulturellen Zentrum der kalvinistischen Religion. Gerne bezeichnet sich die Stadt als ›kalvinistisches Rom‹ oder als ›ungarisches Genf‹. Heute leben rund 210 000 Einwohner in Ungarns zweitgrößter Stadt.

Nordöstliche Tiefebene

Großkirche und Reformiertes Kollegium

Seit der Umwandlung des **Kossuth tér** in eine Fußgängerzone hat sich ein urbanes Zentrum mit südländischem Flair entwickelt, das Debrecens Innenstadt eine ganz neue Note verleiht.

Dominiert wird der Platz von der wuchtig gelben **Reformierten Großkirche (Református Nagytemplom)** [1]. Sie wurde nach einem verheerenden Stadtbrand 1803–27 an Stelle der alten Großkirche im klassizistischen Stil errichtet. Bemerkenswert sind die große Orgel und ein eher unscheinbarer Lehnstuhl im linken Querschiff. Von diesem Stuhl verlas Lajos Kossuth am 14. April 1849 die Absetzung der Habsburger. Am selben Tag wurde er zum Reichsverweser Ungarns proklamiert.

Das **Reformierte Kollegium (Református Kollégium)** [2] hat seit 1538 zentrale Bedeutung für die reformierten Akademiker Ungarns. Schon immer stand die Hochschule in engem Kontakt mit anderen protestantischen Universitäten Europas und sicherte den Anschluss an die Ideenwelt des restlichen Kontinents.

Ein historischer Ort ist das schlichte **Oratorium**. 1849 tagte dort der revolutionäre Landtag und 1944 die antifaschistische provisorische Nationalversammlung. Besondere Aufmerksamkeit verdient die **Bibliothek**, die mit mehr als 500 000 Bänden die drittgrößte des Landes ist. Zeitweise wurden in Debrecen mehr als die Hälfte aller ungarischen Bücher gedruckt. Kostbarste Schätze sind ein Kodex aus dem Jahr 1307 sowie Wiegendrucke aus dem 15. Jh. Im **Museum** wird die Geschichte der Reformation nachgezeichnet. Großartig ist die mit Blumen verzierte Holz-Kassettendecke (1746) aus der Kirche von Mezőcsát (Mo–Sa 9–17, So 9–13 Uhr).

Déri Múzeum und Innenstadt

Unbedingt einen Besuch wert ist das **Déri Múzeum** [3] am Déri tér. Aus der umfangreichen Sammlung sticht die Christus-Trilogie von Mihály Munkácsy hervor: ›Christus vor Pilatus‹ (1881), ›Ecce Homo!‹ (1896) und ›Golgota‹ (1884) gehören zu seinen wichtigsten Gemälden. Bemerkenswert sind auch die Ausstellungen zum frühzeitlichen Totenkult, die fernöstliche Sammlung sowie die Abteilung zur Volkskunst (April–Okt. Di–So 10–18, sonst Di–So 10–16 Uhr).

Von der schlichten **Reformierten Kleinkirche (Református Kistemplom)** [4] (1719–26) gelangen wir zum **Komitatshaus** [5] (Lajos Jámbor/Zoltán Bálint, 1912) mit Darstellungen stolzer Haiducken an der Jugendstil-Fassade. Die katholische **St.-Anna-Kirche** [6] (Szent Anna utca, 1721–46) wurde nach Plänen von Giovanni Battista Carlone errichtet und ist seit 1993 Kathedrale. Zwischen 1552 und 1714 war der katholische Glaube in Debrecen verboten.

Nagyerdő

Mit der einzigen Straßenbahnlinie Debrecens fahren wir über die Piac utca zum Naherholungsgebiet **Nagyerdő (Großer Wald)** [7] mit Bad, Vergnü-

Cityplan

Debrecen

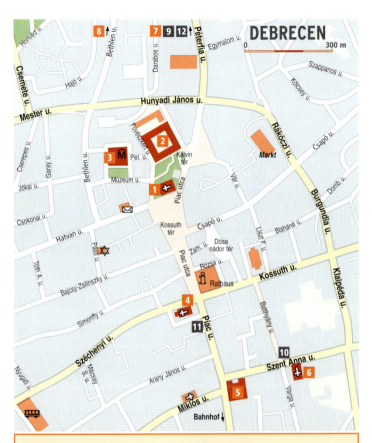

Sehenswürdigkeiten
1. Reformierte Großkirche
2. Reformiertes Kollegium
3. Déri Múzeum
4. Reformierte Kleinkirche
5. Komitatshaus
6. St.-Anna-Kirche
7. Nagyerdő
8. Universität

Übernachten
9. Termál Hotel Debrecen Gyógyszálló
10. Play Pub House

Essen und Trinken
11. Lucullus Étterem
12. Régi Vigadó

Nordöstliche Tiefebene

Atlas: S. 235

Debrecen, Kossuth tér und reformierte Großkirche

gungspark und Zoo. Am parkähnlichen Egyetem tér entstand 1932 das Hauptgebäude der Debrecener **Universität** [8]. Dahinter befindet sich ein botanischer Garten.

Tourinform: Piac utca 20, 4024 Debrecen, Tel. (06) 52/41 22 50, Fax 36 52 53, tourinform@ph.debrecen.hu, www.debrecen.hu.

Termál Hotel Debrecen Gyógyszálló [9]: Nagyerdei park 1, Tel. (06) 52/51 41 11, Fax 31 17 30, www.termalhotel.hu. Modernes Wellnesshotel im Gebäude des Thermalbades mit direktem Zugang zum Aquaticum. Mit Balkonen und der schönen Lage im Park auf jeden Fall die entspannendste Adresse der Stadt. DZ 84–97 €.

Play Pub House [10]: Batthyány utca 24–26, Tel. (06) 52/41 12 52, Fax 45 27 38, www.playpubhouse.hu. Unten ist ein gemütlicher irischer Pub, oben warten geschmackvoll eingerichtete Zimmer auf die Gäste. Zimmer 5 hat einen schönen Blick auf die St.-Anna-Kirche. DZ 7900 HUF (ohne Frühstück).

Jugendherbergen: Im Juli/Aug. stehen mehrere **Studentenwohnheime** als kostengünstige JHs zur Verfügung. Infos: s. Tourinform.

Lucullus Étterem [11]: Piac utca 41, Tel. (06) 52/41 85 13, tgl. 11.30–23 Uhr. Küchenchef Gábor Fehér bringt in dem sympathischen Kellerlokal u. a. regionale Spezialitäten wie Debrecener gefülltes Kraut auf den Tisch. Hauptgerichte ca. 900–1900 HUF.

Régi Vigadó [12]: Nagyerdei park 1, Tel. (06) 52/41 51 26, Mai–Sept. tgl. 11–23 Uhr. Reizvoll im Park gelegenes Ausflugslokal. Abends gibt es zu den ungarischen Gerichten dezente Live-Musik und gelegentlich auch Tanzabende. Hauptgerichte ca. 600–1900 HUF.

Cityplan S. 177

Kirchentour Nyírség

Bohém Belgian Beer Café: Piac utca 29, Mo–Fr 11–24, Sa–So 12–24 Uhr. Wo der Schriftsteller Gyula Krúdy einst seine journalistische Karriere begann, kann man nun an warmen Abenden auf dem zentralen Kossuth tér gemütlich einen Drink genießen.

Blumenkarneval (Virágkarnevál): 20. Aug. Farbenprächtiger Umzug von Blumenwagen und Volkstanzgruppen. Dazu reichlich Beiprogramm.

Aquaticum: Nagyerdei park 1, tgl. 10–22 Uhr. Topmodernes Erlebnisbad mit vielen Rutschen und mediterranem Feeling. Nebenan gibt es ein Thermalbad und im Sommer ein Freibad.
Zoo (Állatkert) und **Vergnügungspark (Vidámpark)**: Ady Endre utca 1, Mai–Sept. tgl. 9–18 Uhr, sonst nur Zoo tgl. 9–16 Uhr.

Flüge: vom Regionalflughafen Debrecen im Sommer Verbindungen nach Deutschland.
Züge ab Hauptbahnhof Wesselényi tér nach Budapest, Hortobágy, Tiszafüred, Nyíregyháza und Nyírbátor.
Busse ab Busbahnhof Külső Vásártér auch nach Békéscsaba, Gyula, Szeged und Eger.

Kirchentour durch die Nyírség

Ungarn-Atlas: S. 235, E2–3
Hinter Debrecen beginnt Ungarns unentdeckter Osten. Die Nyírség ist durch eine sehr abwechslungsreiche Landschaft geprägt, und gerade in den vielen kleinen Dörfern lohnt oftmals ein Blick in die reformierten Kirchen (s. S. 181). Die Kehrseite der Abgeschiedenheit ist die hohe Arbeitslosigkeit. Viele junge Menschen wandern deshalb ab.

Unsere erste Station ist **Nyíracsád** mit einer frühgotischen Kirche aus dem 13. Jh. Weiter geht es durch die herrlichen Laubmischwälder des Gúti erdő. In **Nyírmihálydi** lohnt sich ein Stop in der Zrínyi utca, wo die reformierte Kirche (13. Jh.) steht. Kostbar sind die mittelalterlichen Freskenreste. Der für die Region charakteristische hölzerne Glockenstuhl stammt von 1782.

Auf eine siegreiche Schlacht des Fürsten István Báthori gegen die Türken 1479 geht die Reformierte Kirche (Református templom) in **Nyírbátor** zurück. Aus der Siegerbeute ließ er die Kirche errichten, die als eines der wichtigsten spätgotischen Baudenkmäler Ungarns gilt. Auch Renaissance-Details sind bereits zu finden. Faszinierend ist das feingliedrige Netzrippengewölbe in der ansonsten sehr schlichten Kirche mit dem großen hölzernen Glockenstuhl von 1640 (Báthori utca, Mo–Sa 8–12, 14–16.30, So 10–12, 15–16 Uhr; Schlüssel im Küsterhaus hinter der Kirche).

Das kostbare Renaissance-Chorgestühl (1511) ist im Báthori István Múzeum untergebracht. Sehenswert ist die historische Handwerksausstellung (Károlyi utca 21, April–Sept. Di–So 9–17, sonst Di–So 8–16 Uhr). Die benachbarte Minoritenkirche wurde im 18. Jh. barock umgestaltet, sodass die mittelalterlichen Grundzüge gut versteckt sind.

Bei der kleinen Kirchentour darf auch ein Abstecher nach **Máriapócs** nicht fehlen, dem wichtigsten Wall-

Nordöstliche Tiefebene

Atlas: S. 235

fahrtsort der griechisch-katholischen Kirche in Ungarn. Die Ikonostase stammt aus dem Jahr 1675, doch die Barockkirche wurde erst 1731–56 errichtet.

Nyíregyháza

Ungarn-Atlas: S. 235, D2
Das Zentrum der Region (114 000 Einw.) hinterlässt einen offenen, heiteren Eindruck. Geschichte schrieb das **Hotel Korona**. Hier verkündete der spätere Ministerpräsident der Revolution von 1956, Imre Nagy, am 11. März 1945 die große Landreform, welche das Ende des feudalen Großgrundbesitzes in Ungarn bedeutete. Schon Béla Bartók und Zoltán Kodály hatten in dem noblen Hotel Konzerte gegeben.

Im **Jósa András Múzeum** stehen neben urzeitlichen Funden zwei große Söhne der Stadt im Mittelpunkt: der Maler Gyula Benczúr und der Schriftsteller Gyula Krúdy (Benczúr tér 21, Di–Sa 9–16, So 9–14 Uhr).

Tourinform: Országzászló tér 6, 4400 Nyíregyháza, Tel./Fax (06) 42/50 46 47, szabolcs-m@tourinform.hu, www.tourinform.szabolcs.net.

Hotel Korona: Nyíregyháza, Dózsa György utca 1, Tel. (06) 42/40 93 00, Fax 40 93 39, www.korona.cs.hu. Das historische Haus im eklektischen Stil bietet komfortable Zimmer sowie Sauna und Kasino. DZ 14 500 HUF.
Privatzimmer: Almási Béláné, Nyíregyháza-Sóstógyógyfürdő, Csónak út 1, Tel. (06) 42/47 54 58. Drei Zimmer in sehr ruhiger Lage, davon eines mit Balkon. Schöner Garten und sehr freundliche Gastgeberin. DZ 4000 HUF (kein Frühstück).
Camping:
Igrice Camping: Nyíregyháza-Sóstógyógyfürdő, Blaha Lujza sétány 8, Tel./Fax (06) 42/47 97 05. Campingplatz und Bungalows am Badesee.

Krúdy Vigadó: Nyíregyháza-Sóstógyógyfürdő, Sóstói út 75, Tel. (06) 42/59 61 87, tgl. 12–24 Uhr. Das Flair eines alten Kurhotels weht durch das 1911 errichtete Jugendstilgebäude im Park am Badesee. Auf der wunderbaren Terrasse werden viele gegrillte Gerichte serviert, darunter leckere Wels-Filets. Auch für einen Kaffee oder ein Bier ein tolles Plätzchen!

Nyírbátorer Musiktage (Nyírbátori Zenei Napok): Mitte Aug. Renommierte Musikfestspiele, die in den herrlichen Kirchen von Nyírbátor und Umgebung stattfinden. Infos bei Tourinform.

> ### Kurort Sóstó
>
> Erholung verspricht der idyllisch im Grünen gelegene Vorort Sóstógyógyfürdő, der als sympathischer Kurort rund um einen kleinen schilfbewachsenen See entstanden ist. Seit der Wiedereröffnung des Restaurants Krúdy Vigadó ist gar etwas vom mondänen Charme alter Tage zurückgewonnen. Das **Museumsdorf** präsentiert anschaulich die volkstümliche Architektur der Region (Tölgyes utca 1, April–Okt. Di–So 9–17 Uhr).

VOLKSTÜMLICHE KIRCHENBAUKUNST

Fresko in der Kirche von Csaroda

Weiße schlichte Dorfkirchen mit eleganten hölzernen Glockenstühlen sind das charakteristische Wahrzeichen der Region nordöstlich von Debrecen. Die reformierten Gemeinden hatten im 16. Jh. die ehemals katholischen Dorfkirchen übernommen und ihrem Glauben gemäß zu einfachen Gotteshäusern umgewandelt. Mittelalterliche Fresken wurden oftmals übermalt und die Wände weiß gekalkt.

Ab Mitte des 18. Jh. schufen Tischlermeister aus der Region dann im Stil des ›Volksbarock‹ großartige Kunstwerke: Holzkassettendecken wurden reich mit Renaissance-Blumenmotiven verziert. Gelegentlich finden sich aber auch kuriose Deckenbilder: Meerjungfrauen und biblische Darstellungen weichen von den vorherrschenden Mustern ab. Dazu kamen herrlich gearbeitete hölzerne Sitzbänke, Emporen und Kanzeln, die z. T. ebenfalls bemalt wurden. Einer der bekanntesten Künstler der Region war Ferenc Asztalos Lándor, wobei der Mittelname eigentlich eine Berufsangabe ist (*asztalos* = Tischler).

Lange Zeit unterschätzte man den künstlerischen Wert der volkstümlichen Kircheneinrichtungen. Doch das hat sich dramatisch geändert, seitdem die Kirche in Sonkád für ihre fachmännische Renovierung 1998 mit dem Europa-Nostra-Preis ausgezeichnet wurde. Durch das öffentliche Interesse ermutigt, haben viele Gemeinden die Restaurierung ihrer Dorfkirchen in die Wege geleitet. Dabei treten nicht selten Reste der ursprünglichen mittelalterlichen Fresken wieder zu Tage.

Der ungarische Staat plant unterdessen, die einzigartigen Kirchen bei der UNESCO als Weltkulturerbe anzumelden.

Nordöstliche Tiefebene

Atlas: S. 235

Baden: Parkfürdő, Nyíregyháza-Sóstógyógyfürdő, Berenát utca 1–3, tgl. 9–19 Uhr. Freibad mit Thermalbecken. Am Blaha Lujza sétány gibt es ein weiteres Freibad am See.
Radfahren: mehrere Fahrradgeschäfte. Infos und Adressen bei Tourinform.

Züge von Nyíregyháza nach Debrecen, Budapest und Nyírbátor sowie von Nyírbátor nach Debrecen, Mátészalka und Csenger.
Busse verbinden auch die kleinen Orte mit Debrecen, Nyíregyháza und Nyírbátor.

Szatmár und Bereg

Ungarn-Atlas: S. 235, E2
Der äußerste Nordosten Ungarns mit den ehemaligen Komitaten Szatmár und Bereg grenzt an die Ukraine und Rumänien. Diese auch für viele Ungarn abgelegene Region ist äußerst reizvoll für Naturliebhaber. Mehrere Naturschutzgebiete entlang von Theiß und Szamos bieten vor allem Vögeln eine sichere Heimat. Geplant ist die Einrichtung eines Nationalparks.

Kirche von Csengersima

Der sanfte Tourismus bietet vielleicht eine dringend benötigte Perspektive. Denn die Region kämpft mit einer hohen Arbeitslosigkeit. Außer im Obstanbau gibt es hier kaum Beschäftigung. Die touristische Infrastruktur ist noch nicht sehr ausgebaut, deshalb ist Selbstversorgung sehr wichtig. Andererseits bietet der Dorftourismus die Gelegenheit, stärker mit den offenherzigen Bewohnern der Region in Kontakt zu treten.

Szatmár

Ungarn-Atlas: S. 235, E2

Csenger hat sich in den letzten Jahren als Makovecz-Stadt einen Namen gemacht. Seit den 1980er-Jahren lassen die Stadtväter wichtige Gebäude entweder von Imre Makovecz, dem exponierten Vertreter organischer Architektur, oder seiner Gruppe Makona neu- oder umbauen. So sind das Rathaus, die neue griechisch-katholische Kirche (Kossuth utca) sowie die Petőfi-Sándor-Schule (Ady utca) Paradebeispiele der organischen Bauweise.

Aus dem Mittelalter stammt hingegen die aus roten Ziegelsteinen errichtete reformierte Kirche (Kossuth utca). Einmalig ist die hölzerne Kassettendecke (1745): Die rund 130 Kassetten sind im volkstümlichen Stil mit Blumenmotiven sowie mit Sonne und Mond bemalt. Besonderheiten sind die Meerjungfrau mit zwei Schwänzen sowie zwei Ägypter, die Trauben tragen (Schlüssel im benachbarten Pfarrhaus).

Eine naivere Form der Holzdeckenbemalung erwartet uns auf der etwas versteckt liegenden Kircheninsel des Grenzortes **Csengersima**. Die romanisch-gotische Kirche aus dem 13. Jh. ist im Volksbarock des 18. Jh. ganz in blau ausgestaltet. Die Decke (1761) zieren unterschiedlichste Motive (Schlüssel: Fő utca Nr. 39).

Womöglich derselbe Meister, der die hiesige Kirchendecke bemalte, war auch in **Gyügye** tätig. Die 2003 renovierte Kirche stammt ebenfalls aus dem 13. Jh., und die Holzkassettendecke (1767) wird von sehr ähnlichen Motiven geziert. Allerdings wirkt der Stil etwas reifer. Auch die Kanzel und die Schalldecke sind hier bemalt.

Die im 15. Jh. errichtete Kirche in **Sonkád** begeistert durch mittelalterliche Fresken (s. S. 181) und eine mit Blumenmotiven verzierte hölzerne Eingangstür. Die ebenfalls fast vollständig mit Blumenmotiven bemalte Holzeinrichtung ist eine Sensation. Eigentlich war die Kassettendecke übermalt worden. Die ursprünglichen Motive traten erst durch einen Wasserschaden vor einigen Jahren wieder zu Tage. Die Originaldecke schuf 1760–66 der Tischler Ferenc Asztalos Lándor (Kossuth utca, Kontakt für Schlüssel an Tür).

In **Tiszacsécse** wurde der Schriftsteller Zsigmond Móricz (1879–1942) in ärmlichste Verhältnisse geboren. Der scharfzüngige Chronist seiner Zeit war auch mit Thomas Mann bekannt. Ein kleines Museum erinnert an Móricz (Kossuth utca 51, April–Sept. Di–So 10–17 Uhr). Auf der anderen Fluss-Seite beginnt bereits die Ukraine, und bei schönem Wetter sind die Karpaten oft deutlich am Horizont zu sehen, deren Ausläufer nur 20 km entfernt sind.

Nordöstliche Tiefebene

Atlas: S. 235

Holzstelen statt Grabsteine: Friedhof von Szatmárcseke

Landschaftlich sehr reizvoll ist der weitere Weg durch den Theißrücken (Tiszahát) nach **Túristvándi**. Nach vielen Obstplantagen erreichen wir einen fast savannenähnlichen Abschnitt, der unter Landschaftsschutz steht. Eingerahmt von hohen Bäumen in einer parkähnlichen Landschaft steht in Túristvándi eine alte Wassermühle (Vízimalom) von 1752, die immer noch funktionstüchtig ist. Der Mühlteich ist der malerischste Ort der Umgebung (Malom utca, tgl. 8–17 Uhr).

Ein kulturhistorisches Highlight ist der **Friedhof** von **Szatmárcseke**. Als Grabsteine dienen hier hölzerne Stelen in Bootsform. Ca. 600 dieser Grabboote sind auf dem Gelände verteilt. Man geht davon aus, dass sie auf den Brauch der Ugrier zurückgehen, ihre Toten in Booten zu beerdigen, doch warum man diese Tradition nur hier findet, ist weiterhin schleierhaft. Z. T. haben die Bootsköpfe die Form von Gesichtern. Beerdigt wurde hier auch der Dichter der ungarischen Nationalhymne, Ferenc Kölcsey. An ihn erinnert ein Gedenkmuseum in der Kölcsey utca 46 (tgl. 10–18 Uhr).

Bereg

Ungarn-Atlas: S. 235, F2–E1
Über die Brücke von Tivadar erreichen wir die Region Bereg. Durch die Lage zwischen Theiß und ukrainischer Grenze ist das Gefühl der Abgeschiedenheit noch größer. **Tarpa** wartet mit einer hölzernen Tretmühle aus dem 19. Jh. auf (Árpád utca).

Besondere Aufmerksamkeit verdient die Kirche von **Csaroda** (13. Jh.). Kostbare byzantinische Fresken mit lächelnden Heiligen, Wandmalereien aus dem 17. Jh. und Reste der bemalten Außenwand machen die Kirche zu einem Kunstdenkmal. Der schlanke Turm ist übrigens nicht der Glockenturm, dafür ist er zu schmal. Der Turm steht 50 m weiter (Kossuth utca, tgl. 10–18 Uhr, Schlüssel: s. Hinweistafel).

Auch in **Vámosatya** lohnt die Kirche einen Stopp. Der hölzerne Glockenturm ist wahrscheinlich bereits 300 Jahre alt, die Kirche selbst stammt aus dem 14. Jh. Bemerkenswert sind die bemalte Holzkassettendecke (1769), das augenförmige Fenster sowie an der Wand Teile eines Familienstammbaums aus dem 14. Jh.

Ein Abstecher führt nach **Lónya**, wo in der Dorfkirche derzeit mittelalterliche Fresken restauriert werden. **Vásárosnamény** ist für das Beregi Múzeum mit Stickereien, Webarbeiten und mehreren Hundert bemalten Ostereiern als Kuriosität bekannt (Rákóczi utca 13, April–Okt. Mo–Fr 8.30–16.30, Sa–So 8–16, sonst Di–Fr 8.30–16.30 Uhr).

Tourinform: Szabadság tér 33, 4800 Vásárosnamény, Tel./Fax (06) 45/57 02 07, vasarosnameny@tourinform.hu, www.vasarosnameny.hu.

Hotel Schuster: Csenger, Ady utca 12, Tel./Fax (06) 44/52 01 46, schuhot@axelero.hu. Elegantes Drei-Sterne-Hotel in einem 200-jährigen Gebäude. Das Restaurant ist zweifellos die beste Adresse der Gegend. DZ 9200 HUF, Hauptgerichte ca. 600–1600 HUF.
Dorftourismus: In Szatmár und Bereg gibt es eine Reihe von privaten Vermietern, die sehr günstig Zimmer anbieten. Empfehlenswert sind z. B: Erdőszéli Vendégház, Túristvándi, Bocskai utca 1/b, Tel. (06) 44/72 10 71, www.falusi.hu.erdoszeli; und: Kanizsay Gyuláné, Tiszaadony, Kossuth út 3, Tel. (06) 45/70 25 01.
Camping:
Vízimalom Camping: Túristvándi, Malom utca 3, Tel. (06) 44/72 10 82, Mai–Mitte Sept. Kleiner Campingplatz am idyllischen Mühlenteich – auch Pensionszimmer und einfache Küche.

Radfahren: Die Gegend ist ideal für mehrtägige Radtouren durch die flache Landschaft. So lernt man die Region am besten kennen. Wenige Radverleihe. Infos s. Tourinform.
Kanuverleih und -touren: Die Theiß ist sehr einladend, die Szamos hingegen recht verdreckt. Infos s. Tourinform.

Züge: Nach Csenger Verbindungen von Mátészalka und Nyírbátor.
Busse fahren in alle Orte, aber nicht immer sehr häufig. Wichtigste Umstiegsorte sind Fehérgyarmat und Vásárosnamény.

> ## Bauernkathedrale
>
> Als ›barfüßiges Notre-Dame‹ oder als ›Bauernkathedrale‹ stellt sich die kleine Kirche von **Tákos** vor. In dem gedrungenen Innenraum faszinieren die bemalten Holzkassetten unter der Decke, die in drei Partien geschaffen wurden. Die meisten stammen von Ferenc Asztalos Lándor (1766). In der ersten Sitzreihe wurde der mythische Turul-Vogel in die Holzlehne geschnitzt. Die Kirche wurde aus Strohlehm errichtet und ist ein wahres Kleinod (Bajcsy-Zsilinszky utca, Schlüssel Nr. 29).

Nord-ungarisches Mittelgebirge

In Hollókő

Ungarn-Atlas S. 234/235, S. 232

ZEMPLÉN-GEBIRGE UND AGGTELEK NATIONALPARK

Der äußerste Nordosten Ungarns ist durch reizvolle Mittelgebirge geprägt. Bis zu 900 m ragen die bewaldeten Gipfel an der slowakischen Grenze empor. Romantische Burgruinen, abenteuerliche Höhlenkomplexe, kunstvolles Porzellan und die exquisiten Tokajer-Weine geben der Region ihre besondere Note. Wanderer und Radfahrer finden exzellente Bedingungen in der weitgehend unberührten Natur.

Tokaj

Ungarn-Atlas: S. 234, C2

Im Schatten des Kopasz-hegy (512 m) erstreckt sich am Zusammenfluss von Theiß und Bodrog der berühmte Weinort Tokaj (5500 Einw.), der schon in der ungarischen Nationalhymne gepriesen wird. Der Ort hat der gesamten Weinregion ihren Namen gegeben und ist ein schönes Standquartier für Ausflüge in die Umgebung. Die Tradition des Weinbaus reicht Jahrhunderte zurück und brachte der Gegend vor allem im 18. und 19. Jh. viel Wohlstand. 2002 wurde Tokaj als Heimatort des ›flüssigen Goldes‹ in die Liste des Weltkulturerbes aufgenommen.

Die schmucken Häuser entlang der Rákóczi út, der Bethlen Gábor utca und am zentralen Kossuth tér zeugen von der Blütezeit, als griechische und jüdische Kaufleute in Tokaj aktiv waren. Der historische Weinkeller **Rákóczi Pince** ist bereits 600 Jahre alt und das unterirdische Gangsystem fast 1,5 km lang. Heute ist allerdings nur noch ein kleiner Teil zugänglich, und wegen der hohen Luftfeuchtigkeit werden nur noch Flaschen gelagert. Nach der verheerenden Niederlage der Ungarn bei Mohács wurde 1526 János Szapolyai im großen Saal zum neuen König von Ungarn gewählt (Kossuth tér 15, Weinproben und Führungen Juli–Aug. tgl. 10–20, Mai, Juni, Sept. 10–19, März, April, Okt. 10–18 Uhr).

Im **Tokaj Múzeum**, einem griechischen Handelshaus aus dem 18. Jh., erfährt man mehr über die Geschichte des Weinbaus (Bethlen Gábor utca 7, Di–So 10–16 Uhr).

Umgebung

Auf der anderen Theißseite ist in **Szabolcs** eine imposante **Erdwallburg (Földvár)** aus dem 10. Jh. zu besichtigen. Hier trafen sich mehrmals die Stammesfürsten der Árpáden. Über die

Atlas: S. 234

Tokaj

bis zu 12 m hohen Wälle führt ein Spazierweg, der bei gutem Wetter einen fantastischen Ausblick in die Bergwelt des Zemplén ermöglicht.

Tourinform: Serház utca 1, 3910 Tokaj, Tel./Fax (06) 47/35 22 59, tokaj@tourinform.hu, www.tokaj.hu.

Torkolat Panzió: Vasvári Pál utca 26, Tel./Fax (06) 47/35 28 27, www.torkolat.uw.hu. Gepflegte Pension mit kostenlosem Kanu- und Tandemverleih. Zimmer 2 erstreckt sich mit dem Turmzimmer über zwei Stockwerke. DZ 8000 HUF (ohne Frühstück).
Angéla Vendégháza: Kovács Csabáné, Zákó köz 3, Tel. (06) 47/35 24 42, angie63@freemail.hu. Drei sehr geschmackvoll eingerichtete Zimmer für Nichtraucher mit Küchenzeile und Gartenterrasse. Sehr freundlicher Service bei Frau Kovács. DZ 4000 HUF (ohne Frühstück).

Camping:
Spori Sport Kemping: Strand utca 33, Tel. 06 30/466 12 27, www.spori.sport.hu. Einfacher Campingplatz mit Bungalows am gegenüberliegenden Theißufer. Kanuverleih.

Degenfeld Étterem: Kossuth tér 1, Tel. (06) 47/55 21 73, www.tokajtc.com, tgl. 11.30–22 Uhr. Elegantes Restaurant mit stimmungsvoller Terrasse auf dem Hauptplatz von Tokaj. Die anspruchsvolle Küche ist kreativ und fein abgestimmt. Dazu gibt es erlesenen Wein auf der Getränkekarte. Im Haus der bekannten Weingutbesitzer befindet sich auch eine ansprechende Pension. Hauptgerichte ca. 1200–3200 HUF.

Rákóczi Pince:(s. S. 188.
Tokaji Hímesudvar: Bem út 2, Tel. (06) 47/35 24 16, Sommer tgl. 9–21, sonst 9–19 Uhr. Kleiner, 500 Jahre alter Privat-

Der Weinbau prägt die Region um Tokaj

Zemplén-Gebirge/Aggtelek

DER SONNENKÖNIG ADELT EINEN WEIN

›König der Weine, Wein der Könige – *vinum regum, rex vinorum.*‹ Der Sonnenkönig Ludwig XIV. war angemessen beeindruckt von dem edlen Tropfen *tokaji aszú*, den man ihm servierte. Auch der polnische Hof und sogar der Papst wussten den Wein zu schätzen. ›Flüssiges Gold‹ pflegte man den weißen Tokajer im 18. Jh. zu nennen. Ferenc Kölcsey spricht in der ungarischen Nationalhymne gar von ›Gottes Geschenk‹. An Lobpreisungen hat es nie gemangelt, seit die besonders bekannten Aszú-Weine im 16. Jh. als Spätlese entdeckt wurden.

In der traditionellen Weingegend von Tokaj dominierten die Sorten Furmint, Lindenblättriger *(hárslevelű)*, Oremus und Gelber Muskateller. Im 16. Jh. verschob sich dann die Weinlese aufgrund neuer Techniken später in den Herbst. Einer vielzitierten Geschichte zufolge war es Mitte des 17. Jh. der Pfarrer Máté Szepsi-Laczkó, der aus Angst vor den Türken die Weinlese in den November verschieben ließ. Wieder anderen Berichten zufolge ließ er die Weinlese verschieben, damit seine Fürstin Zsuzsanna Lorántffy für Ostern ein besonderer Tropfen erwartete.

Ob nun beabsichtigt oder eher Produkt des Zufalls, bleibt ungeklärt. Fest steht, dass die Reben im November von einem Schimmelpilz (*Botrytis cinerea*) befallen waren und die Edelfäule dem Wein sehr gut bekam. Die Herstellung von *tokaji aszú* konnte beginnen.

Traditionell wurden die Trockenbeeren in Holzbottichen mit den Füßen zerstampft. Danach wird auf den Brei Most gegossen. Für diesen Vorgang gab es zwei Maßeinheiten: zum einen die Butte (*puttony*), das sind rund 25 kg Aszú-Teig, zum anderen das Göncer Fass (136 l) für den Most. Je mehr Butten auf ein Göncer Fass kommen, desto kräftiger wird der Aszú-Wein. Im Geschäft werden größtenteils dreibuttige Weine (gesetzliches Minimum) verkauft, man erhält jedoch bis zu sechsbuttigen Aszú, der dann entsprechend teurer ist.

Die Anzahl der Butten sagt auch etwas über die Länge der Reifezeit aus, bevor der Wein abgefüllt wird. Der Wein reift immer zwei Jahre länger als die Anzahl der Butten. Minimum ist also eine Reifeperiode von fünf Jahren.

Übrigens fließt schon vor dem Aufgießen des Mostes Saft durch das Eigengewicht der Trockenbeeren ab. Diese ›Essenz‹ kann bis zu 700 g Zuckergehalt pro Liter aufweisen und gilt als ganz besondere Delikatesse. Nicht zu Unrecht bezeichnet man sie als ›Nektar der Götter‹.

Nach 1990 wurde das Weingebiet Tokaj-Hegyalja weitgehend privatisiert. Französische und spanische Investoren kauften sich Rebflächen. Führende Weingüter sind z. B. Oremus in Tolcsva, Szepsy in Mád und Graf Degenfeld in Tarcal. Zusammengeschlossen haben sie sich in der Vereinigung ›Tokaj Renaissance‹. Die Ernennung Tokajs zum Weltkulturerbe brachte 2002 einen wichtigen Image-Gewinn.

Infos: Tokaj Renaissance, Tokaj, Bethlen Gábor utca 11, Tel. (06) 47/35 36 12, www.tokaji.hu.

Kanutour

Gemütlich im Kanu über die aufgestauten Flüsse Theiß und Bodrog gleiten – ob nur eine Stunde oder einen ganzen Tag, die Tour ist ein Erlebnis. Vom Wasser ist das Bergpanorama des Kopasz-hegy besonders beeindruckend. Die hohen Bäume am Ufer spenden vor allem im Hochsommer willkommenen Schatten. Eine Kanutour ist ein echter Knüller! (Kanuverleih: s. Spori Sport, Tokaj. Weitere Verleihe entlang des Ufers.)

keller am Berghang oberhalb des Zentrums.

Tokaj Szüreti Napok (Fest der Tokajer Weine): Anfang Okt. Drei Tage wird der König der Weine zelebriert.

Radfahren: Szabolcs und Sárospatak sind lohnende Tagesziele. Radverleih bei Spori Sport (s. Camping).

Züge (Baross Gábos utca) nach Miskolc und Nyíregyháza. **Busse** nach Sárospatak, Szerencs und 1x tgl. nach Debrecen.

Sárospatak

Ungarn-Atlas: S. 235, D1

Dieses gemütliche Städtchen am Bodrog-Ufer wird vom Spätrenaissancebau des Rákóczi-Burgschlosses dominiert. Als geistiges Zentrum der Reformation erhielt der Ort den stolzen Beinamen ›Athen an der Bodrog‹. Durch mehrere Bauwerke von Imre Makovecz im organischen Stil gestaltet sich das Stadtbild von Sárospatak (15 000 Einw.) ausgewogen harmonisch – eine gelungene Symbiose von historischen und modernen Bauwerken.

Das **Burgschloss** wurde ab 1534 von Péter Perényi erbaut und spielte während der Auseinandersetzungen zwischen den Habsburgern und den Fürsten von Siebenbürgen eine große Rolle. 1616 ging das Schloss in den Besitz der Familie Rákóczi über.

Besonders sehenswert sind der imposante Rote Turm, die Lórántffy-Loggia im Renaissance-Stil sowie das Sub-Rosa-Erkerzimmer, wo sich 1670 die Anführer eines (fehlgeschlagenen) Aufstandes gegen die Habsburger beraten hatten (Di–So 10–18 Uhr).

Zum Schloss gehörte auch der 500 Jahre alte Weinkeller **Rákóczi Pince**. Endlos lange Fassreihen in dem 1 km langen Kellersystem und eine Sitzecke, wo angeblich Fürst Rákóczi gerne dem ›König der Weine‹ zugesprochen haben soll, sorgen für stimmungsvolle Atmosphäre bei einer Weinprobe und Besichtigung (Szent Erzsébet utca 26, Mai–Sept. Mo–Fr 10–17, Sa–So 10–18, sonst Mo–Fr 10–14 Uhr).

Im mittelalterlichen Vorgängerort Patak wurde die Tochter von König András II. geboren. Als Elisabeth von Thüringen (1207–31) wurde sie wegen ihrer Armen- und Krankenpflege schon bald heilig gesprochen. Vor der katholischen **Burgkirche (Vártemplom)** steht eine 1985 von Imre Varga geschaffene Statue Elisabeths, die sie zu Pferd mit ihrem Mann zeigt. In der Kir-

Zemplén-Gebirge/Aggtelek

Atlas: S. 234

che befinden sich der größte Holzaltar Ungarns sowie die erste Barockorgel des Landes.

Das **Reformierte Kollegium** wurde bereits 1531 gegründet und ist neben dem in Debrecen das bedeutendste geistige Zentrum des Kalvinismus in Ungarn. Hier lehrte im 17. Jh. u. a. Johann Amos Comenius, der für seine pädagogischen Werke berühmt wurde. Die Bibliothek mit mehr als 300 000 Bänden ist sehr sehenswert. Sie ist in einem von Mihály Pollack 1834 geschaffenen Prunksaal untergebracht. (Rákóczi út 1, Mo–Sa 9–17, So 9–13 Uhr).

Innerhalb von zehn Jahren veränderte Imre Makovecz mit seiner organischen Architektur das Aussehen der Stadt. Bedeutende Bauwerke sind das Gebäudeensemble **Hild udvar** (Rákóczi út, 1981–86) sowie das **Árpád Vezér Gimnázium** (Arany János út, 1988–93). Vor allem das Gymnasium beeindruckt durch seine Holzdecke und das lichtdurchflutete Atrium.

Tourinform: Eötvös utca 6, 3950 Sárospatak, Tel. (06) 47/31 53 16, Fax 51 14 41, sarospatak@tourinform.hu, www.sarospatak.hu.

Rákóczi Panzió: Rákóczi út 30, Tel./Fax (06) 47/31 21 11, www.hotels.hu/rakoczipanzio. Sehr moderne Pension mit 14 bequemen Zimmern. Zum Haus gehört auch ein Restaurant mit gut ungarischer Küche. DZ 7000–8000 HUF.
Liget Vendégház Panzió: Arany János út 28, Tel./Fax (06) 47/31 33 09, www.ligetpanzio.hq.hu. Sehr nett aufgemachte Pension gegenüber dem Makovecz-Gymnasium mit großem Garten, Aufenthaltsraum und günstiger Bar. DZ 5800–6600 HUF.

Gourmet-Oase

Im exzentrisch angehauchten Restaurant **Ős Kaján** wird dem Gast in zwei alten Bauernhäusern raffinierte, aber preisgünstige Feinschmeckerküche serviert. Wintergarten, laszive Bilder und Kaffee in den tiefen Sesseln des Schachzimmers machen den Besuch zu einem wahren Erlebnis. Ein Top-Restaurant mit französischem Besitzer! (Tolcsva, 14 km westlich von Sárospatak, Kossuth utca 14–16, Tel. (06) 47/38 41 95, www.oskajan.hu. Di–Sa 12–22, So 12–20 Uhr. Hauptgerichte: ca. 1300–2800 HUF)

Weinproben: Rákóczi Pince, Kossuth tér 15, Juli–Aug. tgl. 10–20, Mai/Juni, Sept. 10–19, März/April, Okt. 10–18 Uhr

Züge nach Miskolc, Budapest und Sátoraljaújhely. **Busse** ab Bahnhof auch nach Tokaj und Nyíregyháza.

Zemplén-Gebirge

Ungarn-Atlas: S. 235, D1– 234, C1
Während die Südseite des bewaldeten und z. T. sehr zerklüfteten Zemplén-Mittelgebirges ganz dem Weinanbau gewidmet ist, gelangen wir weiter nördlich in touristisch unerschlossene, doch sehr reizvolle Gegenden.

Erste Station ist **Sátoraljaújhely** direkt an der slowakischen Grenze. Wun-

Zemplén-Gebirge/Monok

Atlas: S. 234

derbar ist ein Ausflug mit dem Sessellift (Libegő) auf den 514 m hohen Stadtberg Magas-hegy, von wo sich ein herrlicher Panoramablick bis weit in die Slowakei bietet (Torzsás utca 25, Mo–Do 14–18, Fr–So 10–18 Uhr).

Das **Schloss Károlyi** in **Füzérradvány** ist von einem schönen Landschaftspark umgeben. Das 150 Jahre alte Schloss wird zum Museum umgebaut. Tief in den Wäldern des Zemplén liegt das Hotel **Kőkapu** (Steintor, s. S. 194) westlich von Kishuta (Kleine Hütte). Romantisch ist schon die Anfahrt mit der ältesten Schmalspurbahn Ungarns ab Pálháza (April–Okt. 3x tgl.).

Dramatisch thront die Burgruine von **Füzér** auf einem imposanten Vulkankegel. Nur ein steiler Aufstieg zu Fuß führt über die Rückseite des Berges zur Ruine. 1264 wurde die Burg erstmals schriftlich erwähnt. Nach der verlorenen Schlacht von Mohács wurde die Stephanskrone 1526/27 hierhin in Sicherheit gebracht. 1686 sprengten die Habsburger die Burg. Am besten erhalten blieb die gotische Kapelle. Fantastisch ist der Rundblick über das hügelige Land und hinauf zum Nagy-Milic, dem mit 896 m höchsten Berg des Zemplén-Gebirges (April–Sept. tgl. 9–18 Uhr).

Für Porzellanfreunde ist ein Abstecher nach **Hollóháza** geradezu ein Muss. Aus einer 1777 gegründeten Glashütte ging im Laufe der Zeit eine der drei bedeutenden ungarischen Porzellanfabriken hervor. Doch die Wechselfälle des freien Marktes setzen auch der Manufaktur zu: Von einstmals 1500 Angestellten des wichtigsten regionalen Arbeitgebers sind nur noch 400 übrig. Zudem wechselte die Firma seit 1990 öfter den Besitzer.

In dem unscheinbaren Örtchen **Vizsoly** wurde 1590 die erste ungarischsprachige Bibel gedruckt. Dieses kulturhistorisch bedeutende Dokument ist in der reformierten Kirche ausgestellt, die durch ihre mittelalterlichen Wandfresken aus dem 13. und 15. Jh. fasziniert (Szent János út, Mo–Sa 9–11.45, 12.30–18, So 9–10.45, 12.30–18 Uhr).

Während sich die 1686 zerstörte Burg von **Regéc** aufgrund ihrer exponierten Lage zu einem schönen Spaziergang vom Ort aus anbietet, sind von der Burg in **Boldogkőváralja** noch größere Bauteile erhalten. Derzeit wird eine gründliche Sanierung durchgeführt. Um 1280 wurde die Festung erstmals erwähnt, doch auch sie fiel dem Sprenglust der Habsburger zum Opfer (April–Okt. Mo 10–18, Di–So 9–18 Uhr).

In dieser geschichtsträchtigen Region wurde 1802 in **Monok** Lajos Kos-

Schmuckes Porzellan

Hollóháza bietet Spitzenware. Besonders markant sind die unverwechselbaren Designs von Endre Szász (1926–2003). Im **Porcelánmúzeum** sind die schönsten Stücke aus der langen Produktionsgeschichte ausgestellt. Sogar für die Formel 1 wurden Siegertrophäen entworfen. Auch günstiger Werksverkauf (Károlyi út 11, April–Okt. tgl. 9.30–16.30 Uhr; Werksbesichtigungen: Mo–Fr 10–13 Uhr).

Zemplén-Gebirge/Aggtelek

Atlas: S. 234

suth geboren, 1848/49 Anführer der Revolution und des Freiheitskampfes gegen die Habsburger. Nach dem Scheitern des Aufstandes verbrachte er sein restliches Leben im Exil. Seither wird er in seinem Heimatland fast als Heiliger verehrt. Ein Gedenkmuseum in seinem Geburtshaus führt uns auf seine Spuren (Kossuth Lajos utca 10, Di–So 9–17 Uhr).

Auch **Szerencs** ist mit ungarischen Freiheitskämpfen eng verbunden. Die Burg (Rákóczi-vár) gehörte der berühmten Magnatenfamilie Rákóczi, die im 17./18. Jh. zweimal in führender Position gegen die Habsburger-Herrschaft kämpften. Die Burg beherbergt ein Museum zur Geschichte der Rákóczis. Ungewöhnlich ist die Sammlung von ca. 1 Mio. Ansichtskarten, darunter wahre Unikate (Di–So 10–16 Uhr).

Tourinform: 3950 Sátoraljaújhely, Eötvös utca 6, Tel. (06) 47/32 14 58, Fax 32 14 58, satoraljaujhely@tourinform.hu.

Hotel Kőkapu: 3994 Pálháza-Kőkapu, Tel. (06) 47/37 00 32, Fax 57 00 42, www.kokapu.hu. Wunderbar im Wald gelegene Ferienanlage rund um ein altes Jagdschlösschen. Große Apartments, ein modernes Hotel sowie eine einfache Touristenherberge sind im Angebot. Angelsee und Radverleih. Am dazugehörigen Bahnhof gibt es ein nettes und günstiges Ausflugsrestaurant. DZ 10 350–15 000 HUF, Touristenherberge: 1500–2000 HUF/Pers.

Bodóvár Panzió + Étterem: 3885 Boldogkőváralja, Kossuth út 61, Tel. (06) 46/30 60 65, Fax 30 60 62, www.castles.hu/bodovar. Moderne und ansprechende Pension an der Zufahrt zur Burg. Im hauseigenen Restaurant ungarische Küche, wobei die Terrasse einen herrlichen Burgblick bietet. DZ 6500 HUF.

Wandern: Der Zemplén ist bestens für Wanderungen geeignet. Gute Ausgangspunkte sind Füzér, Hollóháza, Kőkapu und Regéc. Der nationale blaue Wanderweg durchzieht die Region.

Bahn: von Miskolc über Szerencs nach Sátoraljaújhely.
Busse: Die kleineren Orte werden z. T. regelmäßig per Bus angefahren. Ausgangspunkt für viele Linien ist Sátoraljaújhely.

Aggtelek Nationalpark

Ungarn-Atlas: S. 234, A1

Unter der Hochfläche des Aggteleker Karstgebirges hat sich eine bizarre Höhlenwelt ausgeformt, die zu den schönsten Europas zählt. Diese einmalige grenzüberschreitende Landschaft mit rund 700 Höhlen wurde 1995 von der UNESCO als Weltnaturerbe anerkannt. Die ungarische Seite gehört zum Aggteleki Nemzeti Park (Nationalpark) und bietet reizvolle Ausflugsmöglichkeiten.

Wichtigste Attraktion ist die Tropfsteinhöhle **Baradla-barlang**. Zugänge zu dem 25 km langen weit verzweigten Höhlensystem gibt es u. a. in Aggtelek, Jósvafő und im slowakischen Domica. Skelett- und andere Funde belegen eine Besiedlung der Höhle schon vor 7000 Jahren.

Auch im malerischen Ort **Jósvafő** gibt es einen Höhleneingang (Tenger-

Aggtelek-Nationalpark

Atlas: S. 234

szem oldal 1, April–Sept. Führungen 9 und 17, sonst 10 und 15 Uhr, Wiedereröffnung voraussichtlich 2005). Der Ortskern wird von netten Bauernhäusern, einer alten Mühle und der pittoresken Dorfkirche aus dem 13. Jh. geprägt. Die wichtigsten Sehenswürdigkeiten, u. a. die bemalte Holzkassettendecke der Kirche, kann man bei einer Führung des Nationalparks kennen lernen (April–Sept. tgl. 11 Uhr, ab Höhleneingang).

Die reformierte Kirche von **Szalonna** (20 km östlich) lohnt einen Abstecher. Die romanische Rundkirche aus dem 11. Jh. wurde im 13. Jh. erweitert und erhielt 1765 ihren hölzernen Glockenstuhl. Besonders bemerkenswert sind die Fresken, die z. T. aus dem 11. Jh. stammen. Auch die bemalte Kanzel und Empore sind Kunstwerke.

Tourinform: Baradla oldal 3, 3759 Aggtelek, Tel. (06) 48/50 30 00, Fax 50 30 02, aggtelek@tourinform.hu, www.anp.hu.

Malom Panzió: Jósvafő, Dózsa György utca 6, Tel. (06) 48/50 62 10. Vier geschmackvoll eingerichtete Zimmer in einer umgebauten Mühle. Bei László Kontra fühlt man sich schnell wohl. DZ 6000–8000 HUF.
Privatzimmer: Vor allem in Aggtelek gibt es zahlreiche preisgünstige Privatvermieter. Nett ist es z. B. bei: **Marianna Klaisz**, Ady Endre utca 9, Tel. (06) 48/34 30 88, DZ 3500 HUF (kein Frühstück).
Camping:
Baradla Kemping és Turistaszálló: Aggtelek, Baradla oldal 1, Tel./Fax (06) 48/50 30 05. Idyllisch gelegener Campingplatz direkt am Eingang zur Höhle. Es werden auch Hütten vermietet, und im Motel stehen einfache Zimmer zu sehr günstigen Preisen zur Verfügung.

Baradla Vendéglő: Aggtelek, Baradla oldal 1, Tel. (06) 48/34 31 77, tgl. 8–20 Uhr. Nette Gaststätte am Höhleneingang. Zu den regionalen Spezialitäten zählt u. a. *sztrapacska* (Nockerln mit Schafskäse und Speck). Hauptgerichte ca. 700–2200 HUF.

Wandern: Ab Aggtelek und Jósvafő gibt es markierte Wanderwege durch den Nationalpark, z. B. einen 7,5 km langen gelb markierten Lehrpfad zwischen den beiden Orten. Besonders schön ist die Wanderung zur Ruine Szádvár. Ausgangspunkt ist das Szalamandraház 2 km nördlich von Szögliget. Der Aufstieg dauert ca. 45 Min. und wird mit einem herrlichen Blick in die slowakischen Mittelgebirge belohnt.
Reiten: In Jósvafő gibt es einen Reithof mit Hucul-Pferden. Anmeldung bei Tourinform Aggtelek (s.o.).

Busse von Budapest, Eger und Miskolc.

Höhlentour

Vom Haupteingang in **Aggtelek** gelangt man in eine mystische Welt voller faszinierender Gesteinsformationen, die bis zu zwei Millionen Jahre alt sind. Stalagmiten und Stalaktiten wachsen sich unendlich langsam entgegen und schaffen bizarre Gebilde. Im riesigen Hauptsaal finden bei ca. 10° C Konzerte und Trauungen statt (Baradla oldal 1, April–Sept. tgl. 8–18, sonst 8–16 Uhr).

BÜKK- UND MÁTRA-GEBIRGE

Die nordungarische Mittelgebirgslandschaft steckt voller Attraktionen: Wanderer finden viele Ausflugsmöglichkeiten, Weinkenner schätzen die Rebensäfte der Mátra-Hänge, Eger bietet prächtige Barockbauten und das schmucke Hollókő traditionelle Bauernkultur. Badefreunde schätzen die ungewöhnlichen Thermalbäder.

Miskolc

Ungarn-Atlas: S. 234, B2

Auch wenn die von Industrie geprägte drittgrößte Stadt Ungarns nicht zu den schönsten des Landes zählt, so hat das Zentrum doch einen fast schon kleinstädtischen Reiz bewahrt. Zudem setzen der eingemeindete Kurort Miskolc-Tapolca mit seinem einzigartigen Thermal-Höhlenbad und die mächtige Burg Diósgyőr echte Akzente.

Im Mittelalter war die im 13. Jh. ausgebaute Königsburg in Diósgyőr das Zentrum der Region. 1544 verwüsteten die Türken die Stadt, zu Anfang des 18. Jh. nochmals die Habsburger, weil Miskolc am Freiheitskampf des Fürsten Rákóczi teilnahm.

Richtigen Aufschwung nahm Miskolc im 19. Jh., als das große Stahlwerk in Diósgyőr entstand. Doch die Fabrik befindet sich in der Krise und damit auch die gesamte Stadt mit ihren 190 000 Einwohnern.

Wie eine lange Perlenkette durchzieht die Széchenyi István út die beschauliche Altstadt. Selten hat man den Eindruck, in einer Großstadt zu sein. Stolz der Stadt ist das **Nationaltheater**. In der Seitenstraße befindet sich das **Museum für Theatergeschichte und Künstler (Színháztörténeti és Színészmúzeum)** mit einer liebevoll eingerichteten Ausstellung (Déryné utca 3, Di–Sa 9–17 Uhr). 1823 stand hier das erste aus Stein errichtete Theater Ungarns.

Eine Rarität ist die **Ungarisch-Orthodoxe Kirche (Magyar-ortodox templom)**, die 1785–91 von reichen griechischen Einwanderern erbaut wurde. In der Kirche ragt eine 16 m hohe Ikonostase aus 87 Einzelbildern auf. Die Kopie der ›Schwarzen Mutter Gottes von Kasan‹ soll ein Geschenk der russischen Zarin Katharina II. sein. Die Geschichte der griechischen Gemeinde wird in einem kleinen Museum erläutert (April–Okt. Di–Sa 10–18, sonst Di–Sa 10–16 Uhr).

Im 550 Jahre alten Gebäude des **Hermann Ottó Múzeum** sind Urzeitfunde und Mineralien ausgestellt. Dazu kommt ein wenig Ortsgeschichte (Papszer utca 1, Di–So 10–16 Uhr).

Miskolc

Atlas: S. 234

Oberhalb des Museums stammt die reformierte **Avasi Kirche (Avasi templom)** bereits aus dem 15. Jh., der Glockenturm aus dem Jahr 1570. Über den denkmalgeschützten Friedhof geht es durch die bewaldeten Abhänge zum Aussichtsturm **Avas-kilátó** hinauf. Von oben kann man an schönen Tagen bis nach Tokaj und in die slowakischen Mittelgebirge schauen.

Jenseits der Plattenbauten erreichen wir durch eine denkmalgeschützte Kastanienallee die mächtige **Burgruine** von Diósgyőr. Ihre Blütezeit hatte sie im 14. Jh. unter König Ludwig dem Großen, der hier als Herrscher über Ungarn und Polen oft residierte. Sogar Venedig akzeptierte 1381 in Diósgyőr die ungarische Oberhoheit. Weil Ludwig ein Jahr später starb, hatte das allerdings keine großen Auswirkungen. Mit den Wirren der Türkenkriege verfiel die Burg immer mehr. In den letzten Jahren wird sie stark renoviert (Mai–Sept. tgl. 9–19, sonst 10–16 Uhr).

Tourinform: Rákóczi utca 2, 3525 Miskolc, Tel. (06) 46/35 04 25, Fax 35 04 39, borsod-m@tourinform.hu, www.miskolc.hu.

Miskolc-Tapolca und Lillafüred (s. S. 198) sind schöne Standquartiere.
Fortuna Panzió: Csabai utca 2, Miskolc-Tapolca, Tel. (06) 46/43 23 45, Fax 56 12 66, www.fortuna-panzio.hu. Moderne und gemütliche Pension in dem belebten Badeort. DZ 7000–8000 HUF.
Privatzimmer: In Miskolc-Tapolca findet man mehrere günstige Privatzimmer.
Camping:
Éden-Kemping: Károlyi Mihály utca 1, Miskolc-Tapolca, Tel./Fax (06) 46/42 21 50, www.kemping.hu/eden. Neben schönem Campingplatz auch Ferienhäuser für vier Personen.

Kis Anna Halászkert: Görömbölyi utca 38, Miskolc-Tapolca, Tel. (06) 46/42 29 00, tgl. 12–22 Uhr. Nettes Gartenrestaurant mit ungarischen Spezialitäten, z. B. gebratene Gänseleber mit Zimtpflaumen und Kartoffeln. Ca. 1200–2700 HUF.

Club Havanna: Városháza tér 3, Mo–Sa 9–24, So 12–24 Uhr (Schließzeiten variabel). Populäres Szene-Café am schönsten Platz der Stadt mit leckeren Cocktails.

Miskolcer Sommer: Mai–Aug. u. a. Opernfestival, Burgspiele in Diósgyőr sowie Höhlenkonzerte in Lillafüred. Infos bei Tourinform.

Waldeisenbahn: romantische 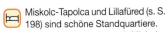 Kleinbahn nach Lillafüred und ins

Höhlenbad

Hauptattraktion in **Miskolc-Tapolca** ist zweifelsohne das einzigartige **Höhlen-Thermalbad** (Barlang termálfürdő). Mitten im Berg sprudeln die Heilquellen und füllen die Höhlenbecken. Atmosphärisch ist das Höhlenbad nicht zu übertreffen. Es gibt zudem heißere Thermalbecken sowie ein Freibad – ein echtes Muss! Rundum sorgen bewaldete Hügel, ein kleiner Rudersee und ein schöner Park für Kurbad-Atmosphäre (Pazár István sétány, tgl. 9–19 Uhr).

Bükk- und Mátra-Gebirge

Atlas: S. 234

Bükk-Gebirge ab Dorottya utca, Tel. (06) 46/37 90 86, Mai–Sept.

Züge ab Bahnhof Tiszai pu. (Kandó Kálmán tér) nach Budapest, Tokaj, Nyíregyháza und Sárospatak.
Busse ab Busbahnhof Búza tér nach Lillafüred (5 u. 15), Miskolc-Tapolca (2), Eger und Aggtelek.
Stadtverkehr: Straßenbahn vom Hauptbahnhof durch die Altstadt nach Diósgyőr.
Taxi: Duna Taxi (Tel. (06) 46/32 22 22).

Bükk Nationalpark

Lillafüred und Umgebung

Ungarn-Atlas: S. 234, B2
Das ›Tor zum Bükk-Gebirge‹ liegt malerisch von dichten Wäldern eingerahmt. Offiziell ist der kleine Erholungsort im Bükk Nationalpark (Bükki Nemzeti Park) ein Vorort von Miskolc, doch von der Großstadt ist nichts zu spüren. Hauptattraktion sind die Höhlen. Die **Szent István barlang** ist eine 700 m lange Tropfsteinhöhle. Wegen der reinen Luft kommen auch Asthma-Kranke hierher, und im Sommer gibt es Konzerte in den Hohlräumen des Karstkalksteins (April–Okt. 9.30–16, sonst 9.30–15 Uhr). Mit etwas Fantasie lassen sich in der **Anna barlang** Gemüse-Formationen im Kalktuff erkennen: Tomaten, Brokkoli und Blumenkohl. Zu sehen sind aber auch echte versteinerte Pflanzen (April–Okt. 9.30–16 Uhr).

Der heutige Freizeitsee **Hámori-tó** wurde vor 200 Jahren als Wasserreservoir für die Eisenschmelze angelegt.

Oberhalb des Ortes führt ein teils steiler Wanderweg von Lillafüred zur archäologisch bedeutenden **Szeleta barlang**. In der frei zugänglichen Höhle wurden Steinwerkzeuge aus der Eiszeit gefunden. Vom Höhleneingang hat man einen herrlichen Blick über die Wälder.

In **Felsőhámor** illustriert das Zentralmuseum des Eisenhüttenwesens (Központi Kohászati Múzeum) mit interaktiven Modellen die Entwicklung dieses Industriezweiges sehr anschaulich (Di–So 9–17 Uhr).

Eine historische Schmelzanlage von 1814 liegt im nahen **Újmassa (Neue Schmelze)**, eine Station mit der pittoresken Waldeisenbahn entfernt. Ein kleines Museum erläutert die Geschichte des Ofens (April–Okt. Di–So 9–17 Uhr). Henrik Fazola hatte 1770 im benachbarten Ómassa (Alte Schmelze) bereits den ersten ungarischen Schmelzofen gebaut und damit die Industrialisierung der Gegend eingeleitet. 1868 zog das Werk nach Diósgyőr um.

In **Bánkút** liegt am 956 m hohen Bálvány ein wichtiges Skigebiet. Auf der nahen Hochfläche Nagymező befindet sich die berühmte Lippizaner-Zucht.

Szilvásvárad

Ungarn-Atlas: S. 234, A2
Szilvásvárad ist ein weiterer wichtiger Urlaubsort im Bükk-Gebirge. Berühmt wurde er durch sein Lippizanergestüt, das 1952 von Bábolna hierhin verlegt wurde. Die Pferde verbringen ihre ersten Jahre auf den Höhen des Bükk-Gebirges. Im **Lovasmúzeum (Pferdemuseum)** erfährt man mehr über die Geschichte der Pferdezucht (Park utca

Szilvásvárad

8, Di–So 9–12, 13–17 Uhr). Im historischen **Orbánház** sind Funde aus 300 Mio. Jahren Erdgeschichte ausgestellt (Miskolci út 58, Di–So 9–17 Uhr).

Turisztikai központ: Szalajka-völgy, 3348 Szilvásvárad, Tel./Fax (06) 36/56 40 58, Mai–Sept. Di–So 9–17, sonst Sa–So 10–15 Uhr.

Hotel Palota: 3517 Lillafüred, Erzsébet sétány 1, Tel. (06) 46/33 14 11, Fax 53 32 03, www.hunguesthotels.hu. Luxushotel mit 129 Zimmern. Das 1927–30 erbaute Schloss ist landesweit bekannt. DZ 93–104 €.
Ózon Panzió: Lillafüred, Erzsébet sétány 19, Tel. (06) 46/53 25 94, Fax 53 25 95, www.hotels.hu/ozon_lillafured. Angenehme Pension für Naturliebhaber. Es werden auch Kurbehandlungen für lungenkranke Kinder angeboten. DZ 4800–11 400 HUF.
Hunguest Hotel Szilvás: Szilvásvárad, Park utca 6, Tel. (06) 36/56 40 65, Fax (06) 36/56 40 62, www.hunguesthotels.hu. Schön gelegenes Schlosshotel, das 1860 von Miklós Ybl für die Grafen Pallavicini erbaut wurde. Sauna und Fitnessraum. DZ 39–46 €.
Camping:
Hegyi Camping: Szilvásvárad, Egri út 36/a, Tel./Fax (06) 36/35 52 07, www.hegyicamping.com, Mitte April–Mitte Okt. Große Campinganlage am Eingang zum Szalajka-Tal.

Tókert Étterem: Erzsébet sétány 3, Tel./Fax (06) 46/53 12 02. Solide ungarische Küche mit einem tollen Ausblick über den See in die Wälder; auch Pension. Hauptgerichte ca. 1000–2000 HUF.
Pisztráng Kisvendéglő: Szalajka-völgy, Tel. (06) 36/56 40 56, April–Okt. tgl. 10–20, sonst Sa–So 10–20 Uhr. Inmitten der vielen Buden am Hauptparkplatz ist das ›Kleine Restaurant Forelle‹ ein Lichtblick. Die frischen Forellen stammen aus den berühmten Fischteichen des Tals (Tipp: mit Kastaniensoße!). Hauptgerichte ca. 750–1900 HUF.

Wandern: viele Wanderwege in den Wäldern des Bükk-Gebirges. Schön ist z. B. der Aufstieg von Lillafüred zur Szeleta-Höhle. Von Bánkút erreicht man u. a. durch ausgedehnte Buchenwälder die Hochfläche Nagymező mit den Lippizanern sowie den höchsten Berg des Bükk, den 959 m hohen Istállós-kő. Beide Ziele erreicht man auch aus dem Szalajka-Tal (anstrengend) sowie vom Hochparkplatz Olasz kapu (mautpflichtig ab Szilvásvárad). Wanderkarte erforderlich!
Waldeisenbahnen: Von Lillafüred verkehrt die Kleinbahn nach Diósgyőr und Ómassa, von Szilvásvárad die Schmalspurbahn ins Szalajka-Tal (April–Okt. 9.30–17 Uhr).

> ## Szalajka-Tal
>
> Eine kleine Waldbahn fährt in das dichtbewaldete Szalajka-völgy. Von der Endstation führt ein steiler Fußweg zur **Istállós-kői-ősemberbarlang (Urmenschen-Höhle)**. In dem 46 m langen Saal fand man bis zu 44 000 Jahre alte Zeugnisse menschlicher Aktivitäten. Zum Parkplatz zurück führt ein bequemer Wanderweg vorbei am **Schleierwasserfall** (fátyol-vízesés). Das kostenlose **Waldmuseum (Szabadtéri Erdei Múzeum)** dokumentiert anschaulich das sehr harte Leben und die Arbeit in den Wäldern. Zu sehen ist u. a. eine Eisenschmelze von 1790.

Bükk- und Mátra-Gebirge

Atlas: S. 234

 Züge von Szilvásvárad nach Eger.
Busse: Stadtbusse nach Miskolc-Diósgyőr, Regionalbusse nach Miskolc und Eger.

Eger (Erlau)

Ungarn-Atlas: S. 234, A2; S. 233 D1/2
Eger (62 000 Einw.) ist Ungarns Barockstadt schlechthin. Tausende von Touristen strömen jährlich in die beschauliche Stadt an den Südhängen des Bükk-Gebirges, um durch das malerische Stadtzentrum zur berühmten Burg zu spazieren. Besonders abends strahlen die Gassen romantisches Flair aus. Bekannt ist Eger auch für seine Weine – Hauptwirtschaftszweig ist der Weinbau.

Weil Eger an einer wichtigen Nord-Süd-Handelsroute lag, ließen sich schon vor 3000 Jahren Menschen hier nieder. Die Stadt selbst wurde im 11. Jh. von König Stephan als Bischofssitz gegründet. Berühmt wurde sie 1552, als ein riesiges türkisches Heer Eger belagerte. Unter Hauptmann István Dobó konnten die wenigen Verteidiger den Angriff jedoch erfolgreich abwehren. Die Wende brachten der Überlieferung nach die Frauen von Eger, welche den letzten Rotwein an die Kämpfer verteilten. Die türkischen Soldaten glaubten, es handele sich um Stierblut und gaben die Belagerung auf. Dies war die Geburtsstunde des berühmten Rotweins ›Erlauer Stierblut‹.

1596 fiel die Stadt dennoch für 91 Jahre an die Türken, die hier ihr nördlichstes Minarett hinterließen. Im 18. Jh. wurde die Stadt im barocken Stil wieder aufgebaut. 1804 wurde Eger zum Sitz des Erzbischofs

Wir beginnen unseren Rundgang am **Eszterházy tér** vor dem beeindruckendsten Sakralbauwerk von Eger, der klassizistischen **Basilika** [1]. Sie wurde 1831–36 nach Plänen von József Hild errichtet und ist die zweitgrößte Kirche des Landes. Über dem Säulenportikus sind die drei Tugenden Glaube, Hoffnung und Liebe durch Statuen dargestellt. Das monumentale Innere strahlt eine kühle Eleganz aus. Die Architektur kann man besonders beim mittäglichen Orgelspiel in Ruhe auf sich wirken lassen (Mo–Sa 11.30, So 12.45 Uhr).

50 Jahre zuvor hatte sich Bischof Graf Károly Eszterházy das prachtvolle barocke **Erzbischöfliche Lyzeum** [2] errichten lassen. Der Bau wurde 1765–85 von seinem Hofarchitekten Jakob Fellner ausgeführt. Eszterházys Traum war es, in Eger eine Universität zu gründen. Auch wenn der Plan scheiterte, hat er doch bleibende Spuren hinterlassen.

Einen herrlichen Ausblick über Eger genießt man von der alten Sternwarte. Dort befinden sich eine **Camera Obscura** und ein **Astronomisches Museum** mit 200 Jahre alten Originalinstrumenten (April–Sept. Di–So 9.30–15.30, sonst Sa–So 9–13 Uhr).

Die verkehrsberuhigte Széchenyi utca ist eine barocke Flaniermeile. Das **Erzbischöfliche Palais** [3] entstand im 18. Jh. und beherbergt in seinen Nebenräumen die Schatzkammer der Diözese (Mo–Fr 9–16 Uhr).

Die 1713 gegründete **Telekessy-Apotheke** [4] ist heute ein Museum (Mai–Okt. Di–So 9–17 Uhr).

Cityplan

Eger

Sehenswürdigkeiten

1. Basilika
2. Erzbischöfliches Lyzeum
3. Erzbischöfliches Palais
4. Telekessy-Apotheke
5. Minarett
6. Minoritenkirche
7. Palóc Múzeum
8. Burg
9. Hallenbad
10. Türkisches Bad
11. Frei- und Thermalbad
12. Komitatshaus

Übernachten

13. Offi Ház Hotel
14. Hotel Minaret
15. Princess Vendégház

Essen und Trinken

16. Dobos Cukrászda
17. Szépasszony-völgy

Bükk- und Mátra-Gebirge

Atlas: S. 234

Deutlicher Beleg für die türkischen Jahrzehnte ist das 40 m hohe **Minarett** 5 in der Knézich Károly utca. Wie eine Nadel sticht es in den Himmel und kann über die schmale Wendeltreppe bestiegen werden (tgl. 10–17 Uhr).

Der zentrale **Dobó István tér** wird durch das Flüsschen Eger-patak zweigeteilt. Die größere Hälfte wird von der mächtigen **Minoritenkirche (Szent Antal templom)** 6 dominiert. Die Vorgängerkirche gehörte ab dem 13. Jh. zu einem Franziskanerkloster und war unter den Türken eine Moschee. Danach gelangte sie in den Besitz der Minoriten, die 1758–68 die jetzige Kirche errichten ließen.

In der Mitte des Platzes nimmt der legendäre Verteidiger der Burg gegen die Türken, Burghauptmann István Dobó, eine kämpferische Pose ein. Die Absperrung ist symbolträchtig mit kleinen Halbmonden verziert. Gehen wir über die kunstvolle Brücke, geraten wir in ein malerisches Viertel unterhalb der Burg, wo zahlreiche Restaurants und Cafés zu einer Pause einladen.

In der Dobó István utca lohnt ein Blick ins kleine **Palóc Múzeum** 7, das sich der nordungarischen Minderheit der Palózen widmet. Sehenswert sind u. a. die Pelzröcke und bemalten Holztruhen (April–Okt. Di–So 9–17 Uhr).

Die Geschichte der **Burg (Vár)** 8 geht auf die Gründung des Bistums im 11. Jh. zurück, doch erst nach dem Tatarensturm 1241/42 begann der eigentliche Bau. In der zweiten Hälfte des 16. Jh. war sie strategische Grenzburg. Die Habsburger sprengten sie im

Blick auf Eger

> ## Erzbischöfliche Bibliothek
>
> Die prachtvolle Bibliothek im Lyzeum beeindruckt vor allem durch ihre Decke. Sie verleiht die Illusion einer großen Kuppel, ist jedoch nur 80 cm tief. Das Deckenfresko stammt von Johann Lukas Kracker und zeigt das Trienter Konzil des 16. Jh. Zu den wertvollsten Büchern gehören eine Nürnberger Bibel von 1483 sowie mittelalterliche Kodizes und Wiegendrucke (April–Sept. Di–So 9.30–15.30, sonst Sa–So 9–13 Uhr).

18. Jh., doch ab dem 19. Jh. begann eine Restaurierung der Anlage.

Besichtigt werden kann vor allem der gotische Palast mit einem geschichtlichen Museum. Die bemalte Holzkassettendecke aus der reformierten Kirche von Noszvaj ist sehenswert. Von den Wallmauern bietet sich ein schöner Blick über die Stadt hinweg (Di–So 9–17, nur Außenanlagen: Mai–Sept. tgl. 8–20 Uhr).

Eger ist auch eine Bäderstadt. Das moderne **Hallenbad** 9 stammt von dem Architekten Imre Makovecz (1993–2000), während das **Türkische Bad** 10 auf Pascha Arnut im 17. Jh. zurückgeht (Sa 14–18, So 8–18 Uhr). Nebenan liegt das **Frei- und Thermalbad** 11 (tgl. 9–19 Uhr).

Der Rückweg zum Ausgangspunkt führt durch die Kossuth Lajos utca. Repräsentative Gebäude säumen die Straße. Besonders auffällig ist das **Ko-**

Bükk- und Mátra-Gebirge

Atlas: S. 234

mitatshaus 12 (Nr. 9). Im Durchgang treffen wir auf das schmiedeeiserne Tor von Henrik Fazola (1758–61), eine der schönsten Arbeiten ihrer Art. Im Gebäude selbst ist eine beachtenswerte geschichtliche Ausstellung untergebracht (April–Okt. 9–17 Uhr).

Umgebung

Ein besonderes Naturschauspiel bietet sich südlich von **Egerszalók**. Dort sprudelt seit 1961 heißes Wasser (68° C) durch die Kalkschichten an die Oberfläche. Der Quellenkalkstein häuft langsam, aber sicher einen weißen Kalktuffhügel an, der in Ungarn seinesgleichen sucht. War das Thermalbecken bis dato ein simples Wald- und Wiesenvergnügen, so entstehen nun Hotel- und Apartmentanlagen.

In **Feldebrő** sind in der Unterkirche des barocken Gotteshauses äußerst seltene Fresken aus der Mitte des 11. Jh. zu bewundern. Diese großartigen Kunstwerke weisen griechisch-byzantinische Einflüsse auf. Ursprünglich war die Kirche vom Geschlecht der Aba um 1040 errichtet worden (Schlüssel Szabadság tér 19).

12 km östlich von Eger liegt **Noszvaj**. Baron Sámuel Szepessy ließ 1774–78 das kleinste Barockschloss Ungarns errichten. In den wenigen Sälen sind wunderbare Decken- und Wandfresken restauriert worden. Abgebildet sind u. a. Pan, diverse Vögel sowie Weinmotive (Dobó utca 10, Di–So 10–12, 13–15 Uhr, nur mit Führung).

Tourinform: Bajcsy-Zsilinszky utca 9, 3300 Eger, Tel. (06) 36/51 77 15, Fax 51 88 15, eger@tourinform.hu, www.tourinform.hu/eger.

Offi Ház Hotel 13: Dobó István tér 5, Tel./Fax (06) 36/31 10 05, offihaz@mail.matav.hu. Luxuriöses Hotel in bester Innenstadtlage im Schatten der Burg. Das barocke Gebäude bietet modernen Komfort. Das hauseigene Restaurant Arany Oroszlán serviert sehr gute Küche. DZ 12 500–17 500 HUF, Hauptgerichte ca. 8500–2000 HUF.

Hotel Minaret 14: Knézich Károly utca 4, Tel./Fax (06) 36/41 04 73. Die 42 freundlichen Zimmer mit TV und Minibar sowie ein Schwimmbad zeichnen das Minaret aus. DZ 35–40 €.

Princess Vendégház 15: Honfoglalás út 8, Tel./Fax (06) 36/32 03 00. Sehr angenehme Pension mit fünf freundlichen Zimmern, einem großen, ruhigen Garten sowie gesichertem Parken. Günstige Lage zwischen Stadtzentrum und Tal der Schönen Frauen. DZ 7000 HUF.

Camping:
Tulipán Kemping: Szépasszonyvölgy 71, Tel. (06) 36/41 05 80, April–Okt. Direkt

---

Das Tal der Schönen Frauen

Am westlichen Stadtrand von Eger sind ca. 50 Weinkeller in einem parkähnlichen Halbrund in die Felsen gehauen. Das stimmungsvolle Tal der Schönen Frauen (Szépasszony-völgy) ist eine der Hauptattraktionen der Stadt. Hier kann man die kräftigen Egerer Weine und natürlich das dunkelrote Erlauer Stierblut *(egri bikavér)* probieren und kaufen.

oberhalb des Tals der Schönen Frauen gelegener Campingplatz.

Dobos Cukrászda 16: Széchenyi utca 6, Tel. (06) 36/41 33 21, tgl. 9.30–22 Uhr. Echtes Kaffeehaus mit schöner Straßenterrasse. Im großen Saal ist Herender Porzellan ausgestellt. Stilgerecht sollte man natürlich Dobos-Torte probieren – nicht ganz billiges Café.

Szépasszony-völgy 17: Szépasszonyvölgy utca. Mehrere Restaurants sorgen für das leibliche Wohl. Empfehlenswert ist z. B. das **Nótafa Kisvendéglő**, Tel. (06) 36/31 34 84, April–Okt. tgl. 10–21 Uhr. Hauptgerichte: ca. 500–1100 HUF.

Fest des Erlauer Stierblutes (Egri Bikavér ünnepe): Mitte Juli. Zum St.-Donatus-Tag steigt auf dem Dobó István tér ein großes Weinfest.

Züge ab Állomás tér nach Budapest, Szilvásvárad und mit Umstieg nach Miskolc.
Busse ab Busbahnhof Barkóczy utca nach Budapest, Miskolc, Gyöngyös, Debrecen, Szilvásvárad, Aggtelek und in die Orte der Umgebung.
Taxi: City-Taxi Tel. (06) 36/55 55 55.

Mátra-Gebirge

Ungarn-Atlas: S. 232, C1–2
Schon vor der Eroberung durch die Magyaren befand sich auf dem Hügel oberhalb von **Sirok** eine Festung. 1320 nahm König Károly Róbert die Burg ein und baute sie aus. Obwohl sie als schwer einnehmbar galt, konnten die Türken 1596 ihre Fahne über der Burg hissen. An der Wende zum 18. Jh. ließen die Habsburger die Festung sprengen. Von den Ruinen gibt es einen wunderbaren Ausblick.

In den Wäldern oberhalb von **Recsk** sperrte die kommunistische Geheimpolizei 1950–53 echte und vermeintliche Regimegegner in ein streng geheimes Arbeitslager. Schließlich löste Imre Nagy das Lager auf, über das jedoch erst 1986 berichtet werden durfte (4 km südlich, Wegweiser ›Nemzeti Emlékpark‹, Mai–Sept. tgl. 9–17, sonst Sa–So 9–15 Uhr).

In **Parád** ist das Kutschenmuseum (Kossuth Lajos utca 217, April–Sept. tgl. 9–17, sonst Di–So 9–16 Uhr) einen Besuch wert. In **Parádsasvár** existiert seit 1708 eine Glasfabrik (Rákóczi utca 46–48, Werksführung und Galerie Di–Sa 10–13, 14–15 Uhr).

Nun windet sich die Straße in langen Kehren durch die ausgedehnten Wälder bergan. Oberhalb von Mátraháza steuern wir **Kékestető** an, das ›Dach Ungarns‹. Der Kékes ist mit 1014 m der höchste Berg des Landes. Vom Fernsehturm bietet sich bei schönem Wetter ein atemberaubender Fernblick über die Berge nach Norden und in die ungarische Tiefebene nach Süden (April–Aug. tgl 9–18, sonst 9–16 Uhr).

Nur zu schnell verliert die Straße wieder an Höhe, vorbei am Freizeitzentrum Sástó. **Mátrafüred** ist ein ansehnlicher Ferienort am Südhang des Gebirges, der hervorragend als Standquartier für die Region geeignet ist. Sehenswert ist das Palóc Babakmúzeum (Palózen-Puppenmuseum) mit Puppen in Palózen-Tracht (Mo–Sa 9–17 Uhr).

Ein Abstecher nach **Gyöngyös** führt ins Mátra Múzeum, wo u. a. ein riesi-

Bükk- und Mátra-Gebirge

Atlas: S. 232

ges Mammut-Skelett zu sehen ist. Das orts- und naturgeschichtliche Museum ist im Orczy-Schloss untergebracht, das auf das Jahr 1723 zurückgeht (Kossuth Lajos utca 40, März–Okt. Di–So 9–17, sonst 10–15 Uhr). Ein Kleinod ist die Franziskaner-Bibliothek des ehemaligen Klosters. Rund 16 000 wertvolle historische Bände sind hier versammelt (Barátok tere 1, Di–Fr 14–16, Sa 10–13 Uhr). Die dazugehörige Kirche stammt aus dem 14. Jh.

Tourinform: Fő tér 10, 3200 Gyöngyös, Tel./Fax (06) 37/31 11 55, gyongyos@tourinform.hu, www.matrainfo.hu.

Hegyalja Hotel: Béke utca 7, 3232 Mátrafüred, Tel. (06) 37/32 00 27, Fax 32 00 28, www.hotels.hu/hegyalja. Angenehmes Hotel mit 14 Zimmern – auch gutes Restaurant mit lauschiger Gartenterrasse. DZ 6500–12 500 HUF, Hauptgerichte ca. 850–2700 HUF.
Feketerigó Vendégház: Avar utca 2, Mátrafüred, Tel. (06) 37/32 00 52. Sehr günstige Pension mit schönen geräumigen Wohn-Schlafzimmern und Etagen-WC. Das Restaurant bringt gute ungarische Küche auf den Tisch. DZ 3600 HUF (ohne Frühstück), Hauptgerichte ca. 700–1600 HUF.
Camping:
Mátra Kemping Sástó: Mátrafüred-Sástó, Tel. (06) 37/37 40 25, April–Mitte Okt. Idyllischer Campingplatz am 510 m hoch gelegenen See Sástó.

Glas: Die Gegend um Parádsasvár ist für ihre Glasproduktion bekannt. Verkauf direkt ab Werk oder bei privaten Glasbläsern, z. B. gegenüber vom Kutschenmuseum in Parád (s. S. 205).
Wein: Die Mátra-Weine genießen in Ungarn zu Recht einen guten Ruf. Besonders bekannt ist der weiße *Debrői Hárslevelű* (Debrőer Lindenblättriger). Eine gute Auswahl bietet das Mátraaljai Borok Háza, Fő tér 10, Gyöngyös, Mo–Fr 10–12, 13–18, Sa 9–13 Uhr.

Wandern: Mátrafüred ist eine gute Ausgangsbasis für Wanderungen. Eine angenehme Tagestour führt z. B. zum Berg Kékes (ca. 2,5 Std. nur für den Aufstieg über gut markierten Wanderpfad; 650 m Höhenunterschied; zwei markierte Varianten für Hin- und Rückweg: blaues Kreuz bzw. blaues Dreieck). Infos und Karten für weitere Touren bei Tourinform oder auf dem Campingplatz.
Ski fahren: Im Winter ist das ›Dach Ungarns‹ ein kleines Skigebiet.

Bahn: von Gyöngyös Züge nach Budapest; Kleinbahn nach Mátrafüred.
Bus: Verbindungen zwischen Gyöngyös Mátrafüred, Kékestető, Parád und Eger. Von Gyöngyös auch Busse nach Budapest, Jászberény und Kecskemét.

Hollókő

Ungarn-Atlas: S. 232, B1
Inmitten der sanft geschwungenen grünen Hügellandschaft des Cserhát liegt Hollókő (Rabenstein) – die Perle unter den ungarischen Dörfern. Eine lange Reihe von schmucken Bauernhäusern zieht sich die kopfsteingepflasterte Dorfstraße Kossuth út hinunter, im Zentrum die schlichte Kirche. Seit 1987 steht die romantische Palózen-Siedlung auf der UNESCO-Liste des Weltkulturerbes. In vielen Häusern sind kleine Ausstellungen untergebracht, so ein

Hollókő

›Urzeit-Pompeji‹ Ipolytarnóc

Ungarn-Atlas: S. 232, C1
Einen riesigen Sprung zurück in die Vergangenheit machen wir bei Ipolytarnóc. Ein Gesteinslehrpfad führt zu spektakulären Funden: 20–23 Mio. Jahre alte Haifischzähne, Abdrücke von Tierspuren sowie versteinerte Bäume. Während erstere Funde auf ein ehemaliges tropisches Meer schließen lassen, zeugen letztere von einem Vulkanausbruch, der den hiesigen Fluss austrocknen ließ und die Spuren konservierte (Führungen April–Aug. Di–So 9–16, sonst Di–So 9–15 Uhr).

Dorf-, ein Puppen- und ein Postmuseum sowie ein Töpfer- und Weberhaus und eine Naturschutzausstellung. Mehrere Häuser stehen als Gästehäuser für Touristen zur Verfügung. Das heutige Aussehen des Ortes entstand nach einem verheerenden Brand 1909, als Strohdächer verboten wurden.

Während der Saison tragen die alten Frauen des Ortes die farbenprächtige traditionelle Tracht der Palózen. Oberhalb des Ortes thronen die Reste der einst mächtigen Burg, von wo man einen weiten Blick über die idyllische Landschaft genießt. Der Name der Burg und des Ortes geht auf eine Legende zurück. Angeblich raubte der Burgherr Kacsics die Frau eines Nachbarn. Eine wohlgesinnte Hexe schickte daraufhin die Söhne des Teufels in Form von Raben zur Burg. Die teuflischen Raben trugen die Steine der Burg Stück für Stück ab und befreiten so die Gefangene.

Größtes Problem von Hollókő ist die Abwanderung. Im Ortskern leben nur noch 30 Bewohner, der Rest lebt im gesichtslosen Neudorf. So trägt das Weltkulturerbe mittlerweile eher den Charakter eines Museums, ein Zustand, der mit der Auszeichnung eigentlich vermieden werden sollte.

Tourinform: Kossuth út 68, 3176 Hollókő, Tel. (06) 32/57 90 11, Fax 57 90 10, hollokozal@mail.datanet.hu, www.holloko.hu.

Privatunterkünfte: Im Altdorf von Hollókő kann man in einigen historischen Palózenhäusern günstig privat übernachten. So erhält man ein viel intensiveres Gefühl für den romantischen Ort, der abends völlig zur Ruhe kommt – unbedingt empfehlenswert! Infos und Adressen bei Tourinform. DZ ca. 4000–5000 HUF (ohne Frühstück).

Vár Étterem: Hollókő, Kossuth út 93–95, Tel. (06) 32/37 90 29, tgl. 9–20 Uhr. Traditionelles Gasthaus mit rustikalen Holztischen im stimmungsvollen Garten. Zu den regionaltypischen Gerichten zählt die *Palócleves* (Palózensuppe mit Bohnen); auch Frühstück. Hauptgerichte ca. 850–2000 HUF.

Ostern in Hollókő: Ostern. Reichhaltiges Folkloreprogramm zur Begrüßung des Frühjahrs: Volkstänze und -musik sowie das traditionelle Begießen der Frauen mit Wasser.

Bus: von Hollókő 2x tgl. nach Budapest, auch nach Szécsény. Dort umsteigen nach Ipolytarnóc.

REISEINFOS VON A BIS Z

Alle wichtigen Informationen rund ums Reisen auf einen Blick – von A wie Anreise bis Z wie Zeitungen

Extra: Sprachführer mit Hinweisen zur Aussprache, wichtigen Redewendungen, den Zahlen und einem Überblick über die Speisekarte

Am Velencei-See

REISEINFOS VON A BIS Z

Anreise 211
... mit dem Flugzeug 211
... mit der Bahn 211
... mit dem Auto 211
... mit dem Bus 211
... mit dem Schiff 211
Apotheken 211
Ärztliche Versorgung/Gesundheit .212
Autofahren 212
Behinderte 212
Diebstahl 213
Diplomatische Vertretungen 213
Einreisebestimmungen/Zoll 213
Feiertage 213
Fotografieren 214
Frauen unterwegs 214
Geld und Geldwechsel 214
Informationsstellen 214
Internetcafés 215
Karten und Pläne 215
Kurtaxe 215
Lesetipps 215
Notruf .217
Öffnungszeiten 217
Post 217
Radio und Fernsehen 217
Reisekasse und Preise 218
Sicherheit 218
Souvenirs 218
Sprachkurse 218
Telefonieren 219
Trinkgeld 219
Unterkunft 219
  Hotels 219
  Pensionen 219
  Dorftourismus 219
  Ferienwohnungen 220
  Jugendherbergen 220
  Camping 220
Verkehrsmittel 220
  Bahn und Bus 220
  Taxi .221
  Schiff/Fähre 221
Zeit 221
Zeitungen 221

Sprachführer 222
Kulinarisches Lexikon 224

Register 225

Atlas .229

Abbildungsnachweis 240

Impressum 240

Reiseinfos von A bis Z

Anreise

... mit dem Flugzeug

Die meisten Flüge nach Ungarn führen nach Budapest zu den internationalen Flughäfen Ferihegy 1 und 2 (s. S. 133). Desweiteren werden im Sommer aus Deutschland die Regionalflughäfen bei Sármellék (Balaton-West-Airport) und bei Debrecen angeflogen.

... mit der Bahn

Die Anreise mit dem Zug erfolgt von Westen über Wien oder von Berlin über Prag. Die Fahrtzeit nach Budapest beträgt ab Wien ca. 3 Std., ab Frankfurt/Main ca. 10 Std., ab Berlin ca. 12 Std., ab Zürich ca. 13 Std. Von Budapest aus wird das ganze Land vom Schienennetz erschlossen (s. S. 220).

Auskunft über die internationalen Bahnverbindungen bei der ungarischen Staatsbahn MÁV: Tel. (06) 1/461 55 00 (rund um die Uhr, auch in Deutsch). Internet: www.elvira.hu.

... mit dem Auto

Von Österreich erreicht man Ungarn am besten über den Grenzübergang Nickelsdorf/Hegyeshalom, dann weiter auf der Autobahn M 1. Die Autobahnen in Ungarn sind mautpflichtig, Vignetten *(matrica)* gibt es an der Grenze. Eine günstige Alternative auf dem Weg zum Balaton oder in den Westen des Landes ist der Grenzübergang bei Sopron.

... mit dem Bus

Die ungarische Volánbusz AG unterhält in Kooperation mit Eurolines fahrplanmäßige Busverbindungen zwischen Budapest und Deutschland (u. a. Köln, Dortmund, Frankfurt/M.), Österreich und der Schweiz. Die Busse kommen in Budapest am Busbahnhof Népliget an. Auskunft im Reisebüro oder für Deutschland bei: Deutsche Touring GmbH, Tel. (069) 79 03 50, Fax 790 32 19, www.deutsche-touring.com.

Aus Süddeutschland gibt es zudem weitere Verbindungen zum Balaton und nach Südwestungarn. Auskunft bei: Autobus Sippel, Tel. (06122) 912 40, www.sippeltravel.de.

... mit dem Schiff

Anfang April bis Anfang November verkehren Tragflügelboote auf der Strecke Wien–Bratislava–Budapest und zurück. Die Fahrtdauer Wien–Budapest beträgt ca. 5,5–6,5 Std.

Auskunft in Budapest: Mahart Tours, Belgrád rakpart (Internationale Anlegestelle), Tel. (06) 1/484 40 10/25, Fax 318 77 40, www.mahartpassnave.hu. Auskunft in Wien: Mahart-Vertretung, 1020 Wien, Handelskai 340, Tel. (00 43-1) 729 21 62, Fax 729 21 63.

Apotheken

In der Regel gibt es in Städten und größeren Orten im Zentrum oder bei Krankenhäusern Apotheken (*gyógyszertár* oder *patika*), die in großen Städten auch Wochenend- und Nachtdienst haben. In Budapest weisen die Apotheken im Schaufenster auf den jeweiligen Notdienst hin.

Auch in Ungarn sind viele Arzneimittel rezeptpflichtig. Chronisch Kranke sollten genügend Medikamente einpacken, um nicht vor Ort auf Suche gehen zu müssen.

Reiseinfos von A bis Z

Ärztliche Versorgung / Gesundheit

Erste Hilfe ist in Ungarn kostenlos (Tel. 104), für weiter gehende Behandlungen benötigt man einen Auslandskrankenschein bzw. eine europäische Krankenversicherungskarte. Um evtl. Zusatzkosten (z. B. Rücktransport) zu vermeiden, ist eine private Auslands-Krankenversicherung ratsam.

Die Krankenhäuser in Ungarn haben im Allgemeinen einen guten Ruf, und es gibt oft Deutsch oder Englisch sprechendes Personal. Über die Botschaften lassen sich Adressen von deutschsprachigen Ärzten erfragen.

Spezielle Impfungen sind nicht erforderlich. Wichtig ist vor allem im Sommer ausreichender Sonnenschutz, wenn man im Freien ist. Die Sonnenstrahlung kann in Ungarn sehr intensiv sein. Hinweis: Zwischen Frühjahr und Herbst sollte man im Freien auf Zeckenstiche achten, da diese evtl. Hirnhautentzündung verursachen können.

Autofahren

Die ungarischen Autobahnen sind gebührenpflichtig. Vignetten *(matrica)* gibt es an den Grenzübergängen und an Tankstellen. Gebührenfrei sind die Budapester Ringautobahn M 0 und die Abschnitte der anderen Autobahnen rund um Budapest.

Verkehrsregeln: Das Tempolimit beträgt in Ungarn auf Autobahnen 130 km/h, auf Schnellstraßen 110 km/h, auf Landstraßen 90 km/h und in geschlossenen Ortschaften 50 km/h. Außerhalb geschlossener Ortschaften ist tagsüber Abblendlicht Pflicht. **Achtung:** Die gesetzliche Promillegrenze für Autofahrer liegt in Ungarn bei 0,0 Promille!

Pannenservice: Ungarischer Autoclub (Nonstop Internationaler Hilfsdienst): Tel. (06) 1/345 17 55; Gelber Engel (mobiler Straßendienst): Tel. 188; ADAC und ÖAMTC: (06) 1/345 17 17 (Mo–Fr 9–17 Uhr).

Auf Landstraßen oder in kleinen Ortschaften muss man mit überraschend einbiegenden Pferdegespannen rechnen, ebenso mit halsbrecherischen Überholmanövern selbst an unübersichtlichen Abschnitten. Daher kann das Autofahren auf stark befahrenen Landstraßen sehr stressig werden.

In Budapest sollte man sein Auto auf einen bewachten Parkplatz stellen, weil es in der Stadt häufig zu Autoaufbrüchen kommt. Auch ist die Parkplatzsituation in der Innenstadt ziemlich kritisch. Da sich Budapest hervorragend mit dem öffentlichen Nahverkehr oder zu Fuß entdecken lässt, kann man aufs Auto gut verzichten.

Behinderte

In diesem Bereich hat Ungarn sicherlich Nachholbedarf. Die oftmals sehr hohen Einstiege von Bussen und Bahnen stellen z. B. für Rollstuhlfahrer zumeist unüberwindliche Hindernisse dar. Besser sieht es im Hotelbereich aus, wo man sich stärker auf die Bedürfnisse von behinderten Gästen eingestellt hat. Einige größere Museen verfügen ebenfalls über entsprechende Vorrichtungen.

Reiseinfos von A bis Z

Infos:
Ungarischer Behindertenverband
MEOSZ (Mozgássérültek Egyesületeinek Országos Szövetsége),
San Marco utca 76, 1032 Budapest,
Tel./Fax (06) 1/388 89 51,
www.meosz.hu

Diebstahl

Im Allgemeinen ist Ungarn ein sicheres Land. Trotzdem sollte man in großen Städten und an Badestränden seine Wertsachen gut verstauen, um Taschendieben keine Chance zu geben. ›Beliebt‹ sind in Budapest und im Hochsommer am Balaton allerdings Autos mit westlichen Kennzeichen. Deshalb Autos in Budapest nur auf bewachte Parkplätze stellen.

Diplomatische Vertretungen

Botschaft der Republik Ungarn
... in Deutschland
Unter den Linden 76,
D-10117 Berlin,
Tel. (030) 203 10 0, Fax 229 13 14,
info@ungarische-botschaft.de

... in Österreich
Bankgasse 4–6,
A-1010 Wien,
Tel. (01) 53 78 03 00, Fax 535 99 40,
kom@huembvie.at

... in der Schweiz
Muristraße 31,
CH-3006 Bern,
Tel. (031) 352 85 72, Fax 351 20 01,
huembbrn@bluemail.ch

... in Ungarn
Deutsche Botschaft
I., Úri utca 64–66, 1014 Budapest,
Tel. (06) 1/488 35 00, Fax 488 35 05.
Österreichische Botschaft
VI., Benczúr utca 16, 1068 Budapest,
Tel. (06) 1/352 96 13, Fax 351 11 65.
Schweizer Botschaft
XIV., Stefánia út 107, 1143 Budapest,
Tel. (06) 1/460 70 40, Fax 384 94 92.

Einreisebestimmungen/Zoll

Für die Einreise benötigen Österreicher, Schweizer und Deutsche einen gültigen Personalausweis oder Reisepass. Kinder bis 16 Jahre benötigen einen Kinderausweis (mit Foto). Obwohl Ungarn am 1. Mai 2004 der EU beigetreten ist, bleiben die Passkontrollen bis zur Übernahme des Schengener Abkommens vorerst weiter bestehen.

Gegenstände für den persönlichen Bedarf sind bei Ein- und Ausreise zollfrei. Haustiere benötigen einen gültigen Impfschein, und für Jagdwaffen muss man sich über ein ungarisches Konsulat Begleitpapiere besorgen.

Feiertage

1. Jan.: Neujahr; **15. März**: Nationalfeiertag, zum Gedenken an die Revolution von 1848; **Ostermontag; 1. Mai**: Tag der Arbeit; **Pfingstmontag; 20. Aug.**: Sankt Stephanstag, zum Gedenken an den ersten König Ungarns; **23. Okt.**: Tag der Republik, zum Gedenken an den Volksaufstand von 1956; **25./26. Dezember**: Weihnachten.

Fällt ein Feiertag auf einen Dienstag oder Donnerstag, kann auch der vorherige bzw. folgende Tag zum Feiertag werden (langes Wochenende).

Fotografieren

Fotomaterial nimmt man am besten von Zuhause mit. Erstens ist es dort billiger als in Ungarn und zweitens bekommt man dann genau das Material, welches man wünscht. Für anspruchsvollere Hobbyfotografen kann aufgrund der starken Sonnenstrahlung ein UV-Filter sinnvoll sein.

Frauen unterwegs

Ungarn ist für Frauen im Allgemeinen ein sicheres Reiseland. Das gilt auch für allein reisende Frauen. Wer in Budapest nachts ausgeht, sollte die üblichen Vorsichtsmaßnahmen beachten. Tendenziell sind Männer in Ungarn auf eine höfliche Weise etwas machohaft eingestellt.

Geld und Geldwechsel

Währungseinheit ist der ungarische Forint (HUF, Ft.): 1000 HUF = 4,15 €, 1 € = 240 HUF; 1000 HUF = 6,45 sFr, 1 sFr = 155 HUF (Stand 2005). Als Geldscheine sind in Umlauf: 200, 500, 1000, 2000, 5000, 10 000 und 20 000 Forint; als Münzen gibt es: 1, 2, 5, 10, 20, 50 und 100 Forint. Die Einführung des Euro ist für 2010 geplant.

Mit den gängigen Kreditkarten kann man in den Städten fast alles bezahlen. Große Hotels sowie viele Restaurants und Geschäfte akzeptieren das Plastik, hingegen nicht alle kleineren Pensionen oder Geschäfte. Auf dem Land kann die Akzeptanz von Kreditkarten gelegentlich ein Problem sein. Man sollte also genügend Bargeld für alle Fälle zur Hand haben. Es gibt zahlreiche Geldautomaten. Aus Sicherheitsgründen sollte man jedoch in Budapest nur Automaten in Bankräumen nutzen.

Der Umtauschkurs ist in Ungarn im Allgemeinen günstiger als daheim. Von Geldwechsel in Budapest auf der Straße ist dringend abzuraten – hier blüht das Betrugsgeschäft. Bei Wechselstuben in Budapest lohnen Kursvergleiche.

Informationsstellen

... in Deutschland
Ungarisches Tourismusamt
Lyoner Str. 44-48
60528 Frankfurt a. M.
Tel. (069) 92 88 46 0
Fax (069) 92 88 46 13
ungarn.info.frankfurt@t-online.de
www.ungarn-tourismus.de

... in Österreich
Ungarisches Tourismusamt
Opernring 5/2. Stk.
1010 Wien
Tel. (01) 585 20 12 10
Fax (01) 585 20 12 21
ungarn@ungarn-tourismus.at
www.ungarn-tourismus.at

... in der Schweiz
www.ungarn-tourism.ch. Das Schweizer Büro ist geschlossen, Infos: s.oben.

... in Ungarn
Tourinform
In mehr als 130 Orten gibt es Zweigstellen der staatlichen Tourismus-

behörde. Die Tourinform-Büros können in der Regel mit Informationen über lokale Attraktionen, Unterkünfte und Restaurants weiterhelfen. In den Büros wird zumeist auch Deutsch und/oder Englisch gesprochen. Die Adressen der Büros finden sich im Internet unter www.tourinform.hu.

... im Internet
Die Landeskennung für ungarische Websites lautet .hu; die wichtigsten touristischen Websites verfügen auch über eine englische Sprachversion, deutlich weniger auch über eine deutsche. Bei der Eingabe von Adressen können Akzente und Umlaute ignoriert werden. Es ist nicht immer leicht, auf ungarische Websites direkt zuzugreifen. Die besten Resultate erzielt die Suchmaschine Google. Leider wechseln Internet- und E-Mail-Adressen sehr häufig, was die Suche erschweren kann.

Die wichtigsten Internetlinks zu Ungarn mit deutschsprachigen Versionen:
Ungarisches Tourismusamt
www.hungarytourism.hu,
www.ungarn-tourismus.de
www.tourinform.hu
Budapester Tourismusamt
www.budapestinfo.hu
Travelport (Hotels und Restaurants)
www.travelport.hu
Pester Lloyd
www.pesterlloyd.net
Budapester Zeitung
www.budapester.hu
Balaton Zeitung
www.balaton-zeitung.de
Lesben & Schwule:
www.gayguide.net/europe/hungary/budapest

Internetcafés

In Budapest gibt es zahllose Möglichkeiten, mit der E-Welt verbunden zu bleiben. In größeren Städten ist dies ebenfalls problemlos, schwierig wird es auf dem Land. Manche Postämter verfügen über einige Computer mit Internetanschluss.

Karten und Pläne

Die besten Straßenkarten und Stadtpläne bekommt man direkt in Ungarn. An allen großen Tankstellen und in Buchläden gibt es eine reiche Auswahl. Sehr gut sind die Karten von freytag&berndt. Für Wanderer empfehlen sich die blau-gelben Touristenkarten für die wichtigsten Urlaubsregionen von Cartographia. Dort sind die Farbcodes für die Wanderwege (s. S. 46) eingezeichnet. Auch diese Karten sind an Tankstellen und in Buchläden erhältlich.

Kurtaxe

In praktisch allen Orten wird eine Kurtaxe auf Übernachtungen erhoben. Pro Person pro Tag ist mit bis zu 300 HUF zu rechnen.

Lesetipps

Spätestens seit dem Literatur-Nobelpreis für Imre Kertész 2002 ist das Interesse an ungarischer Literatur im deutschsprachigen Raum deutlich gestiegen. Prominente Vertreter sind neben Kertész und György Konrád (s. S. 35) Péter Eszterházy, der 2004 den Friedenspreis des deutschen Buch-

Reiseinfos von A bis Z

handels erhielt. In seinem Buch ›Verbesserte Ausgabe‹ setzte er sich mit der Stasi-Vergangenheit seines Vaters auseinander.

1999 war Ungarn Schwerpunktthema der Frankfurter Buchmesse. Dadurch wurden auch vergessene Autoren wiederentdeckt. Vor allem die Bücher von Sándor Márai wurden begeistert aufgenommen.Sie spiegeln die Sehnsucht nach der untergegangenen Doppelmonarchie mit Österreich. Wiederentdeckt wurden auch Autoren wie Antal Szerb, der als Jude 1945 ermordet wurde oder Dezső Kosztolányi, der mit Thomas Mann bekannt war.

Sehr lesenswert, wenn auch melancholisch, ist der Debütroman von Zsuzsa Bánk ›Der Schwimmer‹, in dem sie die Folgen der Revolution von 1956 verarbeitet. György Dalos ist in ›Seilschaften‹ ein treffendes und ironisches Schlaglicht auf die ungarische Nach-Wende-Verhältnisse gelungen.

Geschichte und Politik

Besymenski, Lew und Völklein, Ulrich: Die Wahrheit über Raoul Wallenberg. Steidl, Göttingen 2000.

Dalos, György: Ungarn in der Nußschale. C.H. Beck, München 2004.

Lendvai, Paul: Die Ungarn. Goldmann, München 2001.

Litván, György und Bak, János M. (Hrsg.): Die Ungarische Revolution 1956. Reform – Aufstand – Vergeltung. Passagen, Wien 1994.

Romane und Erzählungen

Ady, Endre: Ausgewählte Gedichte. Books on Demand, Norderstedt 2001.

Bánk, Zsuzsa: Der Schwimmer. S. Fischer, Frankfurt/M. 2002.

Barkow, Nick: Das Lied vom traurigen Sonntag. Rowohlt, Reinbek 1999.

Dalos, György: Seilschaften. DuMont, Köln 2002.
Der Versteckspieler. Insel, Frankfurt/M. 1994.
Die Beschneidung. Suhrkamp, Frankfurt/M. 1990.

Esterházy, Péter: Verbesserte Ausgabe. Berlin Verlag, Berlin 2003.
Harmonia Caelestis. Berlin Verlag, Berlin 2001.
Donau abwärts. Fischer, Frankfurt/M. 1995.
Kleine ungarische Pornographie. Fischer, Frankfurt/M 1991.

Hartung, Hugo: Ich denke oft an Piroschka. Ullstein, München 2002.

Kertész, Imre: Liquidation. Suhrkamp, Frankfurt/M. 2003.
Roman eines Schicksallosen. Rowohlt, Reinbek 1998.
Kaddisch für ein nicht geborenes Kind. Rowohlt, Reinbek 1996.

Kertész, Imre und Esterházy, Péter: Eine Geschichte. Zwei Geschichten. Berliner Verlag, Berlin 2002.

Konrád, György: Glück. Suhrkamp, Frankfurt/M. 2003.
Heimkehr. Suhrkamp, Frankfurt/M. 1998.

Kosztolányi, Dezső: Anna Édes. Aufbau, Berlin 1999.

Kremmler, Katrin: Blaubarts Handy. Argument, Hamburg 2001.
Pannonias Gral. Argument, Hamburg 2004.

Krúdy, Gyula: Die rote Postkutsche. Suhrkamp, Frankfurt/M. 1999.
Meinerzeit. dtv, München 1999.

Márai, Sándor: Land, Land. Piper, München 2001.
Bekenntnisse eines Bürgers. Piper, München 2000.
Das Vermächtnis der Eszter. Piper, München 2000.
Die Glut. Piper, München 2000.
Móricz, Zsigmond: Verwandte. Suhrkamp, Frankfurt/M. 1999.
Örkény, István: Minutennovellen. Suhrkamp, Frankfurt/M. 2002.
Pressburger, Giorgio und Nicola: Geschichten aus dem achten Bezirk. Verlag Neue Kritik, Frankfurt/M. 1999.
Radnóti, Miklós: Monat der Zwillinge. Oberbaum Verlag, Berlin 1993.
Offenen Haars fliegt der Frühling. Oberbaum Verlag, Berlin 1993.
Szerb, Antal: Reise im Mondlicht. dtv, München 2003.
Die Pendragon-Legende. dtv, München 2004.

Anthologien

Droste, Wilhelm, Scherrer, Susanne und Schwamm, Kristin: Budapest. Ein literarisches Porträt. Insel, Frankfurt/M. 1998.
Haber, Peter (Hrsg.): Budapest. Jüdisches Stadtbild. Suhrkamp, Frankfurt/M. 1999.

Notruf

Ambulanz: 104
Feuerwehr: 105
Polizei: 107
Tourinform-Hotline: (06) 1/438 80 80 (auch für polizeiliche Angelegenheiten in dt./engl.)

Öffnungszeiten

Banken: Mo–Fr ca. 8–16 Uhr
Post: Mo–Fr 9–16, Sa 9–13 Uhr (in Städten auch länger).
Kaufhäuser und Geschäfte: Mo–Fr 10–18, Sa 9–13 Uhr, Einkaufszentren auch länger. Lebensmittelläden sind oft Mo–Fr 7–19, Sa 7–14 Uhr geöffnet. Die Öffnungszeiten können zwischen Stadt und Land schwanken.
Museen: in der Regel Di–So 10–18 (im Winter 10–16 Uhr) geöffnet und Mo geschlossen. Auf dem Land schließen viele Museen zwischen Oktober und April komplett.

Post

Es gibt die teurere Schnellpost und die normale Beförderung. Wer möchte, dass die Urlaubskarte auf jeden Fall vor einem selbst bei Freunden und Verwandten ankommt, sollte die schnellere Variante wählen. Briefmarken *(bélyeg)* für Postkarten *(képeslap)* und Briefe *(levél)* gibt es in den Postämtern. Die aktuellen Gebühren hängen in den Postämtern aus.

Radio und Fernsehen

Sprachliche Schwierigkeiten dürften den Genuss von anspruchsvolleren Radio- und TV-Programmen in Ungarn stark einschränken. Es bleiben die Musiksender Danubius und Sláger im Radio und die über Satellit eingespielten deutschsprachigen Sender im Fernsehen. Viele Pensionen bieten diesen Service für ihre Gäste an.

Reiseinfos von A bis Z

Reisekasse und Preise

Im Allgemeinen ist Ungarn immer noch ein günstiges Reiseland. Doch die Zeiten, da Ungarn ein Billigland war, sind vorbei. So haben sich die Hotelpreise in Budapest rapide westlichen Standards angepasst, auch der Balaton ist für ungarische Verhältnisse teuer. Doch abseits dieser touristischen Zentren ist das Preisniveau deutlich niedriger. Das gilt für Pensionen und vor allem für Restaurants. Auch die öffentlichen Verkehrsmittel sind relativ günstig.

Aufgrund der Inflation von immer noch 5–6 % ziehen die Preise in Forint jedes Jahr spürbar an.

Sicherheit

In punkto Sicherheit schneidet Ungarn gut ab. In Budapest und im Hochsommer am Balaton ist mit für Touristenregionen typischen Delikten wie Diebstahl (s. S. 213) und Betrug zu rechnen. In Budapest sollte man bei Taxifahrten gut aufpassen (s. S. 221).

Unter keinen Umständen sollte man auf der Straße Geld wechseln. Hier endet man meist mit Falschgeld in der Hand. Auch wird ausdrücklich davor gewarnt, sich in der Budapester Innenstadt von jungen Frauen Bars, Hotels oder Restaurants empfehlen zu lassen. Hierbei handelt es sich meist um einschlägige Etablissements, die es vor allem auf das Geld der Touristen abgesehen haben.

In Budapest wird vor falschen Polizisten gewarnt, die vorgetäuschte ›Kontrollen‹ durchführen, um Touristen zu bestehlen. Lassen Sie sich deshalb grundsätzlich den Dienstausweis zeigen, der ein Foto, ein Hologramm und den Rang des Polizisten beinhaltet. Im Zweifelsfall verlangen Sie, zu einer Polizeistation zu gehen.

Im Schadensfall sollte man zur Polizei *(rendőrség)* gehen, diese über Notruf 107 anrufen oder sich bei der Tourinform-Hotline melden, die rund um die Uhr erreichbar ist: (06) 1/438 80 80.

Souvenirs

Beliebt sind typisch ungarische Produkte wie Salami und Paprika. Kunsthandwerkliche Souvenirs sind sehr reizvoll. Dazu gehören Töpferwaren, Handstickereien, Blaufärberwaren sowie Lederprodukte. In diesem Bereich gibt es aber auch viel Kitsch.

Sehr hochwertig ist Porzellan von Herend, Zsolnay (Pécs) oder Hollóháza. Ungarische Weine sollten auf der Rückfahrt im Gepäck ebenfalls nicht fehlen. Ob ein kräftiger Rotwein, ein trockener Weißwein oder der berühmte Tokajer – ungarische Weine stehen hoch im Kurs. Für Liebhaber harter Sachen ist auch eine Flasche hochprozentiger *pálinka* (Schnaps) ein gutes Geschenk.

Sprachkurse

Ungarisch lernen ist schwer, macht aber Spaß. Zwei renommierte Sprachinstitute in Budapest sind:
Debreceni Nyári Egyetem:
Jászai Mari tér 6,
Tel. (06) 1/320 57 51,
www.nyariegyetem.hu.
Kursangebote auch in Debrecen.

Reiseinfos von A bis Z

Danubius Nyelviskola:
Bajcsy-Zsilinszky út 7,
Tel. (06) 1/269 68 64,
www.danubiusnyelviskola.hu.

Telefonieren

Der Kauf von Telefonkarten zu 50 oder 120 Einheiten ist zu empfehlen. Karten gibt es bei Postämtern, an Zeitungskiosken und an Tankstellen.

Ausländische Handys funktionieren in Ungarn übrigens reibungslos. Informieren Sie sich aber über die entsprechenden Gebühren, um unliebsame Überraschungen auf der nächsten Rechnung zu vermeiden. Der Kauf einer ungarischen Handy-Karte ist am günstigsten.

Hinweis: Ruft man ein ungarisches Handy an, muss die Vorwahl 06 für Ferngespräche auch bei Ortsgesprächen grundsätzlich mitgewählt werden. Handy-Nummern erkennt man z. B. an den Vorwahlen 06 20, 06 30 und 06 70.

Wichtige Telefonnummern und Vorwahl: s. vordere Umschlagklappe.

Trinkgeld

Etwa 10 % Trinkgeld gehören für Kellner, Taxifahrer und Friseure zum Standard, da sie auf das Trinkgeld angewiesen sind. Da der Service mancherorts leider etwas nachlässig sein kann, geben Sie nur dann Trinkgeld, wenn Sie wirklich zufrieden waren.

Sollte eine der beliebten Folklorekapellen an Ihrem Restauranttisch spielen, werden mindestens 1000 HUF erwartet. Wünschen Sie keine Musik, schicken Sie die Kapelle sofort weiter, um Missverständnisse zu vermeiden.

Unterkunft

Vor allem in Budapest gibt es bei Übernachtungen deutlich unterschiedliche Preise für Hauptsaison (April–Okt.) und Nebensaison (Nov.–März). Formel I (Aug.) und Silvester gelten als Spitzenzeiten.

Hotels

Ungarn setzt seit einigen Jahren auf Qualitätshotels mit gehobenem Komfort. Allein in Budapest gibt es inzwischen rund zehn Fünf-Sterne-Hotels (DZ ab ca. 180 €). In Budapest, am Balaton und in den Kurorten stehen anspruchsvolle Vier-Sterne-Hotels (DZ ab ca. 110 €). In der Mittelklasse sind Drei-Sterne-Hotels mit hohem Standard keine Seltenheit (DZ ab ca. 40 €, in Budapest ab 80 €). Einfachere Hotels gibt es in kleineren Orten. Hier muss man an Komfort und Ausstattung schon mal Abstriche machen (DZ ab 25 €).

Pensionen

Viele Häuser sind sehr modern und erst in den letzten Jahren entstanden. Gut ausgestattete Pensionen sind einfachen Hotels deutlich vorzuziehen. Sie sind oftmals familiärer und preisgünstiger. DZ sind auf dem Land schon ab 5000 HUF zu haben, in Budapest ab 10 000 HUF. Frühstück ist nicht immer inklusive.

Dorftourismus

Dörfliche Privatunterkünfte sind eine hervorragende Möglichkeit, das Land und seine Leute näher kennenzulernen. Die Qualität wird durch Sonnenblumen markiert. 3–4 Sonnenblumen versprechen einen hohen Standard. Doch auch andere Unterkünfte können sehr stimmungsvoll sein. Im äußersten Osten Ungarns sind Privatunterkünfte oft die einzige Möglichkeit, übernachten zu können. Nicht alle Unterkünfte bieten Frühstück an. DZ gibt es bereits ab ca. 3500 HUF. Infobroschüren beim Ungarischen Tourismusamt, s. S. 214.

Ferienwohnungen

Gerade am Balaton gibt es Ferienwohnungen wie Sand am Meer. Auskünfte erhält man über die örtlichen Tourinform-Büros. Deren Adressen sind im Internet aufgeführt: www.tourinform.hu.

Jugendherbergen

Der Ungarische Jugendherbergsverband verfügt über keine eigenen Häuser. Stattdessen hat der Verband Assoziierungsverträge mit örtlichen Anbietern geschlossen. Für Einzelreisende sind diese Adressen aber meist keine billige Alternative, weil nur komplette Zimmer vermietet werden. In Budapest gibt es eine Reihe von privaten Herbergen, die sehr locker und oft sehr ansprechend sind. Im Hochsommer stehen in Unistädten auch die Studentenwohnheime als Herbergen zur Verfügung. Preise: ab ca. 1500 HUF/Bett, geringe Ermäßigungen mit JH-Ausweis.

Info: Magyarországi Ifjúsági Szállások Szövetsége, 1077 Budapest, Almássy tér 6, Tel./Fax (06) 1/343 51 67, info@youthhostels.hu, www.youthhostels.hu.

Camping

Campen mit Zelt oder Wohnwagen ist in Ungarn sehr populär. Die Plätze am Balaton und in den Hauptkurorten sind oft sehr komfortabel und werden regelmäßig von ausländischen Testern (z. B. vom ADAC) empfohlen. Man sollte aber bedenken, dass Zelte im Sommer aufgrund der heißen Temperaturen unangenehm warm werden können. Infos über Campingplätze beim Ungarischen Tourismusamt, s. S. 214.

Verkehrsmittel

Bahn und Bus

Ungarn besitzt ein dichtes Netz an Bahn- und Buslinien. Zwischen den großen Städten verkehren komfortable und recht schnelle Intercity-Züge, für die zumeist Reservierungspflicht besteht. Die Fahrzeiten sind vergleichsweise lang. Selbst kleinste Dörfer werden von Bussen angefahren, wenn auch nicht sehr häufig. In abgelegenen Gegenden muss man von daher recht viel Zeit mitbringen. Informationen über die Bahnen und Busse finden sich im Internet unter www.elvira.hu und www.volan.hu.

In größeren Städten sind die öffentlichen Verkehrsmittel sehr gut ausgebaut. Hier wird ein Auto eher zum Hindernis. Gerade in Budapest sollte man seinen Wagen in bewachte Parkhäuser fahren und dann den Nahverkehr nutzen. Ausländische PKW werden in Budapest leider oft aufgebrochen oder gestohlen.

In der Donaumetropole kommt man mit den U- und Straßenbahnen sowie den Bussen überall gut hin. Man kann

Reiseinfos von A bis Z

auch eine Standseilbahn, eine Zahnradbahn sowie einen Sessellift ausprobieren! Infos zum Budapester Stadtverkehr finden sich unter www.bkv.hu.
Hinweis: Seit 2004 dürfen EU-Bürger ab 65 Jahre alle öffentlichen Verkehrsmittel (Busse, Schiffe und Bahn 2. Klasse) in Ungarn kostenlos benutzen (Ausweis mitführen)!

Taxi
In größeren Städten gibt es oft mehrere Taxiunternehmen. Taxis sind mit einem gelben Nummernschild gekennzeichnet. In den Taxizentralen spricht man im Allgemeinen Englisch. Die Höchsttarife sind gesetzlich festgelegt. Bei einer Taxifahrt sollte man zuerst nach dem Preis fragen, den Taxameter beobachten und eine Quittung verlangen. Taxis ohne Firmenschild sollte man grundsätzlich meiden, denn leider gibt es (vor allem in Budapest) immer wieder Taxifahrer, die versuchen z. B. durch lange Umwege mehr Geld zu kassieren.

Schiff/Fähre
Auf der Donau gibt es zwischen Budapest und Esztergom regelmäßige Linienschiffe (April–Sept.). Über die Donau und die Theiß verkehren mehrere Autofähren, über kleinere Flüsse im Osten auch reine Personenfähren.

Besonders rege ist die Schifffahrt auf dem Balaton. Bei Tihany verkehrt die einzige Autofähre (März–Nov. Tihany-rév–Szántódrév). Ansonsten werden Personen und Fahrräder befördert. Die Saison startet langsam im April und im Juli/Aug. ist die Spitzenzeit. Ab Oktober wird der Schiffsverkehr praktisch eingestellt.

Zeit

In Ungarn gilt die Mitteleuropäische Zeit, sodass es keinerlei Zeitunterschied zu Deutschland, Österreich und der Schweiz gibt.

Zeitungen

In Ungarn kann man sich erstaunlich gut auf Deutsch informieren. In Budapest gibt es gleich zwei deutschsprachige Wochenzeitungen: Der traditionsreiche ›Pester Lloyd‹ wurde ursprünglich 1854 gegründet, musste aber 1945 eingestellt werden. Seit 1994 erscheint das Blatt wieder und informiert jeden Mittwoch umfassend über ungarische Politik, Wirtschaft und Kultur sowie über das Geschehen in der Hauptstadt.

Die ›Budapester Zeitung‹ erscheint montags und legt mehr Wert auf Politik und Wirtschaft, dafür gibt es kein großes Feuilleton. Beide Zeitungen bieten auch Programminformationen.

Informativ ist auch die monatlich erscheinende ›Balaton Zeitung‹, die einen ausführlichen Veranstaltungskalender publiziert und inzwischen auch Nachrichten aus Budapest und anderen Landesteilen aufgreift.

In größeren Städten, vor allem in Budapest und am Balaton, sind gerade im Sommer natürlich auch Zeitungen aus Deutschland, Österreich und der Schweiz an Kiosken zu erwerben.

SPRACHFÜHRER

Ungarisch gehört zur finno-ugrischen Sprachgruppe. Auch wenn die Sprache schwer zu erlernen ist, kann man sich in Ungarn oft halbwegs verständigen. Einige Wörter sind international (z. B. *autóbusz*) oder gehen auf die lange Beziehung mit Österreich zurück (z. B. *trafik*). Viele Ungarn sprechen wenigstens ein bisschen Deutsch (die ältere Generation wegen der K.u.k.-Monarchie; die jüngeren durch die Schule) oder Englisch. Gerade im Tourismusbereich gehört Deutsch zum Standard. Die Ungarn sind aber sehr glücklich darüber, wenn ein Ausländer versucht, Ungarisch zu sprechen. Auch ein *köszönöm* (danke) oder *bocsánat* bzw. *elnézést* (Entschuldigung) werden schon honoriert.

Aussprachehilfen

ungarisch	deutsch
c	z (Zirkus), ts (bereits)
cs	tsch (tschechisch)
gy	weiches dj (adieu)
ly	j (jung)
s	sch (Schule)
sz	ss (Fluss)
v	w (Wasser)
z	s (Rose)
zs	j (Journalist), g (Genie)

Zahlen

0	nulla
1	egy
2	kettő
3	három
4	négy
5	öt
6	hat
7	hét
8	nyolc
9	kilenc
10	tíz
11	tizenegy
12	tizenkettő
13	tizenhárom
14	tizennégy
15	tizenöt
16	tizenhat
17	tizenhét
18	tizennyolc
19	tizenkilenc
20	húsz
21	huszonegy
30	harminc
40	negyven
50	ötven
60	hatvan
70	hetven
80	nyolcvan
90	kilencven
100	száz
200	kétszáz
1000	ezer
2000	kétezer
10 000	tízezer
100 000	százezer
1000 000	egymillió

Allgemeines

Ja	Igen
Nein	Nem
Bitte	Kérem
Danke (schön)	Köszönöm (szépen)
Guten Morgen/	Jó reggelt/

Sprachführer

Deutsch	Ungarisch
Tag/Abend.	napot/estét
Auf Wiedersehen/ Tschüss	Viszontlátásra/ Szia
links	balra
rechts	jobbra
geradeaus	egyenesen
Straße / Gasse	út / utca
Ring / Uferkai	körút / rakpart
Brücke	híd
Platz	tér
Ost/Süd/ West/Nord	kelet/dél/ nyugat/észak
Tages-/ Wochenkarte	napi-/hetijegy
Polizei	rendőrség
Zug	vonat
Bus	autóbusz
Schiff	hajó
Fähre	komp
Flugplatz	repülőtér
Schlüssel (Zimmer/Kirche)	kulcs (szoba/templom)

Die Wochentage

Montag	hétfő
Dienstag	kedd
Mittwoch	szerda
Donnerstag	csütörtök
Freitag	péntek
Samstag	szombat
Sonntag	vasárnap

Im Hotel

Haben Sie ein freies Zimmer?	Van kiadó szobájuk?
Mit Frühstück/ ohne Frühstück	reggelivel/ reggeli nélkül
Was kostet eine Übernachtung?	Mennyibe kerül egy éjszakára?
Ich möchte ein ... Einzelzimmer / Doppelzimmer	Szeretnék egy ... egyágyas/ kétágyas szobát
Zimmer mit Bad/ Dusche	fürdőszobás szobát / szobát zuhanyozóval
Zimmer mit Balkon / Aussicht	erkélyes szobát / szobát szép kilátással
Können Sie mir ein Taxi bestellen?	Rendelne nekem egy taxit?
Akzeptieren Sie Kreditkarten?	Hitelkártyát is elfogadnak?

Beim Arzt

Apotheke	gyógyszertár
Krankenhaus	kórház
Arzt	orvos
Können Sie einen Arzt holen?	Tudna hívni egy orvost?
Gibt es hier einen Arzt, der Deutsch spricht?	Van itt németül beszélő orvos?
Ich bin krank.	Beteg vagyok.
Ich habe Fieber.	Lázas vagyok.
Ich habe Kopf-/ Magen-/Zahnschmerzen.	Fáj a fejem / gyomrom / fogam.
Ist die Behandlung kostenlos?	A kezelés ingyenes?

Die wichtigsten Sätze

Gern geschehen.	Szivesen.
Entschuldigung.	Elnézést / Bocsánat.
Es tut mir leid.	Sajnálom.
Ich verstehe nicht.	Nem értem.
Sprechen Sie Deutsch?	Beszél németül?
Können Sie mir bitte helfen?	Segítene, kérem?
Wie spät ist es?	Mennyi az idő?
Wo ist die ... Straße?	Hol van a/az ... út/utca?

Sprachführer

Wo ist der Bahnhof/ die nächste Metrostation / Bushaltestelle?	Hol van a pályaudvar / a legközelebbi metróállomás / buszmegálló?
Wo kann ich diese Adresse finden?	Hogy jutok el erre a címre?
Können Sie mir auf der Karte zeigen, wo ich bin?	Megmutatná a térképen, hogy hol vagyok?
Wie geht es Ihnen?	Hogy van?
Sehr gut, danke. Und Ihnen?	Köszönöm, nagyon jól. És Ön?
Mein Name ist...	A nevem ...
Ich bin Deutscher/ Österreicher/ Schweizer.	Német, osztrák, svájci vagyok.
Ich möchte Geld umtauschen.	Szeretnék pénzt váltani.

Kulinarisches Lexikon

Vor-/ Hauptspeisen	**elő-/ főételek**
Nachtisch / Beilagen	desszert / köretek
Gänseleberpastete	libamáj pástétom
Fischsuppe	halászlé
Gulasch- / Fleischsuppe	gulyás- / húsleves
Rinder- / Schweinsgulasch	marha-/ sertéspörkölt
Wiener Schnitzel	bécsiszelet
Rostbraten mit Zwiebeln	hagymás rostélyos
Putenbrust	pulykamell
Forelle / Karpfen	pisztráng / ponty
Wels / Zander	harcsa / fogas
Gänsebraten	libasült
Gefülltes Kraut	töltött káposzta
Tomaten- / Gurkensalat	paradicsom / uborka saláta
Brot	kenyér
Salz	só
Pfeffer	bors
Obst	gyümölcs
Gemüse	zöldség
Gebäck / Kuchen	sütemény
Eis	fagylalt
Getränke	**italok**
Bier	sör
Fruchtsaft	gyümölcslé
Milch	tej
Mineralwasser mit / ohne Kohlensäure	ásványvíz szénsavas / szénsavmentes
Rot- / Weißwein	vörös / fehér bor

Im Restaurant

Haben Sie einen Tisch für zwei Personen?	Van egy szabad asztaluk két személyre?
Kann ich einen Tisch (für 20 Uhr) reservieren?	Foglalhatnék egy asztalt (este nyolc órára)?
Die Speisekarte, bitte.	Az étlapot kérem.
Könnte ich noch einen Kaffee bekommen?	Kaphatnék még egy kávét?
Wir möchten (zusammen/getrennt) zahlen.	(Együtt/külön) szeretnénk fizetni.
Es hat sehr gut geschmeckt, danke.	Nagyon finom volt, köszönöm szépen.
Wo ist die Toilette, bitte?	Hol van a WC?

REGISTER

Abádszalók 170
Abaliget 95
Aggtelek Nationalpark 194–195
Aggtelek-Tropfsteinhöhle 43, **195**
Aquincum 19, 30, 110, **127**

Bábolna **74,** 198
Badacsony 28, **84,** 85
Baja 26, **150**
Bakonybél 78
Balácapuszta, Römerstadt 77
Balaton 15, 18, 26, 39, 42, 43, 44, 46, **76,** 91–92
Balatonfüred 26, **81**
Balatonszárszó 90
Balatonudvari 83
Bánkút 198
Baradla-barlang (Höhle) 194
Békéscsaba 167
Bereg 182–184
Boldogkőváralja 193
Börzsöny-Gebirge 46, **141–142**
Buda 20, 21, 110
Budaer Berge 42, **134**
Budapest 13, 18, 21, 28, 30, 31, 33, 42, 44, 45, 97, **110–133**
– Andrássy út 43, 110, **124–125**
– Belváros 119
– Budapester Histor. Museum 111
– Burgberg / -viertel 43, **111–112**
– Burglabyrinth 113
– Burgschloss 111
– Café Gerbeaud 119
– Café Ruszwurm 113
– Café (Kaffeehaus) Centrál 119
– Ethnografisches Museum 123
– Fischerbastei 113
– Franz-Liszt-Gedenkmuseum 124
– Gellért-Heilbad 119
– Geologischen Landesmuseum 120
– Gresham Palast 120
– Großer Ring 110, **124**
– Gül-Baba-Grabmal 114
– Haus der Ungar. Fotografen 124
– Haus des Terrors 124
– Heldenplatz 125
– Holocaust-Gedenkmuseum 126
– Hotel Gellért 120
– Imre-Varga-Sammlung 127
– Innerstädtische Pfarrkirche 119
– Jüdischer Friedhof 128
– Jüdisches Museum 121
– Kettenbrücke 114
– Király-Bad 114
– Kleiner Ring 121-123
– Kunstgewerbemuseum 120, **125**
– Leopoldstadt (Lipotváros) 121–124
– Ludwig Museum 126
– Margareteninsel 126–127
– Markthalle, Große 119
– Matthiaskirche 112
– Millenniumsdenkmal 125
– Museum der Bildenden Künste 125
– Nationaltheater 126
– Palast der Künste 126
– Pálvölgyi (Höhle) 132
– Pariser Modehaus 120
– Parlament 111, 123
– (ehem.) Postsparkasse 120, 123
– Reformierte Kirche 120
– Rosenhügel 114
– Rudas-Bad 115
– St.-Stephans-Basilika 123
– Stadtwäldchen 125, 133
– Synagoge, Große 121
– Széchenyi-Thermalbad 125
– Szoborpark 135
– Ungarische Nationalgalerie 111
– Ungarische Staatsoper 124
– Ungarisches Nationalmuseum 121
– Váci utca 119
– Vajdahunyad-Burg 125
– Vasarely Múzeum 127

Register

- Vigadó 123
- Vörösmarty tér 119
- Wasserstadt (Víziváros) 114
- Zitadelle 118
- Zoo 125

Bugac 154
Bugacpuszta 173
Bük(fürdő) 44, 47, 61
Bükk-Gebirge/Nationalpark 42, 46, **198**
Buzsák 90

Celldömölk 66
Csaroda 184
Csenger 33, 183
Csengersima 183
Cserkút 42
Csesznek 79
Csongrád 158

Debrecen 13, 47, 173, **175–179**
Decs 106
Donau 15, **17**, 46, 67, 106, 110, 114, 139, 142, 143, 144, 145, 150, 152
Donauknie 42, **139–145**
Drávaiványi 104

Eger (Erlau) 28, 31, 39, 42, **200–204**
Egerszalók 204
Egregy 86
Elisabeth (›Sissi‹) 21, 112, **137–138**
Eszterháza (Schloss) 31, 58, **59**
Esztergom (Gran) 19, 30, 31, **144–145**

Feldebrő 30, 42, 204
Felsőcsatár 64
Felsőhámor 198
Fertő-tó s. Neusiedler See
Fertő-Hanság (Nationalpark) 57
Fertőd 58
Fertőrákos 43, **56–58**
Fertőszéplak 58
Franz Joseph I., Kaiser 21, 112, 137, 145
Fülöpháza 154

Fünfkirchen s. Pécs
Füzér 193
Füzérradvány 193

Gellért-Berg 114–118
Gemencer Wald 42, 105
Gödöllő 26, 31, 134, **137–138**
Gorsium 30, 93
Grábóc, Kloster 106
Győr 13, 26, 31, **69–73**
Gyöngyös 205
Gyügye 183
Gyula 30, 47, 166

Hajdúböszörmény 175
Hajdúság 174
Hajdúszoboszló 47, 174
Hajós 149
Harkány 47, 103
Haydn, Joseph 59, 60
Hédervár 68
Hegyestű 83
Herend 78, 80
Hévíz 42, 44, 47, **86**
Hódmezővásárhely 165
Hollóháza 193
Hollókő 26, 43, **206–207**
Hortobágy (Nationalpark) 12, 15, 16, 43 170, **171–174**
Hunyadi, János 20, 103

Ipolytarnóc 207
Írott-kő 62
Izsák 152

Ják 30, 42, 64
Jászberény 138
Jósvafő 194
József, Attila 90

Kalocsa 148–149
Kapolcs 28, 83
Kápolnapuszta, Büffelreservat 89
Kaposvár 94
Kecskemét 154–155
Kékes (Berg) 13, **205**

Register

Kertész, André 136
Kertész, Imre 35
Keszthely 26, 86
Kétegyháza 167
Kőfejtő Steinbruch 57
Kőkapu 193
Kis-Balaton 88
Kiskőrös 152, 153
Kiskunfélegyháza 157
Kiskunhalas 152
Kiskunság 172
Kiskunság Nationalpark 16, 148, **152–153**
Kőszeg 30, 46, **60–62**
Kőszegi-hegyek 61, 62
Kocs 74
Komárom 74
Konrád, György 35
Kórós 104
Körös-Maros-Nationalpark 16, 167, **168–169**
Kossuth, Lajos 128, 153, 193
Kosztka, Tivadar Csontváry 34, 98, 111
Kovács, Margit 70, 139
Krishna-Tal 90

Lakitelek 158
Lébény 30, 42, 68
Lechner, Ödön 21, 33, **120,** 123, 128, 155, 160, 162
Lillafüred 198
Liszt, Franz 53, 107, 112, 124, 145, 149
Lónya 185

Magyarszombatfa 88
Majk, Eremitage 74
Makó 165
Makovecz, Imre **33,** 91, 128, 135, 140, 165, 183, 192
Mánfa 95
Maria Theresia, Kaiserin 59, 163
Márianosztra 142
Máriapócs 179
Martonvásár 135

Máta 174
Mátra-Gebirge 46, **205–206**
Mátrafüred 205
Matthias, König 53, 54, 110, 112, 144
Mecsek-Gebirge 46, **95**
Mecseknádasd 95
Mezőhegyes 165
Miskolc(-Tapolca) 13, 47, **196–197**
Mohács 20, **105**
Monok 193
Mosonmagyaróvár 68
Munkácsy, Mihály 34, 167

Nagy, Imre 22, 23, 94, 128, 180
Nagybörzsöny 142
Nagycenk 58
Nagyharsány 103
Nagymaros 141, 143
Nagynyárád 105
Nagytétény 134
Nagyvázsony 77
Neusiedler See 15, 23, 43, 56, **57**
Nógrád 142
Noszvaj 204
Nyíracsád 179
Nyírbátor 30, 179
Nyíregyháza 180
Nyírmihálydi 179
Nyírség 179–182

Óbuda 19, 110, **127**
Ödenburg s. Sopron
Ofen s. Pest
Ópusztaszer 159
Orfű 95
Őrség 87
Örvényes 83

Pankasz 88
Pannonhalma 43, 53, **73**
Pápa 67
Parád 205
Parádsasvár 205
Pécs 30, 31, 42, 43, **96–102**
Pécsvárad 95

227

Register

Pest   21, 32, 97, 110, **119**
Petőfi, Sándor   148, 152, **153,** 172
Pilis-Gebirge   46, **140**
Piliscsaba   140
Pityerszer   88
Plattensee   s. Balaton

Ráckeve   32, **136**
Recsk   205
Regéc   193
Réhely   168

Ság-hegy   66
Salföld   84
Sárospatak   30, 33, **191**
Sárvár   47, 66
Sátoraljaújhely   192
Sátorhely   105
Sellye   104
Siklós   30, 31, 42, **103**
Siófok   26, **91**
Sirok   205
Somogyvár   90
Sonkád   181, 183
Sopron   **52–56,** 97
Sopronkőhida   57
Stephan I., König 19, 76, 92, 113, 115, 144, 148, 200
Sümeg   84
Szalafő   88
Szalajka-Tal   199
Szalonna   195
Szántódpuszta   91
Szarvas   168
Szatmár   182–184
Szatmárcseke   184
Százhalombatta   135
Szécheny (Schloss)   58
Szeged   160–164
Székesfehérvár   92
Székkutas   165
Szekszárd   39, **107**
Szenna   94
Szentendre   32, 34, **139**
Szentes   159
Szentgotthárd   88

Szerencs   194
Szigetbecse   136
Szigetköz   68
Szigetvár   101
Szigliget   84
Szilvásvárad   198–199
Szombathely   19, 63

Tác   93
Tákos   185
Tapolca   84
Tarpa   184
Tata   44, 74
Tatabánya   75
Theiß   15, **17,** 46, **158**
Theiß-See   15, 46, 170
Tihany   30, 81
Tiszaalpár   158
Tiszacsécse   183
Tiszafüred   170
Tokaj   28, 39, 42, 43, **188–189**
Túristvándi   184

Újmassa   198

Vác (Waitzen)   32, **141**
Vácrátót   141
Vámosatya   185
Varga, Imre   **33,** 91, 96, 127
Vasarely, Victor   69, 98
Vásárosnamény   185
Velem   61
Velemér   42, 88
Velence-See (Velencei-tó)   46, 93
Vértesszőlős   19, 75
Veszprém   19, 30, 31, **76–77**
Villány   28, 39, 42, 97, 103
Visegrád   20, 28, 30, **143–144**

Weiße Seen   **16,** 152, 172

Zalakaros   47, 89
Zalavár   89
Zebegény   **142,** 143
Zemplén-Gebirge   46, **192–194**
Zirc   78

UNGARN-ATLAS

LEGENDE

1 : 900.000

0   30 km

⊜ M1	Autobahn mit Anschlussstelle und Nr.
○	Schnellstraße mit Anschlussstelle
13 E66	Nationalstraße mit Nr. und Europastraßennr.
76	Hauptstraße mit Nr.
	Verbindungsstraße
	Nebenstraße
	Autobahn in Bau / in Planung
	Eisenbahn
	Staatsgrenze
	Komitatsgrenze
	Nationalpark, Naturschutzgebiet

✈ ✈	Flughafen; Flugplatz
❋ ❋	Aussichtspunkt
♨	Thermalbad
♦	Kirche
♦ ✖	Kloster; Klosterruine
♦ ♦	Burg; Burgruine
♦ ♦	Schloss; Denkmal
★	Sehenswürdigkeit
∩ ▲	Höhle; Berggipfel
⌒	Flussfähre
♦	Museumseisenbahn

UNGARN

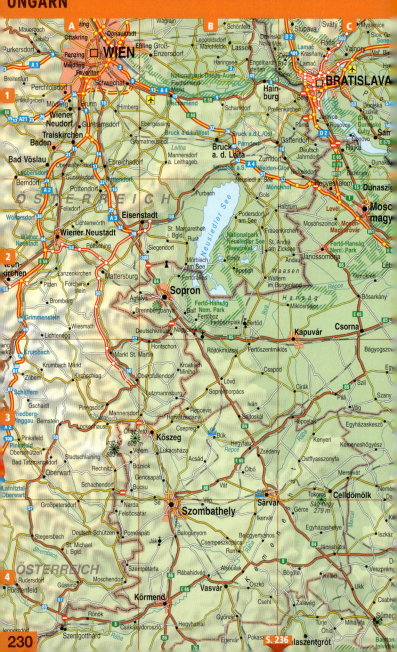

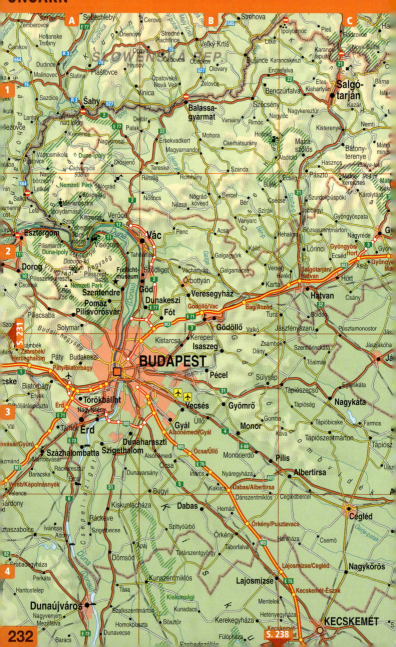

UNGARN

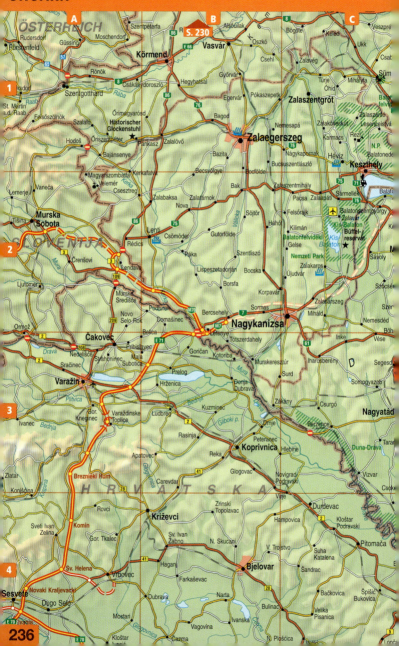

UNGARN

Abbildungsnachweis/Impressum

Abbildungsnachweis:
Matthias Eickhoff (Münster)   S. 1, 53, 77, 177, 182, 184
Ralf Freyer (Freiburg)   S. 32
Rainer Hackenberg (Köln)   S. 31
Anna Neumann/laif (Köln)   S. 122
Horst Schmeck (Köln)   S. 14/15, 19, 24, 50, 65, 72, 106, 126, 146, 151, 156, 158, 173, 208
Schulze/transit (Leipzig)   S. 2/3, 10, 17, 37, 40, 44/45, 47, 48, 78/79, 80, 85, 136/137, 142/143, 162, 171, 186, 189, 202, vordere Umschlagklappe
Thomas Stankiewicz (München): S. 90, 99, 108, 131, 154/155, 168/169, 181, hintere Umschlagklappe
Ernst Wrba (Wiesbaden)   Titelbild

Abbildungen:
Titelbild: Hollókő (Rabenstein)
Vordere Umschlagklappe: Fischerbastei, Budapest
Hintere Umschlagklappe: Markt in Szeged
S. 1: Störche am Nest
S. 2/3: Am Nordufer des Balaton (Plattensee)

Kartografie:
DuMont Reisekartografie
© MAIRDUMONT, Ostfildern

Mitarbeit: Von Andrea Óhidy stammen die Beiträge Essen & Trinken sowie die Themenkästen zur ungarischen Sprache und zu Sándor Petőfi. Auch bei Recherche und Korrektur war sie intensiv beteiligt.

Danksagung: Zu großem Dank bin ich Sonja Sahmer von C+C für ihre umfassende Unterstützung verpflichtet, ebenso Dr. János Erdei, Divisionsdirektor des Ungarischen Tourismusamtes. Judit Mihalcsik und Judit Medgyesi vom Budapester Tourismusamt, Klára Halász von Tourinform Siófok sowie Zoltán Furák vom Magyar Turizmus Rt. haben mir vor Ort wertvolle Hilfe geleistet. Besonderer Dank gilt meiner Frau Andrea Óhidy für ihre nimmermüde Unterstützung sowie Anikó, György, Erika und Krisztina.

1. Auflage 2005
© DuMont Reiseverlag, Ostfildern
Alle Rechte vorbehalten
Grafisches Konzept: Groschwitz, Hamburg
Druck: Rasch, Bramsche
Buchbinderische Verarbeitung: Bramscher Buchbinder Betriebe

ISBN 3-7701-3149-2